08
傳世經典

春秋三傳（下）

孔子

一部《春秋》是孔子的傑作，
孔子的學問包羅萬象，
《春秋》的含義何嘗簡單？
讀《春秋》，
必須讀三傳，
然三傳文辭不加注解也讀不明白。

（晉）杜預
（漢）何休
（戰國魯人）穀梁子　注釋

華夏出版公司本著「弘揚傳統文化，好書永世流傳」的理念，因舊版圖書年代久遠，囿於時空因素，在尚未能聯繫到原著作人並取得同意下，重新出版了這本著作，如有侵權，敬請著作權人或其親友和華夏出版公司聯繫，謝謝您。

春秋卷之十二

昭公孔氏穎達曰魯世家昭公名稠襄公之子齊歸所生以周景王四年即位謚法威儀共明曰昭

庚申 景王四年 **元年** 晉平十七年齊景七年衛襄三年蔡靈二年鄭簡二十五年曹武十四年陳哀二十八年杞文九年宋平三十五年秦景三十六年楚郟敖四年吳夷末三年

春王正月公即位

穀 繼正即位正也

家氏鉉翁曰入春秋即位以正者四君文成襄哀承國於父昭公乃子野之弟魯大夫穆叔謂大子死有母弟則立之無則立長子野非嫡夫人之子不當立其娣子則襄公諸子有年長當立者季氏利昭公之幼弱而立耳隱公之立先儒以爲內無所承上不禀命故不書即位今昭公越次而立何猶書即位乎竊觀聖人之微旨蓋正季氏逐君之罪也季氏犯上作亂漸不可制昭公起而誅之事不克濟殞身於外嗣子復爲賊臣所擯不得有國若不書即位無以明君臣之分正亂賊之戮故書即位爲其有討亂之心與爲大夫所立而俛首屏息受制賊臣者不同矣此書即位之變例

叔孫豹會晉趙武楚公子圍齊國弱宋向戌衛齊惡陳公子招蔡公孫歸生鄭罕虎許人曹人于虢

國弱公作國酌齊惡公作石惡罕虎公作軒虎虢公作漷穀作郭 虢鄭地

左 春楚公子圍聘於鄭且娶於公孫段氏伍舉爲介將入館鄭人惡之使行人子羽與之言乃館於外既聘將以衆逆子產患之使子羽辭曰以敝邑褊小不足以容從者請墠聽命令尹命大宰伯州犂對曰君辱貺寡大夫圍謂圍將使豐氏撫有而室圍布几筵告於莊共之廟而來若野賜之是委君貺於草莽也是寡大夫不得列於諸卿也不寧唯是又使圍蒙其先君將不得爲寡君老其蔑以復矣唯大夫圖之子羽曰小國無罪恃實其罪將恃大國之安靖己而無乃包藏禍心以圖之小國失恃而懲諸侯使莫不憾者距違君命而有所壅塞不行是懼不然敝邑館人之屬也其敢愛豐氏之祧伍舉知其有備也請垂櫜而入許之正月乙未入逆而出遂會于虢尋宋之盟也祁午謂趙文子曰宋之盟楚人得志於晉今令尹之不信諸侯之所聞也子弗戒懼又如宋子木之信稱於諸侯猶詐晉而駕焉況不信之尤者乎楚重得志於晉晉之恥也子相晉國以爲盟主於今七年矣再合諸侯三合大夫服齊狄寧東夏平秦亂城淳于師徒不頓國家不罷民無謗讟諸侯無怨天無大災子之力也有令名矣而終之以恥午也是懼吾子其不可以不戒文子曰武受賜矣然宋之盟子木有禍人之心武有仁人之心是楚所以駕於晉也今武猶是心也楚又行僭非所害也武將信以爲本循而行之譬如農夫是穮是蔉雖有饑饉必有豐年且吾聞之能信不爲人下吾未能也詩曰不僭不賊鮮不爲則信也能爲人則者不爲人下矣吾不能是難楚不爲患楚令尹圍請用牲讀舊書加於牲上而已晉人許之三月甲辰盟楚公子圍設服離衛叔孫穆子曰

楚公子美矣君哉鄭子皮曰二執戈者前矣蔡子家曰蒲宮有前不亦可乎楚伯州犂曰此行也辭而假之寡君鄭行人揮曰假不反矣伯州犂曰子姑憂子晳之欲背誕也子羽曰當壁猶在假而不反子其無憂乎齊國子曰吾代二子愍矣陳公子招曰不憂何成二子樂矣衛齊子曰苟或知之雖憂何害宋合左師曰大國令小國共吾知共而已晉樂王鮒曰小旻之卒章善矣吾從之退會子羽謂子皮曰叔孫絞而婉宋左師簡而禮樂王鮒字而敬子與子家持之皆保世之主也齊衛陳大夫其不免乎國子代人憂子招樂憂齊子雖憂弗害夫弗及而憂與可憂而樂與憂而弗害皆取憂之道也憂必及之大誓曰民之所欲天必從之三大夫兆憂憂能無至乎言以知物其是之謂矣

公此陳侯之弟招也何以不稱弟貶曷為貶為殺世子偃師貶曰陳侯之弟招殺陳世子偃師大夫相殺稱人此其稱名氏以殺何言將自是弒君也今將爾詞曷為與親弒者同君親無將將而必誅焉然則曷為不於其弒焉貶以親者弒然後其罪惡甚春秋不待貶絕而罪惡見者不貶絕以見罪惡也貶絕然後罪惡見者貶絕以見罪惡也今招之罪已重矣曷為復貶乎此著招之有罪也何著乎招之有罪言楚之託乎討招以滅陳也

劉氏敞曰公羊曰此陳侯之弟招也何以不稱弟貶也非也公羊以母弟稱弟故云爾不知母弟可以稱弟而不可常稱常稱皆以重書也且招之罪在殺世子偃師不在會于鄬也聖人褒貶各於其事豈有迎其未然之事探其且然之罪以為貶哉又曰招之罪已重矣何為復貶於此著招之有罪也言楚之託乎討招以滅陳也亦非也夫殺世子此招之罪也滅陳之國非招之罪也以楚討招而滅陳而遂以罪於招豈春秋之理哉

高氏閌曰此會乃楚公子圍師諸侯之大夫尋宋之盟也宋之盟齊人不預焉今齊又從楚矣晉伯之衰可知也

三月取鄆鄆公作運

左季武子伐莒取鄆莒人告於會楚告於晉曰尋盟未退而魯伐莒瀆齊盟請戮其使樂桓子相趙文子欲求貨於叔孫而為之請使請帶焉弗與梁其踁曰貨以藩身子何愛焉叔孫曰諸侯之會衛社稷也我以貨免魯必受師是禍之也何衛之為人之有牆以蔽惡也牆之隙壞誰之咎也衛而惡之吾又甚焉雖怨季孫魯國何罪叔出季處有自來矣吾又誰怨然鮒也賄弗與不已召使者裂裳帛而與之曰帶其褊矣趙孟聞之曰臨患不忘國忠也思難不越官信也圖國忘死貞也謀主三者義也有是四者又可戮乎乃請諸楚曰魯雖有罪其執事不辟難畏威而敬命矣子若免之以勸左右可也若子之羣吏處不辟汙出不逃難其何患之有患之所生汙而不治難而不守所由來也能是二者又何患焉不靖其能其誰從之魯叔孫豹可謂能矣請免之以靖能者子會而赦有罪又賞其賢諸侯其誰不欣焉望楚而歸之視遠如邇疆場之邑一彼一此何常之有王伯之令也引其封疆而樹之官舉之表旗而著之制令過則有刑猶不可壹於是乎虞有三苗夏有觀扈商有姺邳周有徐奄自無令王諸侯逐進狎主齊盟其又可壹乎恤大舍小足以為盟主又焉用之封疆之削何國蔑有主齊盟者誰能辯焉吳濮有釁楚之執事豈其顧盟莒之疆事楚勿與知諸侯無煩不亦可乎莒魯爭鄆為日久矣苟無大害於其社稷可無亢也去煩宥善莫不競勸子其圖之固

請諸楚。楚人許之，乃免叔孫。令尹享趙孟，賦大明之首章。趙孟賦小宛之二章。事畢，趙孟謂叔向曰：令尹自以爲王矣，何如？對曰：王弱，令尹彊，其可哉。雖可，不終。趙孟曰：何故？對曰：彊以克弱而安之，彊不義也。不義而彊，其斃必速。詩曰：赫赫宗周，褒姒滅之。彊不義也。令尹爲王，必求諸侯。晉少懦矣，諸侯將往。若獲諸侯，其虐滋甚，民弗堪也，將何以終？夫以彊取，不義而克，必以爲道。道以淫虐，弗可久已矣。

觀在頓丘衛縣。扈在始平

鄒縣。姺邳二國，商諸侯。徐奄二國，皆嬴姓。濮，建寧郡南有濮夷。

附錄左 夏四月，趙孟、叔孫豹、曹大夫入於鄭，鄭伯兼享之。子皮戒趙孟，禮終，趙孟賦瓠葉。子皮遂戒穆叔，且告之。穆叔曰：趙孟欲一獻，子其從之。子皮曰：敢乎？穆叔曰：夫人之所欲也，又何不敢。及享，具五獻之籩豆於幕下。趙孟辭，私於子產曰：武請於冢宰矣。乃用一獻。趙孟爲客，禮終乃宴。穆叔賦鵲巢，趙孟曰：武不堪也。又賦采蘩，曰：小國爲蘩，大國省穡而用之，其何實非命。子皮賦野有死麕之卒章，趙孟賦常棣，且曰：吾兄弟比以安，尨也可使無吠。穆叔、子皮及曹大夫興，拜，舉兕爵，曰：小國賴子，知免於戾矣。飲酒樂。趙孟出曰：吾不復此矣。天王使劉定公勞趙孟於潁，館於雒汭。劉子曰：美哉禹功，明德遠矣。微禹，吾其魚乎。吾與子弁冕端委，以治民臨諸侯，禹之力也。子盍亦遠績禹功，而大庇民乎？對曰：老夫罪戾是懼，焉能恤遠。吾儕偷食，朝不謀夕，何其長也。劉子歸，以語王曰：諺所謂老將知而耄及之者，其趙孟之謂乎。爲晉正卿，以主諸侯，而儕於隸人，朝不謀夕，棄神人矣。神怒民叛，何以能久。趙孟不復年矣。神怒不歆其祀，民叛不即其事，祀事不從，又何以年。

叔孫歸，曾夭御季孫以勞之。旦及日中不出。曾夭謂曾阜曰：旦及日中，吾知罪矣。魯以相忍爲國也，忍其外，不忍其內，焉用之。阜曰：數月於外，一旦於是，庸何傷。賈而欲贏而惡囂乎。阜謂叔孫曰：可以出矣。叔孫指楹曰：雖惡是，其可去乎。乃出見之。

鄭徐吾犯之妹美，公孫楚聘之矣，公孫黑又使强委禽焉。犯懼，告子產。子產曰：是國無政，非子之患也。唯所欲與。犯請於二子，請使女擇焉。皆許之。子皙盛飾入，布幣而出。子南戎服入，左右射，超乘而出。女自房觀之，曰：子皙信美矣，抑子南夫也。夫夫婦婦，所謂順也。適子南氏。子皙怒，既而櫜甲以見子南，欲殺之而取其妻。子南知之，執戈逐之，及衝，擊之以戈。子皙傷而歸，告大夫曰：我好見之，不知其有異志也，故傷。大夫皆謀之。子產曰：直鈞，幼賤有罪，罪在楚也。乃執子南而數之，曰：國之大節有五，女皆奸之。畏君之威，聽其政，尊其貴，事其長，養其親，五者所以爲國也。今君在國，女用兵焉，不畏威也。奸國之紀，不聽政也。子皙上大夫，女嬖大夫，而弗下之，不尊貴也。幼而不忌，不事長也。兵其從兄，不養親也。君曰：余不女忍殺，宥女以遠。勉速行乎，無重而罪。五月庚辰，鄭放游楚於吳。將行子南，子產咨於大叔。大叔曰：吉不能亢身，焉能亢宗。彼國政也，非私難也。子圖鄭國，利則行之，又何疑焉。周公殺管叔而蔡蔡叔，夫豈不愛，王室故也。吉若獲戾，子將行之，何有於諸游。

雒汭，洛水在河南鞏縣南，水曲流爲汭。

公 運者何？內之邑也。其言取之何？不聽也。

胡氏寧曰：鄆，莒邑。伐國而奪其地者，王法所當誅。魯乘莒亂奪其邑，故隱避其辭，特書取鄆爾，與書外事詞固異也。以鄆爲國者誤矣。

夏，秦伯之弟鍼出奔晉。

鍼，其廉反。

【左】秦后子有寵於桓。如二君於景。其母曰。弗去懼選。癸卯。鍼適晉。其車千乘。書曰。秦伯之弟鍼出奔晉。罪秦伯也。后子享晉侯。造舟於河。十里舍車。自雍及絳。歸取酬幣。終事八反。司馬侯問焉。曰。子之車盡於此而已乎。對曰。此之謂多矣。若能少此。吾何以得見。女叔齊以告公。且曰。秦公子必歸。臣聞君子能知其過。必有令圖。令圖。天所贊也。后子見趙孟。趙孟曰。吾子其曷歸。對曰。鍼懼選於寡君。是以在此。將待嗣君。趙孟曰。秦君何如。對曰。無道。趙孟曰。亡乎。對曰。何為。一世無道。國未艾也。國於天地。有與立焉。不數世淫。弗能斃也。趙孟曰。天乎。對曰。有焉。趙孟曰。其幾何。對曰。鍼聞之。國無道而年穀和熟。天贊之也。鮮不五稔。趙孟視蔭。曰。朝夕不相及。誰能待五。后子出而告人曰。趙孟將死矣。主民。翫歲而愒日。其與幾何。

【附錄】【左】鄭為游楚亂故。六月丁巳。鄭伯及其大夫盟於公孫段氏。罕虎。公孫僑。公孫段。印段。游吉。駟帶私盟於閨門之外。實薰隧。公孫黑強與於盟。使大史書其名。且曰七子。子產弗討。

【公】秦無大夫。此何以書。仕諸晉也。曷為仕諸晉。有千乘之國。而不能容其母弟。故君子謂之出奔也。

【穀】諸侯之尊。弟兄不得以屬通。其弟云者。親之也。親而奔之。惡也。

劉氏敞曰。公羊曰。秦無大夫。仕諸晉也。有千乘之國而不能容其母弟。故君子謂之出奔也。非也。如傳所說。當書曰。秦伯放其弟鍼於晉。今經言奔。何以見秦伯仕之於晉乎。所謂秦無大夫者。直虛言爾。　家氏鉉翁曰。以千乘之國。而區區母弟。車之多貲其君。鍼之汰甚矣。書秦伯之弟。譏秦伯。亦貶鍼也。其母使之奔。亦智矣。卒得返國。由母賢爾。

【案】秦伯失親親之道。四傳皆罪之。而家氏鉉翁以為兼貶鍼。蓋懼選而奔。非無罪也。二說相兼。其義乃備。

六月丁巳。邾子華卒

晉荀吳帥師敗狄于大鹵 鹵。音魯。大鹵。公穀作大原。大原。晉陽縣。

【左】晉中行穆子敗無終及羣狄于大原。崇卒也。將戰。魏舒曰。彼徒我車。所遇又阨。以什共車必克。困諸阨又克。請皆卒。自我始。乃毀車以為行。五乘為三伍。荀吳之嬖人不肯即卒。斬以徇。為五陳以相離。兩於前。伍於後。專為右角。參為左角。偏為前拒。以誘之。狄人笑之。未陳而薄之。大敗之。

【公】此大鹵也。曷為謂之大原。地物從中國。邑人名從主人。原者何。上平曰原。下平曰隰。

【穀】傳曰。中國曰大原。夷狄曰大鹵。號從中國。名從主人。

秋莒去疾自齊入莒 去。起呂反。

【左】莒展輿立。而奪羣公子秩。公子召去疾於齊。秋。齊公子鉏納去疾。展輿奔吳。

莒展輿出奔吳 展下。公穀無輿字。

叔弓帥師疆鄆田

左 叔弓帥師疆鄆田。因莒亂也。於是莒務婁、瞀胡及公子滅明以大厖與常儀靡奔齊。君子曰。莒展之不立。棄人也夫。人可棄乎。詩曰。無競維人。善矣。 大厖常儀靡。莒二邑。

公 疆運田者何。與莒爲竟也。與莒爲竟則曷爲帥師而往。畏莒也。

穀 疆之爲言猶竟也。

杜氏預曰。春取鄆。今正其封疆。 劉氏敞曰。疆之者何。溝封之也。曷爲溝封之。別乎莒也。何以書。譏。何譏爾。以亂爲利也。公羊曰。畏莒也。非也。鄆本屬莒。故魯取其邑。未得其地。故因莒亂。帥師而往。分明疆土。此乃欺之。非畏之也。且魯强莒小。魯安莒亂。何爲乃畏莒哉。

辨鄭悼八

附錄左 晉侯有疾。鄭伯使公孫僑如晉聘。且問疾。叔向問焉。曰。寡君之疾病。卜人曰。實沈臺駘爲祟。史莫之知。敢問此何神也。子產曰。昔高辛氏有二子。伯曰閼伯。季曰實沈。居於曠林。不相能也。日尋干戈。以相征討。后帝不臧。遷閼伯於商丘。主辰。商人是因。故辰爲商星。遷實沈於大夏。主參。唐人是因。以服事夏商。其季世曰唐叔虞。當武王邑姜方震大叔。夢帝謂己。余命而子曰虞。將與之唐。屬諸參。而蕃育其子孫。及生。有文在其手。曰虞。遂以命之。及成王滅唐。而封大叔焉。故參爲晉星。由是觀之。則實沈。參神也。昔金天氏有裔子曰昧。爲玄冥師。生允格。臺駘。臺駘能業其官。宣汾洮。障大澤。以處大原。帝用嘉之。封諸汾川。沈姒蓐黃實守其祀。今晉主汾而滅之矣。由是觀之。則臺駘汾神也。抑此二者。不及君身。山川之神。則水旱癘疫之災。於是乎禜之。日月星辰之神。則雪霜風雨之不時。於是乎禜之。若君身。則亦出入飲食哀樂之事也。山川星辰之神。又何爲焉。僑聞之。君子有四時。朝以聽政。晝以訪問。夕以修令。夜以安身。於是乎節宣其氣。勿使有所壅閉湫底。以露其體。茲心不爽。而昏亂百度。今無乃壹之。則生疾矣。僑又聞之。內官不及同姓。其生不殖。美先盡矣。則相生疾。君子是以惡之。故志曰。買妾不知其姓。則卜之。違此二者。古之所慎也。男女辨姓。禮之大司也。今君內實有四姬焉。其無乃是也乎。若由是二者。弗可爲也已。四姬有省猶可。無則必生疾矣。叔向曰。善哉。肸未之聞也。此皆然矣。叔向出。行人揮送之。叔向問鄭故焉。且問子晳。對曰。其與幾何。無禮而好陵人。怙富而卑其上。弗能久矣。晉侯聞子產之言。曰。博物君子也。重賄之。 晉侯求醫於秦。秦伯使醫和視之。曰。疾不可爲也。是謂近女。室疾如蠱。非鬼非食。惑以喪志。良臣將死。天命不祐。公曰。女不可近乎。對曰。節之。先王之樂。所以節百事也。故有五節。遲速本末以相及。中聲以降。五降之後。不容彈矣。於是有煩手淫聲。慆堙心耳。乃忘平和。君子弗聽也。物亦如之。至於煩。乃舍也已。無以生疾。君子之近琴瑟。以儀節也。非以慆心也。天有六氣。降生五味。發爲五色。徵爲五聲。淫生六疾。六氣曰陰陽風雨晦明也。分爲四時。序爲五節。過則爲菑。陰淫寒疾。陽淫熱疾。風淫末疾。雨淫腹疾。晦淫惑疾。明淫心疾。女陽物而晦時。淫則生內熱惑蠱之疾。今君不節不時。能無及此乎。出告趙孟。趙孟曰。誰當良臣。對曰。主是謂矣。主相晉國。於今八年。晉國無亂。諸侯無闕。可謂良矣。和聞之。國之大臣。榮其寵祿。任其大節。有菑禍興。而無改焉。必受其咎。今君至於淫以生疾。將不能圖恤社稷。禍孰大焉。主不能禦。吾是以云也。趙孟曰。何謂蠱。對曰。淫溺惑亂之所生也。於文。皿蟲爲蠱。穀之飛亦爲蠱。在周易。女惑男。風落山。謂之蠱。皆同物也。趙孟曰。良醫也。厚其禮而歸之。 曠林。地闕。商邱。宋地。大夏。今晉陽縣。即太原也。洮。洮二水名。沈。姒。蓐。黃。四國。臺駘之後。

冬十有一月己酉楚子麇卒 麇。九倫反。公穀作卷。音權。

左 楚公子圍使公子黑肱伯州犂城犨櫟郟。鄭人懼。子產曰。不害。令尹將行大事。而先除二子也。禍不及鄭。何患焉。冬。楚公子圍將聘於鄭。伍舉爲介。未出竟。聞王有疾而還。伍舉遂聘。十一月己酉。公子圍至。入問王疾。縊而弒之。遂殺其二子幕及平夏。右尹子干出奔晉。宮廄尹子皙出奔鄭。殺大宰伯州犂於郟。葬王於郟。謂之郟敖。使赴於鄭。伍舉問應爲後之辭焉。對曰。寡大夫圍。伍舉更之曰。共王之子圍爲長。子干奔晉。從車五乘。叔向使與秦公子同食。皆百人之餼。趙文子曰。秦公子富。叔向曰。底祿以德。德鈞以年。年同以尊。公子以國。不聞以富。且夫以千乘去其國。彊禦已甚。詩曰。不侮鰥寡。不畏彊禦。秦楚匹也。使后子與子干齒。辭曰。鍼懼選。楚公子不獲。是以皆來。亦唯命。且臣與羈齒。無乃不可乎。史佚有言曰。非羈何忌。楚靈王即位。薳罷爲令尹。薳啟彊爲大宰。鄭游吉如楚。葬郟敖。且聘立君。歸謂子產曰。具行器矣。楚王汰侈而自說其事。必合諸侯。吾往無日矣。子產曰。不數年。未能也。犨。犨縣屬南陽。郟。郟縣屬襄城。

孔氏穎達曰。傳稱縊而殺之。而經書卒。襄七年。鄭子駟使賊夜弒僖公。而以瘧疾赴於諸侯。而經書爲卒。知此亦以瘧疾赴。故不書弒。

案 圍執慶封。聲其弒君之罪於軍中。則弒麇之跡。當日必甚祕。而以偽赴。故魯史亦承赴而書之。春秋因而不革也。與髠頑之書卒同義。胡傳謂圍以篡弒而主會盟。故聖人憫列國之衰微。懼人欲之橫流。而略其篡弒焉。失經旨矣。

楚公子比出奔晉 左見前。

附錄左 十二月。晉既烝。趙孟適南陽。將會孟子餘。甲辰朔。烝於溫。庚戌。卒。鄭伯如晉弔。及雍乃復。何氏休曰。辟內難也。高氏閌曰。靈王既殺其君之子而自立。比爲右尹。力不能制。是以出奔。春秋書之。爲十三年乾谿事起也。

辛酉 景王五年

二年

晉平十八年。齊景八年。衛襄四年。蔡靈二年。鄭簡二十六年。曹武十五年。陳哀二十九年。杞文十年。宋平三十六年。秦景三十七年。楚靈王虔元年。吳夷末四年。

春晉侯使韓起來聘

左 二年。春。晉侯使韓宣子來聘。且告爲政而來見。禮也。觀書於大史氏。見易象與魯春秋。曰。周禮盡在魯矣。吾乃今知周公之德。與周之所以王也。公享之。季武子賦緜之卒章。韓子賦角弓。季武子拜曰。敢拜子之彌縫敝邑。寡君有望矣。武子賦節之卒章。既享。宴於季氏。有嘉樹焉。宣子譽之。武子曰。宿敢不封殖此樹。以無忘角弓。遂賦甘棠。宣子曰。起不堪也。無以及召公。宣子遂如齊納幣。見子雅。子雅召子旗。使見宣子。宣子曰。非保家之主也。不臣。見子尾。子尾見彊。宣子謂之如子旗。大夫多笑之。唯晏子信之。曰。夫子。君子也。君子有信。其有以知之矣。自齊聘於衛。衛侯享之。北宮文子賦淇澳。宣子賦木瓜。

附錄左 夏四月。韓須如齊逆女。齊陳無宇送女。致少姜。少姜有寵於晉侯。晉侯謂之少齊。謂陳無宇非卿。執諸中都。少姜為之請。曰。送從逆班。畏大國也。猶有所易。是以亂作。中都。晉邑。

趙氏匡曰。左氏云。為政而來見。禮也。案霸國正卿。無有適諸國告為政之理。前後為政者多矣。何不來乎。

夏叔弓如晉

左 叔弓聘如晉。報宣子也。晉侯使郊勞。辭曰。寡君使弓來繼舊好。固曰。女無敢為賓。徹命於執事。敝邑弘矣。敢辱郊使。請辭。致館。辭曰。寡君命下臣來繼舊好。好合使成。臣之祿也。敢辱大館。叔向曰。子叔子知禮哉。吾聞之曰。忠信。禮之器也。卑讓。禮之宗也。辭不忘國。忠信也。先國後已。卑讓也。詩曰。敬慎威儀。以近有德。夫子近德矣。

趙氏鵬飛曰。諸侯即位。小國朝之。大國聘焉。禮也。韓起之來聘。通嗣君也。故叔弓如晉以報之。

秋鄭殺其大夫公孫黑

左 秋。鄭公孫黑將作亂。欲去游氏而代其位。傷疾作而不果。駟氏與諸大夫欲殺之。子產在鄙。聞之。懼弗及。乘遽而至。使吏數之。曰。伯有之亂。以大國之事。而未爾討也。爾有亂心無厭。國不女堪。專伐伯有。而罪一也。昆弟爭室。而罪二也。薰隧之盟。女矯君位。而罪三也。有死罪三。何以堪之。不速死。大刑將至。再拜稽首。辭曰。死在朝夕。無助天為虐。子產曰。人誰不死。凶人不終。命也。作凶事。為凶人。不助天。其助凶人乎。請以印為褚師。子產曰。印也若才。君將任之。不才。將朝夕從女。女罪之不恤。而又何請焉。不速死。司寇將至。七月壬寅。縊。尸諸周氏之衢。加木焉。

冬公如晉至河乃復季孫宿如晉

左 晉少姜卒。公如晉。及河。晉侯使士文伯來辭。曰。非伉儷也。請君無辱。公還。季孫宿遂致服焉。叔向言陳無宇於晉侯曰。彼何罪。君使公族逆之。齊使上大夫送之。猶曰不共。君求以貪。國則不共。而執其使。君刑已頗。何以為盟主。且少姜有辭。冬。十月。陳無宇歸。十一月。鄭印段如晉弔。

公 其言至河乃復何。不敢進也。

穀 恥如晉。故著有疾也。公如晉而不得入。季孫宿如晉而得入。惡季孫宿也。

劉氏敞曰。穀梁曰。恥如晉。故著有疾也。非也。但云至河乃復。安知有疾哉。

案 僖公以來。朝晉者屢矣。夫人之喪。則未嘗親造其庭也。況非伉儷乎。公以少姜卒而如晉。晉人辭公。而公乃復。春秋據事直書。而動不以禮。自取其辱可知矣。公羊以為不敢進。釋公羊者以為晉將執公。不亦謬乎。是時魯晉方睦。韓起來聘。叔弓報之。公即位踰年。未聞獲罪於晉。而晉欲執公何耶。

壬戌 景王六年 **三年** 晉平十九年。齊景九年。衛襄五年。蔡靈四年。鄭簡二十七年。曹武十六年。陳哀三十七年。杞文十一年。宋平三十七年。秦景三十八年。楚靈二年。吳夷末五年。

春王正月

附錄左 三年。春。王正月。鄭游吉如晉。送少姜之葬。梁丙與張趯見之。梁丙曰。甚矣哉。子之爲此來也。子大叔曰。將得已乎。昔文襄之霸也。其務不煩諸侯。令諸侯三歲而聘。五歲而朝。有事而會。不協而盟。君薨。大夫弔。卿共葬事。夫人。士弔。大夫送葬。足以昭禮命事。謀闕而已。無加命矣。今嬖寵之喪。不敢擇位。而數於守適。唯懼獲戾。豈敢憚煩。少姜有寵而死。齊必繼室。今茲吾又將來賀。不唯此行也。張趯曰。善哉。吾得聞此數也。然自今子其無事矣。譬如火焉。火中。寒暑乃退。此其極也。能無退乎。晉將失諸侯。諸侯求煩不獲。二大夫退。子大叔告人曰。張趯有知。其猶在君子之後乎。

丁未滕子原卒

原公作泉。

左 丁未。滕子原卒。同盟。故書名。

附錄左 齊侯使晏嬰請繼室於晉。曰。寡君使嬰曰。寡人願事君。朝夕不倦。將奉質幣。以無失時。則國家多難。是以不獲。不腆先君之適。以備內官。焜耀寡人之望。則又無祿。早世隕命。寡人失望。君若不忘先君之好。惠顧齊國。辱收寡人。徼福於大公丁公。照臨敝邑。鎮撫其社稷。則猶有先君之適。及遺姑姊妹若而人。君若不棄敝邑。而辱使董振擇之。以備嬪嬙。寡人之望也。韓宣子使叔向對曰。寡君之願也。寡君不能獨任其社稷之事。未有伉儷。在縗絰之中。是以未敢請。君有辱命。惠莫大焉。若惠顧敝邑。撫有晉國。賜之內主。豈唯寡君。舉羣臣實受其貺。其自唐叔以下。實寵嘉之。既成昏。晏子受禮。叔向從之宴。相與語。叔向曰。齊其何如。晏子曰。此季世也。吾弗知。齊其爲陳氏矣。公棄其民。而歸於陳氏。齊舊四量。豆區釜鍾。四升爲豆。各自其四。以登於釜。釜十則鍾。陳氏三量皆登一焉。鍾乃大矣。以家量貸。而以公量收之。山木如市。弗加於山。魚鹽蜃蛤。弗加於海。民參其力。二入於公。而衣食其一。公聚朽蠹。而三老凍餒。國之諸市。屨賤踊貴。民人痛疾。而或燠休之。其愛之如父母。而歸之如流水。欲無獲民。將焉辟之。箕伯直柄虞遂伯戲。其相胡公大姬。已在齊矣。叔向曰。然。雖吾公室。今亦季世也。戎馬不駕。卿無軍行。公乘無人。卒列無長。庶民罷敝。而宮室滋侈。道殣相望。而女富溢尤。民聞公命。如逃寇讎。欒郤胥原狐續慶伯。降在皁隸。政在家門。民無所依。君日不悛。以樂慆憂。公室之卑。其何日之有。讒鼎之銘曰。昧旦丕顯。後世猶怠。況日不悛。其能久乎。晏子曰。子將若何。叔向曰。晉之公族盡矣。肸聞之。公室將卑。其宗族枝葉先落。則公從之。肸之宗十一族。唯羊舌氏在而已。肸又無子。公室無度。幸而得死。豈其獲祀。初景公欲更晏子之宅。曰。子之宅近市。湫隘囂塵。不可以居。請更諸爽塏者。辭曰。君之先臣容焉。臣不足以嗣之。於臣侈矣。且小人近市。朝夕得所求。小人之利也。敢煩里旅。公笑曰。子近市。識貴賤乎。對曰。既利之。敢不識乎。公曰。何貴何賤。於是景公繁於刑。有鬻踊者。故對曰。踊貴屨賤。既已告於君。故與叔向語而稱之。景公爲是省於刑。君子曰。仁人之言。其利博哉。晏子一言。而齊侯省刑。詩曰。君子如祉。亂庶遄已。其是之謂乎。及晏子如晉。公更其宅。反則成矣。既拜。乃毀之。而爲里室。

皆如其舊。則使宅人反之。且諺曰。非宅是卜。唯鄰是卜。二三子先卜鄰矣。違卜不祥。君子不犯非禮。小人不犯不祥。古之制也。吾敢違諸乎。卒復其舊宅。公弗許。因陳桓子以請。乃許之。

夏四月。鄭伯如晉。公孫段相。甚敬而卑。禮無違者。晉侯嘉焉。授之以策。曰。子豐有勞於晉國。余聞而弗忘。賜女州田。以胙乃舊勳。伯石再拜稽首。受策以出。君子曰。禮其人之急也乎。伯石之汰也。一為禮於晉。猶荷其祿。況以禮終始乎。詩曰。人而無禮。胡不遄死。其是之謂乎。初州縣。欒豹之邑也。及欒氏亡。范宣子。趙文子。韓宣子。皆欲之。文子曰。溫吾縣也。二宣子曰。自郤稱以別。三傳矣。晉之別縣不唯州。誰獲治之。文子病之。乃舍之。二子曰。吾不可以正議而自與也。皆舍之。及文子為政。趙獲曰。可以取州矣。文子曰。退。二子之言。義也。違義。禍也。余不能治余縣。又焉用州。其以徼禍也。君子曰。弗知實難。知而弗從。禍莫大焉。有言州必死。豐氏故主韓氏。伯石之獲州也。韓宣子為之請之。為其復取之之故。

州田案州本周邑。隱十一年。王以予鄭。是時又屬晉。

夏叔弓如滕五月葬滕成公 滕始書葬。

【左】五月。叔弓如滕。葬滕成公。子服椒為介。及郊。遇懿伯之忌。敬子不入。惠伯曰。公事有公利。無私忌。椒請先入。乃先受館。敬子從之。

【附錄左】晉韓起如齊逆女。公孫蠆為少姜之有寵也。以其子更公女。而嫁公子。人謂宣子。子尾欺晉。晉胡受之。宣子曰。我欲得齊而遠其寵。寵將來乎。 秋七月。鄭罕虎如晉。賀夫人。且告曰。楚人日徵敝邑。以不朝立王之故。敝邑之往。則畏執事。其謂寡君而固有外心。其不往。則宋之盟云。進退罪也。寡君使虎布之。宣子使叔向對曰。君若辱有寡君。在楚何害。修宋盟也。君苟思盟。寡君乃知免於戾矣。君若不有寡君。雖朝夕辱於敝邑。寡君猜焉。君實有心。何辱命焉。君其往也。苟有寡君。在楚猶在晉也。張趯使謂大叔曰。自子之歸也。小人糞除先人之敝廬。曰。子其將來。今子皮實來。小人失望。大叔曰。吉賤。不獲來。畏大國。尊夫人也。且孟曰。而將無事。吉庶幾焉。

杜氏預曰。卿共小國之葬。禮過厚。葬襄公。滕子來會。故魯厚報之。

秋小邾子來朝

【左】小邾穆公來朝。季武子欲卑之。穆叔曰。不可。曹滕二邾。實不忘我好。敬以逆之。猶懼其貳。又卑一睦焉。逆羣好也。其如舊而加敬焉。志曰。能敬無災。又曰。敬逆來者。天所福也。季孫從之。

八月大雩

【左】八月。大雩。旱也。

【附錄左】齊侯田於莒。盧蒲嫳見。泣且請曰。余髮如此種種。余奚能為。公曰。諾。吾告二子。歸而告之。子尾欲復之。子雅不可。曰。彼其髮短而心甚長。其或寢處我矣。九月。子雅放盧蒲嫳於北燕。

汪氏克寬曰。春秋書雩二十有一。而昭公之世有七焉。此年及六年八年十六年二十四年二十五年再雩是也。左氏唯八年無傳。餘皆云旱也。於再雩。則曰旱甚也。亦可見災變之數見矣。是年既遭旱暵。未幾而連月雨雹。昭公昏懦。略無遇災而懼之意。終及於難。吁。可歎哉。

冬大雨雹

北燕伯款出奔齊

【左】燕簡公多嬖寵。欲去諸大夫。而立其寵人。冬。燕大夫比。以殺公之外嬖。公懼。奔齊。書曰。北燕伯款出奔齊。罪之也。

【附錄左】十月。鄭伯如楚。子產相。楚子享之。賦吉日。既享。子產乃具田備。王以田江南之夢。齊公孫竈卒。司馬竈見晏子。曰。又喪子雅矣。晏子曰。惜也。子旗不免。殆哉。姜族弱矣。而嬀將始昌。二惠競爽。猶可。又弱一个焉。姜其危哉。

【穀】其日北燕。從史文也。

【案】燕大夫相與比而殺其君之外嬖。威脅其君而出之。厥罪大矣。左氏乃以經書出奔爲罪。款。胡傳及諸儒皆主其說。是何刻以繩君。而緩於誅逆乎。今故刪而不錄。

癸亥景王七年 **四年** 晉平二十年。齊景十年。衛襄六年。蔡靈五年。鄭簡二十八年。曹武十七年。陳哀三十一年。杞文十二年。宋平三十八年。秦景三十九年。楚靈三年。吳夷末六年。

春王正月大雨雹 雹。公穀作雪。

【左】大雨雹。季武子問於申豐曰。雹可禦乎。對曰。聖人在上。無雹。雖有。不爲災。古者日在北陸而藏冰。西陸朝覿而出之。其藏冰也。深山窮谷。固陰沍寒。於是乎取之。其出之也。朝之祿位賓食喪祭。於是乎用之。其藏之也。黑牡秬黍。以享司寒。其出之也。桃弧棘矢。以除其災。其出入也時。食肉之祿。冰皆與焉。大夫命婦喪浴用冰。祭寒而藏之。獻羔而啓之。公始用之。火出而畢賦。自命夫命婦。至於老疾。無不受冰。山人取之。縣人傳之。輿人納之。隷人藏之。夫冰以風壯。而以風出。其藏之也周。其用之也偏。則冬無愆陽。夏無伏陰。春無淒風。秋無苦雨。雷出不震。無菑霜雹。癘疾不降。民不夭札。今藏川池之冰。棄而不用。風不越而殺。雷不發而震。雹之爲菑。誰能禦之。七月之卒章。藏冰之道也。

【附錄左】四年春王正月。許男如楚。楚子止之。遂止鄭伯。復田江南。許男與焉。使椒舉如晉求諸侯。二君待之。椒舉致命曰。寡君使舉曰。日君有惠。賜盟於宋。曰。晉楚之從。交相見也。以歲之不易。寡人願結驩於二三君。使舉請間。君若苟無四方之虞。則願假寵以請於諸侯。晉侯欲勿許。司馬侯曰。不可。楚王方侈。天或者欲逞其心。以厚其毒。而降之罰。未可知也。其使能終。亦未可知也。晉楚唯天所相。不可與爭。君其許之。而修德以待其歸。若歸於德。吾猶將事之。況諸侯乎。若適淫虐。楚將棄之。吾又誰與爭。公曰。晉有三不殆。其何敵之有。國險而多馬。齊楚多難。有是三者。何鄉而不濟。對曰。恃險與馬。而虞鄰國之難。是三殆也。四嶽。三塗。陽城。大室。荊山。中南。九州之險也。是不一姓。冀之北土。馬之所生。無興國焉。恃險與馬。不可以爲固也。從古以然。是以先王務修德音以亨神人。不聞其務險與馬也。鄰國之難。不可虞也。或多難以固其國。啓其疆土。或無難以喪其國。失其守宇。若何虞難。齊有仲孫之難。而獲桓公。至今賴之。晉有里丕之難。而獲文公。是以爲盟主。衛邢無難。敵亦喪之。故人之難。不可虞也。恃此三者。而不修政德。亡於不暇。又何能濟。君其許之。紂作淫虐。文王惠和。殷是以隕。周是以與夫豈爭諸侯乃許楚使使叔向對曰寡君有社稷之事是以不獲春秋時見諸侯君實有之何辱命焉椒舉遂請昏晉侯許之楚子問於子產曰晉其許我諸侯乎對曰許君晉君少安不在諸侯其大夫多求莫匡其君在宋之盟又曰如一若不許君將焉用之王曰諸侯其來乎對曰必來從宋之盟承君之歡不畏大國何故不來不來者其魯衛曹邾乎曹畏宋邾畏魯魯衛偪於齊而親於晉唯是不來其餘君之所及也誰敢不至王曰然則吾所求者無不可乎對曰求逞於人不可與人同欲盡濟。 四岳東岳岱西岳華南岳衡北岳恒三塗在河南陸渾縣南陽城在陽城縣東北大室在陽城縣西南荊山在新城沶鄉縣南禹貢荊及衡陽惟荊州荊河惟豫州則荊山乃二川之界也中南在始平武功縣南亦作終南劉氏敞曰豐言聖王在上無雹可也言雹之為災由藏冰故非也魯雖藏川池之冰未為不藏冰如今之天下莫有藏冰何故雹不輒降乎且豐之為人姦佞人也黨於季氏不敢端言其罪故推雹災歸之藏冰欲以諂媚彊臣抹搬災異此與張禹谷永何異哉所以使昭公死於外者未必非此人也。

夏楚子蔡侯陳侯鄭伯許男徐子滕子頓子胡子沈子小邾子宋世子佐淮夷會于申 楚子專會諸侯始此。

【左】夏諸侯如楚魯衛曹邾不會曹邾辭以難公辭以時祭衛侯辭以疾鄭伯先待於申六月丙午楚子合諸侯于申椒舉言於楚子曰臣聞諸侯無歸禮以為歸今君始得諸侯其慎禮矣霸之濟否在此會也夏啟有鈞臺之享商湯有景亳之命周武有孟津之誓成有岐陽之蒐康有酆宮之朝穆有塗山之會齊桓有召陵之師晉文有踐土之盟君其何用宋向戌鄭公孫僑在諸侯之良也君其選焉王曰吾用齊桓王使問禮於左師與子產左師曰小國習之大國用之敢不薦聞獻公合諸侯之禮六子產曰小國共職敢不薦守獻伯子男會公之禮六君子謂合左師善守先代子產善相小國王使椒舉侍於後以規過卒事不規王問其故對曰禮吾未見者有六焉又何以規宋大子佐後至王田於武城久而弗見椒舉請辭焉王使往曰屬有宗祧之事於武城寡君將墮幣焉敢謝後見徐子吳出也以為貳焉故執諸申楚子示諸侯侈椒舉曰夫六王二公之事皆所以示諸侯禮也諸侯所由用命也夏桀為仍之會有緡叛之商紂為黎之蒐東夷叛之周幽為大室之盟戎狄叛之皆所以示諸侯汰也諸侯所由棄命也今君以汰無乃不濟乎王弗聽子產見左師曰吾不患楚矣汰而愎諫不過十年左師曰然不十年侈其惡不遠遠惡而後棄善亦如之德遠而後興。

陽翟縣南有鈞臺陂景亳河南鞏縣西南有湯亭孟津即盟津也隱十一年王以盟于鄭即此岐陽岐山酆宮在始平鄠縣東塗山在壽春東北。

楚人執徐子 左見前。

楊氏士勛曰不言歸者蓋在會而執尋亦釋之故不言所歸也。

秋七月楚子蔡侯陳侯許男頓子胡子沈子淮夷伐吳

【左】秋七月楚子以諸侯伐吳宋大子鄭伯先歸宋華費遂鄭大夫從。

執齊慶封殺之

【左】使屈申圍朱方。八月。甲申。克之。執齊慶封。而盡滅其族。將戮慶封。椒舉曰。臣聞無瑕者。可以戮人。慶封唯逆命。是以在此。其肯從於戮乎。播於諸侯。焉用之。王弗聽。負之斧鉞。以徇於諸侯。使言曰。無或如齊慶封弒其君。弱其孤。以盟其大夫。慶封曰。無或如楚共王之庶子圍弒其君兄之子麇而代之。以盟諸侯。王使速殺之。

【公】此伐吳也。其言執齊慶封何。為齊誅也。其為齊誅奈何。慶封走之吳。吳封之於防。然則曷為不言伐防。不與諸侯專封也。慶封之罪何。脅齊君而亂齊國也。

【穀】此入而殺。其不言入何也。慶封封乎吳鍾離。其不言伐鍾離何也。不與吳封也。慶封其以齊氏何也。為齊討也。靈王使人以慶封令於軍中曰。有若齊慶封弒其君者乎。慶封曰。子一息我。我亦且一言。曰。有若楚公子圍弒其兄之子而代之為君者乎。軍人粲然皆笑。慶封弒其君。而不以弒君之罪罪之者。慶封不為靈王服也。不與楚討也。春秋之義。用貴治賤。用賢治不肖。不以亂治亂也。孔子曰。懷惡而討。雖死不服。其斯之謂與。

【案】慶封弒君之賊。法所當討。故書執書殺。明其罪之可殺也。楚圍身為弒逆。懷惡而討。故不書楚子。所以別於殺徵舒也。公穀以不書伐防伐鍾離為不與專封。則失之矣。既書伐吳。則慶封所受之邑。亦何必更言伐乎。

遂滅賴 賴。公穀作厲。

【左】遂以諸侯滅賴。賴子面縛銜璧。士袒。輿櫬從之。造於中軍。王問諸椒舉。對曰。成王克許。許僖公如是。王親釋其縛。受其璧。焚其櫬。王從之。遷賴於鄢。楚子欲遷許於賴。使鬬韋龜與公子棄疾城之而還。申無宇曰。楚禍之首。將在此矣。召諸侯而來。伐國而克。城竟莫校。王心不違。民其居乎。民之不處。其誰堪之。不堪王命。乃禍亂也。

【穀】遂繼事也。

九月取鄫

【左】九月。取鄫。言易也。莒亂。著丘公立。而不撫鄫。鄫叛而來。故曰取。凡克邑。不用師徒曰取。

【附錄左】鄭子產作丘賦。國人謗之。曰。其父死於路。己為蠆尾。以令於國。國將若之何。子寬以告。子產曰。何害。苟利社稷。死生以之。且吾聞為善者。不改其度。故能有濟也。民不可逞。度不可改。詩曰。禮義不愆。何恤於人言。吾不遷矣。渾罕曰。國氏其先亡乎。君子作法於涼。其敝猶貪。作法於貪。敝將若之何。姬在列者。蔡及曹滕。其先亡乎。偪而無禮。鄭先衛亡。偪而無法。政不率法。而制於心。民各有心。何上之有。冬。吳伐楚。入棘櫟麻。以報朱方之役。楚沈尹射奔命於夏汭。箴尹宜咎城鍾離。薳啟彊城巢。然丹城州來。東國水。不可以城。彭生罷賴之師。櫟。楚東鄙邑。麻。楚東鄙邑。夏汭。漢水曲入江。今夏口也。

【公】其言取之何。滅之也。滅之則其言取之何。內大惡諱也。

劉氏微曰。公羊曰。諱滅也。非也。莒已滅鄫矣。此又能重滅之乎。公羊本謂鄫未滅。故因而為之辭耳。

冬十有二月乙卯叔孫豹卒

左 初穆子去叔孫氏及庚宗遇婦人使私爲食而宿焉問其行告之故哭而送之適齊娶於國氏生孟丙仲壬夢天壓巳弗勝顧而見人黑而上僂深目而豭喙號之曰牛助余乃勝之旦而皆召其徒無之且曰志之及宣伯奔齊饋之宣伯曰魯以先子之故將存吾宗必召女召女何如對曰願之久矣魯人召之不告而歸既立所宿庚宗之婦人獻以雉問其姓對曰余子長矣能奉雉而從我矣召而見之則所夢也未問其名號之曰牛曰唯皆召其徒使視之遂使爲豎有寵長使爲政公孫明知叔孫於齊歸未逆國姜子明取之故怒其子長而後使逆之田於邱蕕遂遇疾焉豎牛欲亂其室而有之彊與孟盟不可叔孫爲孟鐘曰爾未際饗大夫以落之既具使豎牛請日入弗謁出命之日及賓至聞鐘聲牛曰孟有北婦人之客怒將往牛止之賓出使拘而殺諸外牛又彊與仲盟不可仲與公御萊書觀於公公與之環使牛入示之入不示出命佩之牛謂叔孫見仲而何叔孫曰何爲曰不見既自見矣公與之環而佩之矣遂逐之奔齊疾急命召仲牛許而不召杜洩見告之飢渴授之戈對曰求之而至又何去焉豎牛曰夫子疾病不欲見人使寘饋於个而退牛弗進則置虛命徹十二月癸丑叔孫不食乙卯卒牛立昭子而相之公使杜洩葬叔孫豎牛賂叔仲昭子與南遺使惡杜洩於季孫而去之杜洩將以路葬且盡卿禮南遺謂季孫曰叔孫未乘路葬焉用之且冢卿無路介卿以葬不亦左乎季孫曰然使杜洩舍路不可曰夫子受命於朝而聘於王王思舊勳而賜之路復命而致之君君不敢逆王命而復賜之使三官書之吾子爲司徒實書名夫子爲司馬與工正書服孟孫爲司空以書勳今死而弗以是棄君命也書在公府而弗以是廢三官也若命服生弗敢服死又不以將焉用之乃使以葬季孫謀去中軍豎牛曰夫子固欲去之 庚宗魯地邱蕕地名

甲子

五年 景王八年 晉平二十一年 齊景十一年 衛襄七年 蔡靈六年 鄭簡二十九年 曹武十八年 陳哀三十二年 杞文十三年 宋平三十九年 秦景四十年 楚靈四年 吳夷末七年

春王正月舍中軍

左 五年春王正月舍中軍卑公室也毀中軍於施氏成諸臧氏初作中軍三分公室而各有其一季氏盡征之叔孫氏臣其子弟孟氏取其半焉及其舍之也四分公室季氏擇二二子各一皆盡征之而貢於公以書使杜洩告於殯曰子固欲毀中軍既毀之矣故告杜洩曰夫子唯不欲毀也故盟諸僖閎詛諸五父之衢受其書而投之帥士而哭之叔仲子謂季孫曰帶受命於子叔孫曰葬鮮者自西門季孫命杜洩杜洩曰卿喪自朝魯禮也吾子爲國政未改禮而又遷之羣臣懼死不敢自也既葬而行仲至自齊季孫欲立之南遺曰叔孫氏厚則季氏薄彼實家亂子勿與知不亦可乎南遺使國人助豎牛以攻諸大庫之庭司宮射之中目而死豎牛取東鄙三十邑以與南遺昭子即位朝其家眾曰豎牛禍叔孫氏使亂大從殺適立庶又披其邑將以赦罪罪莫大焉必速殺之豎牛懼奔齊孟仲之子殺諸塞關之外投其首於寧風之棘上仲尼曰叔孫昭子之不勞不可能也周任有言曰爲政者不賞私勞不罰私怨詩云有覺德行四國順之初穆子之生也莊叔以周易筮之遇明夷之謙以示卜楚

邱。日。是將行。而歸爲子祀。以讒人入。其名曰牛。卒以餒死。明夷。日也。日之數十。故有十時。亦當十位。自王已下。其二爲公。其三爲卿。日上其中。食日爲二。旦日爲三。明夷之謙。明而未融。其當旦乎。故曰爲子祀。日之謙當鳥。故曰。明夷于飛。明而未融。故曰垂其翼。象日之動。故曰。君子于行。當三在旦。故曰三日不食。離火也。艮山也。離爲火。火焚山。山敗。於人爲言。敗言爲讒。故曰。有攸往。主人有言。言必讒也。純離爲牛。世亂讒勝。勝將適離。故曰其名曰牛。謙不足。飛不翔。垂不峻。翼不廣。故曰其爲子後乎。吾子。亞卿也。抑少不終。　大庫之庭。魯城內有大庭氏之虛。其上作庫。孔疏。炎帝號神農氏。一曰大庭氏。寧風。齊地。

公 舍中軍者何。復古也。然則曷爲不言三卿。五亦有中。三亦有中。

穀 責復正也。

汪氏克寬曰。襄二十九年。享范獻子。公臣不能具三耦。則公室已無民矣。今季孫復舍中軍。以國民四分之。而已取其半。非獨欲弱公室。亦欲乘叔孫婼之未定其位。弱仲叔二家而彊己也。經書舍中軍。而不言其故。至十年伐莒。列書三卿。比事以觀。而罪自見矣。公羊以爲復古。穀梁以爲復正。非也。苟曰。後此不立三卿。不設三軍。則季孫意如。叔弓。仲孫貜帥師伐莒。及哀二年。季孫斯。叔孫州仇。仲孫何忌。帥師伐邾。何以三卿並將而三軍並出耶。荀悅云。春秋之義。舍中軍則善之。皆惑於公穀之說。而未之考也。

楚殺其大夫屈申

左 楚子以屈申爲貳於吳。乃殺之。以屈生爲莫敖。使與令尹子蕩如晉逆女。過鄭。鄭伯勞子蕩於氾。勞屈生於菟氏。晉侯送女於邢丘。子產相鄭伯。會晉侯於邢丘。　氾。鄭地。菟氏。鄭地。

公如晉

左 公如晉。自郊勞至於贈賄。無失禮。晉侯謂女叔齊曰。魯侯不亦善於禮乎。對曰。魯侯焉知禮。公曰。何爲。自郊勞至於贈賄。禮無違者。何故不知。對曰。是儀也。不可謂禮。禮所以守其國。行其政令。無失其民者也。今政令在家。不能取也。有子家羈。弗能用也。奸大國之盟。陵虐小國。利人之難。不知其私。公室四分。民食於他。思莫在公。不圖其終。爲國君。難將及身。不恤其所。禮之本末。將於此乎在。而屑屑焉習儀以亟。言善於禮。不亦遠乎。君子謂叔侯於是乎知禮。

附錄左 晉韓宣子如楚送女。叔向爲介。鄭子皮子大叔勞諸索氏。大叔謂叔向曰。楚王汰侈已甚。子其戒之。叔向曰。汰侈已甚。身之災也。焉能及人。若奉吾幣帛。慎吾威儀。守之以信。行之以禮。敬始而思終。終無不復。從而不失儀。敬而不失威。道之以訓辭。奉之以舊法。考之以先王。度之以二國。雖汰侈。若我何。及楚。楚子朝其大夫曰。晉。吾仇敵也。苟得志焉。無恤其他。今其來者。上卿上大夫也。若吾以韓起爲閽。以羊舌肸爲司宮。足以辱晉。吾亦得志矣。可乎。大夫莫對。薳啟彊曰。可。苟有其備。何故不可。恥匹夫。不可以無備。況恥國乎。是以聖王務行禮。不求恥人。朝聘有珪。享覜有璋。小有述職。大有巡功。設机而不倚。爵盈而不飲。宴有好貨。飧有陪鼎。入有郊勞。出有贈賄。禮之至也。國家之敗。失之道也。則禍亂興。城濮之役。晉無楚備。以敗於邲。邲之役。楚無晉備。以敗於鄢。自鄢以來。晉不失備。而加之以禮。重之以睦。是以楚弗能報。而求親焉。既獲姻親。又欲恥之。以召寇讎。備之若何。誰其重此。若有其人。恥之可以也。若其未有，君亦圖之。晉之事君，臣曰可矣。求諸侯而麇至，求昏而薦女，君親送之，上卿及上大夫致之。猶欲恥之，君其亦有備矣。不然，奈何。韓起之下，趙成、中行吳、魏舒、范鞅、知盈。羊舌肸之下，祁午、張趯、籍談、女齊、梁丙、張骼、輔躒、苗賁皇，皆諸侯之選也。韓襄爲公族大夫，韓須受命而使矣。箕襄、邢帶、叔禽、叔椒、子羽，皆大家也。韓賦七邑，皆成縣也。羊舌四族，皆彊家也。晉人若喪韓起、楊肸，五卿八大夫輔韓須、楊石，因其十家九縣，長轂九百，其餘四十縣，遺守四千，奮其武怒，以報其大恥。伯華謀之，中行伯、魏舒帥之，其蔑不濟矣。君將以親易怨，實無禮以速寇，而未有其備，使羣臣往遺之禽，以逞君心，何不可之有。王曰，不穀之過也，大夫無辱。厚爲韓子禮。王欲敖叔向以其所不知，而不能，亦厚其禮。韓起反，鄭伯勞諸圉，辭不敢見，禮也。鄭罕虎如齊，娶於子尾氏。晏子驟見之。陳桓子問其故，對曰，能用善人，民之主也。

索氏。河南成皋縣東有大索城。圉，鄭地。

夏莒牟夷以牟婁及防茲來奔 防，城陽平昌縣西南有防亭。茲，姑幕縣東北有茲亭。

【左】牟夷非卿而書，尊地也。

【公】莒牟夷者何。莒大夫也。莒無大夫，此何以書。重地也。其言及防茲來奔何。不以私邑累公邑也。

【穀】以者，不以者也。來奔者不言出。及防茲，以大及小也。莒無大夫，其曰牟夷，何也。以其地來也。以地來，則何以書也。重地也。

秋七月公至自晉

【左】莒人愬於晉。晉侯欲止公。范獻子曰，不可。人朝而執之，誘也。討不以師，而誘以成之，惰也。爲盟主而犯此二者，無乃不可乎。請歸之，間而以師討焉。乃歸公。秋七月，公至自晉。

戊辰叔弓帥師敗莒師于蚡泉 蚡，扶粉反。公作濆。穀作賁。蚡泉，魯地。

【左】莒人來討，不設備。戊辰，叔弓敗諸蚡泉，莒未陳也。

【公】濆泉者何。直泉也。直泉者何。涌泉也。

【穀】狄人謂賁泉失台，號從中國，名從主人。

劉氏敞曰，公羊曰，濆泉者，直泉也。非也。此地名爾，豈謂戰而泉涌乎。戰而泉涌，固當舉戰地於上，而後書曰有濆泉，不得引濆泉以爲戰地也。

秦伯卒

【公】何以不名。秦者夷也。匿嫡之名也。其名何。嫡得之也。

湛氏若水曰，來赴，故書之。其不名者，赴之略，故史書之略耳。是無關於竊取之義焉。公羊以爲匿嫡之名，非矣。

冬楚子蔡侯陳侯許男頓子沈子徐人越人伐吳 越始見經。

【左】冬，十月，楚子以諸侯及東夷伐吳，以報棘、櫟、麻之役。薳射以繁揚之師會於夏汭。越大夫常壽過帥師會楚子於瑣。聞吳師出。薳啟彊帥師從之。遽不設備。吳人敗諸鵲岸。楚子以馹至於羅汭。吳子使其弟蹶由犒師。楚人執之。將以釁鼓。王使問焉。曰。女卜來吉乎。對曰。吉。寡君聞君將治兵於敝邑。卜之以守龜。曰。余亟使人犒師。請行以觀王怒之疾徐。而為之備。尚克知之。龜兆告吉。曰。克可知也。君若驩焉。好逆使臣。滋敝邑休怠。而忘其死。亡無日矣。今君奮焉震電馮怒。虐執使臣。將以釁鼓。則吳知所備矣。敝邑雖羸。若早修完。其可以息師。難易有備。可謂吉矣。且吳社稷是卜。豈為一人。使臣獲釁軍鼓。而敝邑知備。以禦不虞。其為吉孰大焉。國之守龜。其何事不卜。一臧一否。其誰能常之。城濮之兆。其報在邲。今此行也。其庸有報志。乃弗殺。楚師濟於羅汭。沈尹赤會楚子。次於萊山。薳射帥繁揚之師。先入南懷。楚師從之。及汝清。吳不可入。楚子遂觀兵於坻箕之山。是行也。吳早設備。楚無功而還。以蹶由歸。楚子懼吳。使沈尹射待命於巢。薳啟彊待命於雩婁。禮也。瑣。楚地。鵲岸。盧江舒縣有鵲尾渚。南懷。汝清。皆楚界。坻箕之山。在江南無為州巢縣南三十七里。有踋蹶山。輿地志。以為即坻箕山也。

附錄左 秦后子復歸於秦。景公卒故也。

案 伐吳之役。胡傳以為善楚而進越。不知楚虔身負大惡。王法所不宥也。而恃彊逞暴。合諸侯以為修怨之師。何善之有焉。越從楚以伐吳。是甘為篡賊役也。聖人亦何為而進之乎。此說之不可通者也。

（乙丑）景王九年

六年

晉平二十二年。齊景十二年。衛襄八年。蔡靈七年。鄭簡三十年。曹武十九年。陳哀三十三年。杞文十四年。宋平四十年。秦哀公元年。楚靈五年。吳夷末八年。

春王正月杞伯益姑卒

左 六年。春。王正月。杞文公卒。弔如同盟。禮也。

葬秦景公

書葬。秦始

左 大夫如秦。葬景公。禮也。

附錄左 三月。鄭人鑄刑書。叔向使詒子產書。曰。始吾有虞於子。今則已矣。昔先王議事以制。不為刑辟。懼民之有爭心也。猶不可禁禦。是故閑之以義。糾之以政。行之以禮。守之以信。奉之以仁。制為祿位。以勸其從。嚴斷刑罰。以威其淫。懼其未也。故誨之以忠。聳之以行。教之以務。使之以和。臨之以敬。涖之以彊。斷之以剛。猶求聖哲之上。明察之官。忠信之長。慈惠之師。民於是乎可任使也。而不生禍亂。民知有辟。則不忌於上。並有爭心。以徵於書。而徼幸以成之。弗可為矣。夏有亂政。而作禹刑。商有亂政。而作湯刑。周有亂政。而作九刑。三辟之興。皆叔世也。今吾子相鄭國。作封洫。立謗政。制參辟。鑄刑書。將以靖民。不亦難乎。詩曰。儀式刑文王之德。日靖四方。又曰。儀刑文王。萬邦作孚。如是。何辟之有。民知爭端矣。將棄禮而徵於書。錐刀之末。將盡爭之。亂獄滋豐。賄賂並行。終子之世。鄭其敗乎。肸聞之。國將亡。必多制。其此之謂乎。復書曰。若吾子之言。僑不才。不能及子孫。吾以救世也。既不承命。敢忘大惠。士文伯曰。火見。鄭其火乎。火未出而作火以鑄刑器。藏爭辟焉。火如象之。不火何為。

夏季孫宿如晉

左 夏。季孫宿如晉。拜莒田也。晉侯享之。有加籩。武子退。使行人告曰。小國之事大國也。苟免於討。不敢求貺。得貺不過三獻。今豆有加。下臣弗堪。無乃戾也。韓宣子曰。寡君以爲驩也。對曰。寡君猶未敢。況下臣。君之隸也。敢聞加貺。固請徹加。而後卒事。晉人以爲知禮。重其好貨。

葬杞文公

宋華合比出奔衛

左 宋寺人柳有寵。大子佐惡之。華合比曰。我殺之。柳聞之。乃坎用牲埋書。而告公曰。合比將納亡人之族。既盟於北郭矣。公使視之。有焉。遂逐華合比。合比奔衛。於是華亥欲代右師。乃與寺人柳比。從爲之徵。曰。聞之久矣。公使代之。見於左師。左師曰。女夫也必亡。女喪而宗室。於人何有。人亦於女何有。詩曰。宗子維城。毋俾城壞。毋獨斯畏。女其畏哉。

附錄 左 六月丙戌。鄭災。楚公子棄疾如晉。報韓子也。過鄭。鄭罕虎。公孫僑。游吉。從鄭伯以勞諸柤。辭不敢見。固請見之。見如見王。以其乘馬八匹私面。見子皮如上卿。以馬六匹。見子產以馬四匹。見子大叔以馬二匹。禁芻牧採樵。不入田。不樵樹。不采蓺。不抽屋。不彊匄。誓曰。有犯命者。君子廢。小人降。舍不爲暴。主不慁賓。往來如是。鄭三卿皆知其將爲王也。韓宣子之適楚也。楚人弗逆。公子棄疾及晉竟。晉侯將亦弗逆。叔向曰。楚辟我衷。若何效辟。詩曰。爾之教矣。民胥效矣。從我而已。焉用效人之辟。書曰。聖作則。無寧以善人爲則。而則人之辟乎。匹夫爲善。民猶則之。況國君乎。晉侯說。乃逆之。

家氏鉉翁曰。伊戾與柳。所以譖太子與右師。皆坎用牲埋書。以售其憸謀。後先如出一轍。而華亥之比柳。與向戌之比伊戾。適以相似。而平公不之悟也。嗟夫。閹官禍人國家。必外廷臣與之合。而其譖乃售。伊柳戌亥之事。後世往往有之。可不戒哉。

秋九月大雩

左 秋九月。大雩。旱也。

楚薳罷帥師伐吳 罷音皮。

左 徐儀楚聘於楚。楚子執之。逃歸。懼其叛也。使薳洩伐徐。吳人救之。令尹子蕩帥師伐吳。師於豫章。而次於乾谿。吳人敗其師於房鍾。獲宮廄尹棄疾。子蕩歸罪於薳洩而殺之。豫章。當在江北淮水南。乾谿在譙國城父縣南。房鍾吳地。

冬叔弓如楚

左 冬。叔弓如楚。聘。且弔敗也。

高氏閌曰。蓋左氏以爲弔敗者。非也。楚恃彊暴。雖敗猶諱之。魯豈敢弔乎。四年公不會申。已而震楚兵威。將朝楚而不能。故以叔弓先聘。而明年躬繼之也。

齊侯伐北燕

左　十一月。齊侯如晉。請伐北燕也。士匄相。士鞅逆諸河。禮也。晉侯許之。十二月。齊侯遂伐北燕。將納簡公。晏子曰。不入。燕有君矣。民不貳。吾君賄。左右諂諛。作大事。不以信。未嘗可也。

家氏鉉翁曰。齊侯伐北燕。將納其君。書爵書伐。師出有名也。不書所以伐。貶也。仗義而往。納賂而還。是以不能成功也。齊景賢君。每欲有爲。輒爲近倖小人所阻。優游不斷。以逮終老而國非其國矣。

丙寅　景王十年。**七年**　晉平二十三年。齊景十三年。衛襄九年。蔡靈八年。鄭簡三十一年。曹武二十年。陳哀三十四年。杞平公郁釐元年。宋平四十一年。秦哀二年。楚靈六年。吳夷末九年。

春王正月暨齊平

左　七年。春。王正月。暨齊平。齊求之也。癸巳。齊侯次于虢。燕人行成。曰。敝邑知罪。敢不聽命。先君之物器。請以謝罪。公孫晳曰。受服而退。俟釁而動。可也。二月。戊午。盟于濡上。燕人歸燕姬。賂以瑤罋玉櫝斝耳。不克而還。虢。燕竟。濡上。濡水出高陽縣東北。至河間鄚縣入易水。

附錄左　楚子之爲令尹也。爲王旌以田。芋尹無宇斷之。曰。一國兩君。其誰堪之。及即位。爲章華之宮。納亡人以實之。無宇之閽入焉。無宇執之。有司弗與。曰。執人於王宮。其罪大矣。執而謁諸王。王將飲酒。無宇辭曰。天子經略。諸侯正封。古之制也。封略之內。何非君土。食土之毛。誰非君臣。故詩曰。普天之下。莫非王土。率土之濱。莫非王臣。天有十日。人有十等。下所以事上。上所以共神也。故王臣公。公臣大夫。大夫臣士。士臣皁。皁臣輿。輿臣隸。隸臣僚。僚臣僕。僕臣臺。馬有圉。牛有牧。以待百事。今有司曰。女胡執人於王宮。將焉執之。周文王之法曰。有亡荒閱。所以得天下也。吾先君文王。作僕區之法。曰。盜所隱器。與盜同罪。所以封汝也。若從有司。是無所執逃臣也。逃而舍之。是無陪臺也。王事無乃闕乎。昔武王數紂之罪。以告諸侯曰。紂爲天下逋逃主。萃淵藪。故夫致死焉。君王始求諸侯。而則紂。無乃不可乎。若以二文之法取之。盜有所在矣。王曰。取而臣以往。盜有寵。未可得也。遂赦之。章華。南郡華容縣。

穀　平者成也。暨猶暨暨也。暨者不得已也。以外及內曰暨。

李氏廉曰。禮記曰。戎容暨暨。暨暨。果毅貌也。襄公之世。齊數伐魯。景公初立。使慶封來聘。而不書魯報。則魯蓋無汲汲於齊可知矣。又曰。案左氏注。暨齊平者。齊求燕而與之平。間無異事。故不重言燕。蓋杜氏從許惠卿之說也。但推之經例。則暨齊平之文。正與及齊平。及鄭平。句法相似。而下文又有叔孫婼涖盟。正與叔還涖盟之事相類。且左氏下文。明說燕人行成。而上文又以爲齊求之文。法自相背。故服虔亦疑之。今若截齊求之也四字。正解齊魯之平。而以癸巳以下。方終齊燕之事。則兩得之矣。蓋左氏本無誤。而許惠卿之誤也。

三月公如楚

左　楚子成章華之臺。願與諸侯落之。大宰薳啓彊曰。臣能得魯侯。薳啓彊來召公。辭曰。昔先君成公命我先大夫嬰齊曰。吾不忘先君之好。將使衡父照臨楚國。鎮撫其社稷。以輯寧爾民。嬰齊受命于蜀。奉承以來。弗敢失隕。而致諸宗祧。曰。我先君共王引領北望。日月以冀。傳序相授於今四王矣。嘉惠未至，惟襄公之辱臨我喪。孤與其二三臣悼心失圖，社稷之不皇，況能懷思君德。今君若步玉趾，辱見寡君，寵靈楚國，以信蜀之役，致君之嘉惠，是寡君既受貺矣，何蜀之敢望。其先君鬼神實嘉賴之，豈惟寡君。君若不來，使臣請問行期，寡君將承質幣而見於蜀，以請先君之貺。公將往，夢襄公祖。梓愼曰，君不果行。襄公之適楚也，夢周公祖而行。今襄公實祖，君其不行。子服惠伯曰，行。先君未嘗適楚，故周公祖以道之。襄公適楚矣，而祖以道君。不行何之。三月，公如楚。鄭伯勞于師之梁。孟僖子爲介，不能相儀。及楚，不能答郊勞。章華之臺，臺在華容城內。

叔孫舍如齊涖盟 舍，左穀作婼，後同。

穀 涖，位也。內之前定之辭謂之涖，外之前定之辭謂之來。

夏四月甲辰朔日有食之

左 夏四月甲辰朔，日有食之。晉侯問於士文伯曰，誰將當日食。對曰，魯衛惡之。衛大魯小。公曰，何故。對曰，去衛地，如魯地。於是有災，魯實受之。其大咎，其衛君乎。魯將上卿。公曰，詩所謂彼日而食，于何不臧者，何也。對曰，不善政之謂也。國無政，不用善，則自取謫於日月之災。故政不可不愼也。務三而已。一曰擇人，二曰因民，三曰從時。

附錄左 晉人來治杞田。季孫將以成與之。謝息爲孟孫守，不可。曰，人有言曰，雖有挈缾之知，守不假器，禮也。夫子從君，而守臣喪邑，雖吾子亦有猜焉。季孫曰，君之在楚，於晉罪也。又不聽晉，魯罪重矣。晉師必至，吾無以待之，不如與之。間晉而取諸杞。吾與子桃。成反，誰敢有之。是得二成也。魯無憂，而孟孫益邑，子何病焉。辭以無山。與之萊柞。乃遷於桃。晉人爲杞取成。

楚子享公於新臺，使長鬣者相，好以大屈。既而悔之。薳啓彊聞之，見公。公語之。拜賀。公曰，何賀。對曰，齊與晉越欲此久矣。寡君無適與也，而傳諸君。君其備禦三鄰，愼守寶矣。敢不賀乎。公懼，乃反之。

鄭子產聘於晉。晉侯有疾。韓宣子逆客，私焉。曰，寡君寢疾，於今三月矣。竝走羣望，有加而無瘳。今夢黃熊入於寢門，其何厲鬼也。對曰，以君之明，子爲大政，其何厲之有。昔堯殛鯀於羽山，其神化爲黃熊，以入於羽淵。實爲夏郊，三代祀之。晉爲盟主，其或者未之祀也乎。韓子祀夏郊。晉侯有間，賜子產莒之二方鼎。子產爲豐施歸州田於韓宣子。曰，日君以夫公孫段爲能任其事，而賜之州田。今無祿早世，不獲久享君德。其子弗敢有，不敢以聞於君，私致諸子。宣子辭。子產曰，古人有言曰，其父析薪，其子弗克負荷。施將懼不能任其先人之祿，其況能任大國之賜。縱吾子爲政而可，後之人若屬有疆埸之言，敝邑獲戾，而豐氏受其大討。吾子取州，是免敝邑於戾，而建置豐氏也。敢以爲請。宣子受之，以告晉侯。晉侯以與宣子。宣子爲初言，病有之，以易原縣於樂大心。

鄭人相驚以伯有。曰，伯有至矣。則皆走，不知所往。鑄刑書之歲二月，或夢伯有介而行。曰，壬子，余將殺帶也。明年壬寅，余又將殺段也。及壬子，駟帶卒。國人益懼。齊燕平之月，壬寅，公孫段卒。國人愈懼。其明月，子產立公孫洩及良止以撫之，乃止。子大叔問其故。子產曰，鬼有所歸，乃不爲厲。吾爲之歸也。大叔曰，公孫洩何爲。子產曰，說也。爲身無義而圖說。從政有所反之，以取媚也。不媚不信，不信民不從也。及子產適晉，趙景子問焉。曰，伯有猶能爲鬼乎。子產曰，能。人生始化曰魄。既生魄，陽曰魂。

用物精多，則魂魄彊。是以有精爽，至於神明。匹夫匹婦彊死，其魂魄猶能馮依於人，以爲淫厲。況良霄，我先君穆公之胄，子良之孫，子耳之子，敝邑之卿，從政三世矣。鄭雖無腆，抑諺曰蕞爾國，而三世執其政柄，其用物也宏矣，其取精也多矣，其族又大，所馮厚矣，而彊死，能爲鬼，不亦宜乎。子皮之族飲酒無度，故馬師氏與子皮氏有惡。齊師還自燕之月，罕朔殺罕魋。罕朔奔晉。韓宣子問其位於子產。子產曰：君之羈臣，苟得容以逃死，何位之敢擇。卿違，從大夫之位，罪人以其罪降，古之制也。朔於敝邑，亞大夫也，其官，馬師也，獲戾而逃，唯執政所寘之，得免其死，爲惠大矣，又敢求位。宣子爲子產之敏也，使從嬖大夫。　羽山在東海祝其縣西南。

秋八月戊辰衛侯惡卒

左秋八月，衛襄公卒。晉大夫言於范獻子曰：衛事晉爲睦，晉不禮焉，庇其賊人而取其地，故諸侯貳。詩曰：鶺鴒在原，兄弟急難。又曰：死喪之威，兄弟孔懷。兄弟之不睦，於是乎不弔，況遠人，誰敢歸之。今又不禮於衛之嗣，衛必叛我，是絕諸侯也。獻子以告韓宣子。宣子說，使獻子如衛弔，且反戚田。衛齊惡告喪於周，且請命。王使成簡公如衛弔，且追命襄公曰：叔父陟恪，在我先王之左右，以佐事上帝，余敢忘高圉亞圉。

穀鄉曰衛齊惡，今曰衛侯惡，此何爲君臣同名也。君子不奪人名，不奪人親之所名，重其所以來也。王父名子也。

劉氏敞曰：衛侯惡卒，穀梁曰王父名子也。蓋言臣之子不敢與世子同名，有生在世子前，王父名之者，則亦不改也。以言衛齊惡蓋王父名之爾。說者不曉，以謂唯王父名子，王父卒則稱王父命名之，是則不可。

九月公至自楚

左九月，公至自楚。孟僖子病不能相禮，乃講學之，苟能禮者從之。及其將死也，召其大夫曰：禮，人之幹也。無禮，無以立。吾聞將有達者曰孔某，聖人之後也，而滅於宋。其祖弗父何，以有宋而授厲公。及正考父，佐戴、武、宣，三命茲益共，故其鼎銘云：一命而僂，再命而傴，三命而俯，循牆而走，亦莫余敢侮。饘於是，鬻於是，以餬余口。其共也如是。臧孫紇有言曰：聖人有明德者，若不當世，其後必有達人。今其將在孔某乎。我若獲沒，必屬說與何忌於夫子，使事之，而學禮焉，以定其位。故孟懿子與南宮敬叔師事仲尼。仲尼曰：能補過者，君子也。詩曰：君子是則是效。孟僖子可則效已矣。

附錄左單獻子棄親用羈。冬十月辛酉，襄頃之族殺獻公而立成公。

冬十有一月癸未季孫宿卒

左十一月，季武子卒。晉侯謂伯瑕曰：吾所問日食從矣，可常乎。對曰：不可。六物不同，民心不壹，事序不類，官職不則，同始異終，胡可常也。詩曰：或燕燕居息，或憔悴事國。其異終也如是。公曰：何謂六物。對曰：歲、時、日、月、星、辰，是謂也。公曰：多語寡人辰，而莫同，何謂辰。對曰：日月之會是謂辰，故以配日。

十有二月癸亥葬衞襄公

左 衞襄公夫人姜氏無子。嬖人婤姶生孟縶。孔成子夢康叔謂已立元。余使羈之孫圉與史苟相之。史朝亦夢康叔謂已。余將命而子苟與孔烝鉏之曾孫圉相元。史朝見成子。告之夢。夢協。晉韓宣子爲政。聘於諸侯之歲。婤姶生子。名之曰元。孟縶之足不良弱行。孔成子以周易筮之。曰。元尚享衞國。主其社稷。遇屯。又曰。余尚立縶。尚克嘉之。遇屯之比。以示史朝。史朝曰。元亨。又何疑焉。成子曰。非長之謂乎。對曰。康叔名之。可謂長矣。孟非人也。將不列於宗。不可謂長。且其繇曰。利建侯。嗣吉何建。建非嗣也。二卦皆云。子其建之。康叔命之。二卦告之。筮襲於夢。武王所用也。弗從何爲。弱足者居。侯主社稷。臨祭祀。奉民人。事鬼神。從會朝。又焉得居。各以所利。不亦可乎。故孔成子立靈公。十二月癸亥。葬衞襄公。

丁卯 景王十一年 八年

晉平二十四年。齊景十四年。衞靈公元元年。蔡靈九年。鄭簡三十二年。曹武二十一年。陳哀三十五年。杞平二年。宋平四十二年。秦哀三年。楚靈七年。吳夷末十年。

春

附錄 左 八年。春。石言於晉魏榆。晉侯問於師曠曰。石何故言。對曰。石不能言。或馮焉。不然。民聽濫也。抑臣又聞之。曰。作事不時。怨讟動於民。則有非言之物而言。今宮室崇侈。民力彫盡。怨讟竝作。莫保其性。石言。不亦宜乎。於是晉侯方築虒祁之宮。叔向曰。子野之言。君子哉。君子之言。信而有徵。故怨遠於其身。小人之言。僭而無徵。故怨咎及之。詩曰。哀哉不能言。匪舌是出。唯躬是瘁。哿矣能言。巧言如流。俾躬處休。其是之謂乎。是宮也成。諸侯必叛。君必有咎。夫子知之矣。

魏榆。晉地。虒祁。地名。

陳侯之弟招殺陳世子偃師

左 陳哀公元妃鄭姬。生悼大子偃師。二妃生公子留。下妃生公子勝。二妃嬖。留有寵。屬諸司[illegible]招與公子過。哀公有廢疾。三月甲申。公子招。公子過。殺悼大子偃師。而立公子留。

穀 鄉曰。陳公子招。今日陳侯之弟招。何也。曰。盡其親。所以惡招也。兩下相殺。不志乎。春秋。此其志何也。世子云者。唯君之貳也。云可以重之。存焉。志之也。諸侯之尊。兄弟不得以屬通。其弟云者。親之也。親而殺之。惡也。

許氏翰曰。陳哀寵其庶子。資以彊輔而濟之。權以軋太子。使之失職。至於亂作。躬受其禍。惟其溺愛。法不勝私也。悲夫。

夏四月辛丑陳侯溺卒

左 夏。四月。辛亥。哀公縊。

叔弓如晉

左 叔弓如晉。賀虒祁也。游吉相鄭伯以如晉。亦賀虒祁也。史趙見子大叔曰。甚哉其相蒙也。可弔也。而又賀之。子大叔曰。若何弔也。其非唯我賀。將天下實賀。

楚人執陳行人干徵師殺之

【左】干徵師赴於楚。且告有立君。公子勝愬之於楚。楚人執而殺之。公子留奔鄭。書曰。陳侯之弟招殺陳世子偃師。罪在招也。楚人執陳行人干徵師殺之。罪不在行人也。

【穀】稱人以執大夫。執有罪也。稱行人。怨接於上也。

汪氏克寬曰。穀梁云。稱人以執大夫。執有罪也。非也。書曰行人。則非有罪矣。苟曰有罪。何爲不以殺夏徵舒之例書之乎。

陳公子留出奔鄭

杜氏預曰。留爲招所立。未成君而出奔。

秋蒐于紅 蒐。所求反。書蒐始此。

【左】秋。大蒐于紅。自根牟至於商衞。革車千乘。紅。魯地。商。宋地。

【附錄】【左】七月甲戌。齊子尾卒。子旗欲治其室。丁丑。殺梁嬰。八月庚戌。逐子成。子工。子車。皆來奔。而立子良氏之宰。其臣曰。孺子長矣。而相吾室。欲兼我也。授甲將攻之。陳桓子善於子尾。亦授甲將助之。或告子旗。子旗不信。則數人告。將往。又數人告於道。遂如陳氏。桓子將出矣。聞之而還。游服而逆之。請命。對曰。聞彊氏授甲將攻子。子聞諸。曰。弗聞。子盍亦授甲。無宇請從。子旗曰。子胡然。彼孺子也。吾誨之。猶懼其不濟。吾又寵秩之。其若先人何。子盍謂之。周書曰。惠不惠。茂不茂。康叔所以服宏大也。桓子稽顙曰。頃靈福子。吾猶有望。遂和之如初。

【公】蒐者何。簡車從也。何以書。蓋以罕書也。

【穀】正也。因蒐狩以習用武事。禮之大者也。艾蘭以爲防。置旃以爲轅門。以葛覆質以爲槷。流旁握。御轚者不得入。車軌塵。馬候蹄。揜禽旅。御者不失其馳。然後射者能中。過防弗逐。不從奔之道也。面傷不獻。不成禽不獻。禽雖多。天子取三十焉。其餘與士衆以習射於射宮。射而中。田不得禽。則得禽。田得禽而射不中。則不得禽。是以知古之貴仁義而賤勇力也。

劉氏敞曰。何以書。譏蒐也。春事也。秋興之。非正也。蒐有常地矣。于紅。亦非正也。然則曷爲不言公。公不得與於蒐爾。三家專魯而分之。政令出焉。公民食焉爾。又曰。姦臣之將蔽其君而奪之也。未嘗不先爲非禮而動民也。蒐于紅。吾見其反天時矣。吾見其易地理矣。吾見其悖人倫矣。而昭公猶未之悟也。至於奔走失其社稷以死。豈不哀哉。又曰。欲蒐于紅。穀梁曰。正也。非也。蓋不學周禮也。

陳人殺其大夫公子過 過。古禾反。

【左】陳公子招歸罪於公子過。而殺之。

大雩

冬十月壬午楚師滅陳執陳公子招放之于越殺陳孔奐 奐。公作瑗。

左 九月。楚公子棄疾帥師奉孫吳圍陳。宋戴惡會之。冬。十一月。壬午。滅陳。輿嬖袁克殺馬毀玉以葬。楚人將殺之。請寘之。既又請私。私於幄。加絰於顙而逃。使穿封戌爲陳公。曰。城麇之役不諂。侍飲酒於王。王曰。城麇之役。女知寡人之及此。女其辟寡人乎。對曰。若知君之及此。臣必致死禮以息楚。晉侯問於史趙曰。陳其遂亡乎。對曰。未也。公曰。何故。對曰。陳。顓頊之族也。歲在鶉火。是以卒滅。陳將如之。今在析木之津。猶將復由。且陳氏得政於齊。而後陳卒亡。自幕至于瞽瞍無違命。舜重之以明德。寘德於遂。遂世守之。及胡公不淫。故周賜之姓。使祀虞帝。臣聞盛德必百世祀。虞之世數未也。繼守將在齊。其兆既存矣。

穀 惡楚子也。

案 楚莊討陳之亂。有善有惡。故先書殺夏徵舒。而後及其入國納淫之事。是非不相掩也。圍恃彊行暴。利陳之土地而滅之。非有討賊之義。故先書滅陳。

葬陳哀公

穀 不與楚滅。閔公也。

案 趙氏謂陳已滅矣。袁克非大臣。何能辦葬死君。又何能告諸侯使會葬。黎氏謂陳爲楚師所據。魯豈於其葬而使臣往會之。蓋楚入陳。自以其君在殯。因取而葬之。與莊四年齊侯葬紀伯姬同。彼目齊者。蓋上文無齊滅紀之文。今已書楚師滅陳。則下云執公子招。殺孔奐。葬哀公。皆蒙上文云。夫齊襄之暴。不滅楚靈。齊襄滅紀。而葬其夫人以示禮。楚靈滅陳。而葬其故君以示恩。其狡僞之智。正相符合。二家謂爲楚葬。立說固似有理。然左傳明言輿嬖袁克殺馬毀玉以葬。且從傳文可也。至其駁杜注魯往會葬之說。則有確乎不可易者。楚既滅陳。諸侯震恐。故下文九年春。魯使叔弓會楚子于陳。以致其敬。豈有未加敬於楚之前。反先使人如陳會葬陳君之理。蓋必魯往會葬而後書者。常例也。獨此役魯未往會葬。而變例得書者。是亦所謂存陳之意而已矣。

戊辰 景王十二年。 **九年** 晉平二十五年。齊景十五年。衞靈二年。蔡靈十年。鄭簡三十三年。曹武十二年。杞平三年。宋平四十三年。秦哀四年。楚靈八年。吳夷末十一年。

春叔弓會楚子于陳

左 九年。春。叔弓。宋華亥。鄭游吉。衞趙黶。會楚子于陳。

杜氏預曰。楚子在陳。故四國大夫往。不行會禮。故不總書。許氏翰曰。楚既滅陳。威震諸夏。是以無所號召。而諸國之大夫會之。

許遷于夷

左 二月。庚申。楚公子棄疾遷許于夷。實城父。取州來淮北之田以益之。伍舉授許男田。然丹遷城父人於陳。以夷濮西田益之。遷方城外人於許。 城父。城父縣。屬譙郡。夷濮西田。夷田在濮水西者。

附錄 左 周甘人與晉閻嘉爭閻田。晉梁丙。張趯。率陰戎伐潁。王使詹桓伯辭於晉。曰。我自夏以后稷。魏。駘。芮。岐。畢。吾西土也。及武王克商。蒲姑。商奄。吾東土也。巴。濮。楚。鄧。吾南土也。肅慎。

燕亳。吾北土也。吾何邇封之有。文武成康之建母弟。以蕃屏周。亦其廢隊是爲。豈如弁髦而因以敝之。先王居檮杌于四裔。以禦螭魅。故允姓之姦。居於瓜州。伯父惠公歸自秦。而誘以來。使偪我諸姬。入我郊甸。則戎焉取之。戎有中國。誰之咎也。后稷封殖天下。今戎制之。不亦難乎。伯父圖之。我在伯父。猶衣服之有冠冕。木水之有本原。民人之有謀主也。伯父若裂冠毀冕。拔本塞原。專棄謀主。雖戎狄其何有余一人。叔向謂宣子曰。文之伯也。豈能改物。翼戴天子而加之以共。自文以來。世有衰德。而暴滅宗周。以宣示其侈。諸侯之貳。不亦宜乎。且王辭直。子其圖之。宣子說。王有姻喪。使趙成如周弔。且致閻田與襚。反潁俘。王亦使賓滑執甘大夫襄以說於晉。晉人禮而歸之。

閻田以閻嘉爲晉閻縣大夫。則閻當屬晉。左氏載甘人與嘉爭。則閻蓋與甘相近之地。陰戎。陸渾之戎。頳。周邑。駘。注在始平武功縣所治釐城。蒲姑。樂安博昌縣北有蒲姑城。肅愼。在元菟北三千餘里。

孔氏穎達曰。許自楚莊王以來。世屬於楚。常與鄭爲讎敵。今畏鄭。欲遷都近楚。楚從其意而遷之。故以許自遷爲文。若許不欲遷。而楚彊遷之。則當云楚人遷許。如宋人遷宿。齊人遷陽。汪氏克寬曰。夷一名城父。本陳地。楚滅陳。遂遷許於此也。

夏四月陳災　災公穀作火。

左　夏四月陳災。鄭裨竈曰。五年陳將復封。封五十二年而遂亡。子產問其故。對曰。陳。水屬也。火。水妃也。而楚所相也。今火出而火陳。逐楚而建陳也。妃以五成。故曰五年。歲五及鶉火。而後陳卒亡。楚克有之。天之道也。故曰五十二年。

附錄　左　晉荀盈如齊逆女。還。六月卒于戲陽。殯于絳。未葬。晉侯飲酒樂。膳宰屠蒯趨入。請佐公使尊。許之。而遂酌以飲工。曰。女爲君耳。將司聰也。辰在子卯。謂之疾日。君徹宴樂。學人舍業。爲疾故也。君之卿佐。是謂股肱。股肱或虧。何痛如之。女弗聞而樂。是不聰也。又飲外嬖嬖叔。曰。女爲君目。將司明也。服以旌禮。禮以行事。事有其物。物有其容。今君之容。非其物也。而女不見。是不明也。亦自飲也。曰。味以行氣。氣以實志。志以定言。言以出令。臣實司味。二御失官。而君弗命。臣之罪也。公說。徹酒。初。公欲廢知氏。而立其外嬖。爲是悛而止。秋八月使荀躒佐下軍以說焉。

公　陳已滅矣。其言陳火何。存陳也。曰存陳悕矣。曷爲存陳。滅人之國。執人之罪人。殺人之賊。葬人之君。若是則陳存悕矣。

穀　國曰災。邑曰火。火不志。此何以志。閔陳而存之也。

案　陳已滅而經書陳災。公穀皆以爲存陳。而胡傳因之。蓋不與楚之滅陳也。公羊又謂執人之罪人。殺人之賊。葬人之君。則楚之滅陳。似不失爲仗義之師矣。殊非經旨。

秋仲孫貜如齊　貜俱縛反。

左　孟僖子如齊殷聘。禮也。

杜氏預曰。自叔老聘齊至今二十年。禮意久曠。今修盛聘。以無忘舊好。

冬築郎囿

左冬。築郎囿。書時也。季平子欲其速成也。叔孫昭子曰。詩曰。經始勿亟。庶民子來。焉用速成。其以勦民也。無囿。猶可。無民。其可乎。

家氏鉉翁曰。桓四年。公狩于郎。莊三十一年。築臺于郎。今復築郎以爲囿。非以爲講武之處特以爲游觀之地耳。是時三家用事。魯君擁虛器。而猶興築囿之役。其爲季氏毆民乎。俞氏臯曰。創立例書築囿。有逾之苑也。勦民力以爲耳目之娛。故書以爲後世戒。左氏書時之說非也。觀叔孫昭子之言可知矣。

己巳 景王十三年。

十年

晉平二十六年。齊景十六年。衞靈三年。蔡靈十一年。鄭簡三十四年。曹武二十三年。杞平四年。宋平四十四年。秦哀五年。楚靈九年。吳夷末十二年。

春王正月

附錄左十年。春。王正月。有星出於婺女。鄭裨竈言於子產曰。七月戊子。晉君將死。今茲歲在顓頊之虛。姜氏任氏實守其地。居其維首。而有妖星焉。告邑姜也。邑姜。晉之妣也。天以七紀。戊子逢公以登。星斯於是乎出。吾是以譏之。

夏齊欒施來奔

齊。公作晉。

左齊惠欒高氏皆耆酒。信內多怨。彊於陳鮑氏而惡之。夏。有告陳桓子曰。子旗子良將攻陳鮑。亦告鮑氏。桓子授甲而如鮑氏。遭子良醉而騁。遂見文子。則亦授甲矣。使視二子。則皆將飲酒。桓子曰。彼雖不信。聞我授甲。則必逐我。及其飲酒也。先伐諸。陳鮑方睦。遂伐欒高氏。子良曰。先得公。陳鮑焉往。遂伐虎門。晏平仲端委立於虎門之外。四族召之。無所往。其徒曰。助陳鮑乎。曰。何善焉。助欒高乎。曰。庸愈乎。然則歸乎。曰。君伐焉歸。公召之而後入。公卜使王黑以靈姑銔率。吉。請斷三尺焉而用之。五月。庚辰。戰於稷。欒高敗。又敗諸莊。國人追之。又敗諸鹿門。欒施高彊來奔。陳鮑分其室。晏子謂桓子。必致諸公。讓。德之主也。讓之謂懿德。凡有血氣。皆有爭心。故利不可彊。思義爲愈。義。利之本也。蘊利生孽。姑使無蘊乎。可以滋長。桓子盡致諸公。而請老於莒。桓子召子山。私具幄幕器用從者之衣屨。而反棘焉。子商亦如之。而反其邑。子周亦如之。而與之夫于。反子城子公公孫捷。而皆益其祿。凡公子公孫之無祿者。私分之邑。國之貧約孤寡者。私與之粟。曰。詩云。陳錫載周。能施也。桓公是以霸。公與桓子莒之旁邑。辭。穆孟姬爲之請高唐。陳氏始大。

稷。祀后稷之處。六國時齊有稷下館。棘。子山故邑。夫于。濟南於陵縣西北有于亭。

秋七月季孫意如叔弓仲孫貜帥師伐莒

意。公作隱。後同。

左秋。七月。平子伐莒。取郠。獻俘。始用人於亳社。臧武仲在齊。聞之。曰。周公其不饗魯祭乎。周公饗義。魯無義。詩曰。德音孔昭。視民不恌。恌之謂甚矣。而壹用之。將誰福哉。

郠。莒邑。

陳氏傅良曰。舍中軍矣。曷爲書三卿帥師。四分公室。叔弓爲意如貳也。襄十一年。作三軍。而三分公室。三家各將其一。昭五年。舍中軍。而四分公室。季氏擇二。二子各一。於是伐莒。叔弓佐意如。序於仲孫貜之上。而叔孫婼守。自是迄春秋。魯有四卿。而權歸三家也。

[illegible]胡傳謂三家四分公室。季孫身爲主將。二子各帥一軍。爲之副。蓋不知叔弓爲叔肸後而誤

以爲叔孫氏也。項氏安世遂以爲叔孫舍賢。猶使公臣帥家徒。則亦因胡傳而遷就之耳。當以陳氏傅良之說爲正。

戊子晉侯彪卒

左 戊子。晉平公卒。鄭伯如晉。及河。晉人辭之。游吉遂如晉。

九月叔孫舍如晉葬晉平公

左 九月。叔孫婼、齊國弱、宋華定、衛北宮喜、鄭罕虎、許人、曹人、莒人、邾人、滕人、薛人、杞人、小邾人如晉。葬平公也。鄭子皮將以幣行。子產曰。喪焉用幣。用幣必百兩。百兩必千人。千人至。將不行。不行。必盡用之。幾千人而國不亡。子皮固請以行。旣葬。諸侯之大夫欲因見新君。叔孫昭子曰。非禮也。弗聽。叔向辭之曰。大夫之事畢矣。而又命孤。孤斬焉在衰絰之中。其以嘉服見。則喪禮未畢。其以喪服見。是重受弔也。大夫將若之何。皆無辭以見。子皮盡用其幣。歸謂子羽曰。非知之實難。將在行之。夫子知之矣。我則不足。書曰。欲敗度。縱敗禮。我之謂矣。夫子知度與禮矣。我實縱欲而不能自克也。昭子至自晉。大夫皆見。高彊見而退。昭子語諸大夫曰。爲人子。不可不愼也哉。昔慶封亡。子尾多受邑。而稍致諸君。君以爲忠。而甚寵之。將死。疾於公宮。輦而歸。君親推之。其子不能任。是以在此。忠爲令德。其子弗能任。罪猶及之。難不愼也。喪夫人之力。棄德曠宗。以及其身。不亦害乎。詩曰。不自我先。不自我後。其是之謂乎。

李氏廉曰。平公在位二十五年。有溴梁、祝柯、澶淵、商任、沙隨、夷儀、重丘、澶淵于宋、澶淵于虢之會盟。是時承悼公之後。諸侯亦和。但除祝柯圍齊無貶外。其餘皆無足取也。

十有二月甲子宋公成卒 成公作戌。

左 冬十二月。宋平公卒。初元公惡寺人柳。欲殺之。及喪。柳熾炭於位。將至。則去之。比葬。又有寵。

孫氏復曰。此年無冬者。脫也。

春秋卷之十二

春秋卷之十三

〔庚午〕景王十四年。**十有一年**晉昭公夷元年。齊景十七年。衛靈四年。蔡靈十二年。鄭簡三十五年。曹武二十四年。杞平五年。宋元公佐元年。秦哀六年。楚靈十年。吳夷末十三年。

春王二月叔弓如宋葬宋平公二月。公作正月。

左 十一年。春。王二月。叔弓如宋。葬平公也。

夏四月丁巳楚子虔誘蔡侯般殺之于申虔。穀或作乾。般音班。

左 景王問於萇宏曰。今茲諸侯。何實吉。何實凶。對曰。蔡凶。此蔡侯般弑其君之歲也。歲在豕韋。弗過此矣。楚將有之。然壅也。歲及大梁。蔡復楚凶。天之道也。楚子在申。召蔡靈侯。靈侯將往。蔡大夫曰。王貪而無信。唯蔡於感。今幣重而言甘。誘我也。不如無往。蔡侯不可。三月丙申。楚子伏甲。而饗蔡侯于申。醉而執之。夏四月丁巳。殺之。刑其士七十人。

公 楚子虔何以名。絕。曷為絕之。為其誘討也。此討賊也。雖誘之。則曷為絕之。懷惡而討不義。君子不予也。

穀 何為名之也。夷狄之君。誘中國之君而殺之。故謹而名之也。稱時稱月稱日稱地。謹之也。

楚公子棄疾帥師圍蔡

左 公子棄疾帥師圍蔡。韓宣子問於叔向曰。楚其克乎。對曰。克哉。蔡侯獲罪於其君。而不能其民。天將假手於楚以斃之。何故不克。然肸聞之。不信以幸。不可再也。楚王奉孫吳以討於陳。曰將定而國。陳人聽命。而遂縣之。今又誘蔡而殺其君。以圍其國。雖幸而克。必受其咎。弗能久矣。桀克有緡。以喪其國。紂克東夷。而隕其身。楚小位下。而亟暴於二王。能無咎乎。天之假助不善。非祚之也。厚其凶惡。而降之罰也。且譬之如天。其有五材。而將用之。力盡而敝之。是以無拯。不可沒振。

陳氏傳良曰。滅不言圍。此其言圍。所以病晉也。韓起合八國之大夫于厥憖。以謀救蔡。而蔡卒滅於楚。言圍。所以病晉也。前年棄疾奉孫吳圍陳。已而滅陳。曷不於此焉病晉。合八國于厥憖而不能師。甚矣。

五月甲申夫人歸氏薨

左 五月。齊歸薨。

季氏本曰。左傳以敬歸為襄夫人。而齊歸乃其娣。自昭元年至哀十四年。再無卒襄夫人者。而齊歸以妾書卒。此何禮乎。

宋 先儒據左氏。以齊歸為敬歸之娣。故有妾母稱夫人之譏。何氏釋公羊。則以齊歸為襄公嫡夫人。與左不同。季氏本謂自昭至哀。再無卒襄夫人者。則齊歸之為嫡。亦未可定也。姑並存之。

大蒐于比蒲比音毗。

左 大蒐于比蒲。非禮也。

公 大蒐者何。簡車徒也。何以書。蓋以罕書也。

孫氏復曰。蒐。春田也。五月。不時也。時又有夫人之喪。

黃氏仲炎曰。蒐以此者。三家焉爾。公不與也。

仲孫貜會邾子盟于祲祥 祲。子鴆反。又七林反。祲祥。公作侵羊。祲祥。地闕。當在兗州府嶧陽縣境。

左 孟僖子會邾莊公。盟于祲祥。修好。禮也。泉丘人有女。夢以其帷幕孟氏之廟。遂奔僖子。其僚從之。盟于清丘之社。曰。有子。無相棄也。僖子使助薳氏之簉。反自祲祥。宿於薳氏。生懿子及南宮敬叔於泉丘人。其僚無子。使字敬叔。泉丘。魯邑。

汪氏克寬曰。自邾倚齊靈。屢致兵於魯。魯藉晉霸之力。溴梁祝柯。兩執邾子。又取其田。既而魯納庶其畀我之奔。邾受臧紇之奔。仇隙益深。至同盟重丘。齊晉既睦。襄二十八年。邾君來朝。昭元年。魯會悼公之葬。是以此盟祲祥。以修好也。

秋季孫意如會晉韓起齊國弱宋華亥衛北宮佗鄭罕虎曹人杞人于厥慭 厥慭。公作屈銀。厥慭地闕。

左 楚師在蔡。晉荀吳謂韓宣子曰。不能救陳。又不能救蔡。物以無親。晉之不能。亦可知也已。爲盟主而不恤亡國。將焉用之。秋會于厥慭。謀救蔡也。鄭子皮將行。子產曰。行不遠。不能救蔡也。蔡小而不順。楚大而弗德。天將棄蔡以壅楚。盈而罰之。蔡必亡矣。且喪君而能守者鮮矣。三年。王其有咎乎。美惡周必復。王惡周矣。晉人使狐父請蔡於楚。弗許。

附錄 左 單子會韓宣子於戚。視下言徐。叔向曰。單子其將死乎。朝有著定。會有表。衣有襘。帶有結。會朝之言必聞於表著之位。所以昭事序也。視不過結襘之中。所以道容貌也。言以命之。容貌以明之。失則有闕。今單子爲王官伯。而命事於會。視不登帶。言不過步。貌不道容。而言不昭矣。不道不共。不昭不從。無守氣矣。

汪氏克寬曰。春秋書八國大夫會厥慭於楚師圍蔡之後。滅蔡之前。則失救患之義矣。夫特彊并弱。春秋之常也。故厥慭之大夫不能救蔡。不待貶絕而罪惡見。臣弑君。子弑父。非常之變也。故于扈之諸侯。澶淵之大夫。不能討賊。必待貶絕以見罪惡。

案 厥慭之會。韓起將以救蔡。而蔡卒爲楚滅。晉之不競甚矣。序列諸國之大夫。非無貶也。所以見晉伯之衰。而諸大夫之無能爲也。胡傳以爲力弗加則無惡。亦昧於春秋之義矣。當以汪氏克寬之說爲正。

九月己亥葬我小君齊歸

左 九月。葬齊歸。公不慼。晉士之送葬者。歸以語史趙。史趙曰。必爲魯郊。侍者曰。何故。曰。歸姓也。不思親。祖不歸也。叔向曰。魯公室其卑乎。君有大喪。國不廢蒐。有三年之喪。而無一日之慼。國不恤喪。不忌君也。君無慼容。不顧親也。國不忌君。君不顧親。能無卑乎。殆其失國。

公 齊歸者何。昭公之母也。

冬十有一月丁酉楚師滅蔡執蔡世子有以歸用之 有。穀作友。

【左】冬。十一月。楚子滅蔡。用隱大子于岡山。申無宇曰。不祥。五牲不相為用。況用諸侯乎。王必悔之。

【附錄左】十二月。單成公卒。楚子城陳蔡不羹。使棄疾為蔡公。王問於申無宇曰。棄疾在蔡何如。對曰。擇子莫如父。擇臣莫如君。鄭莊公城櫟。而寘子元焉。使昭公不立。齊桓公城穀。而寘管仲焉。至於今賴之。臣聞五大不在邊。五細不在庭。親不在外。羈不在內。今棄疾在外。鄭丹在內。君其少戒。王曰。國有大城。何如。對曰。鄭京櫟實殺曼伯。宋蕭亳實殺子游。齊渠邱實殺無知。衞蒲戚實出獻公。若由是觀之。則害於國。末大必折。尾大不掉。君所知也。不羹。襄城縣東南有不羹城。定陵西北有不羹亭。今案不羹有二。開封府襄城縣東南者。西不羹也。南陽府舞陽縣北者。東不羹。即定陵之不羹亭也。

【公】此未踰年之君也。其稱世子何。不君靈公。不成其子也。不君靈公。則曷為不成其子。誅君之子不立。非怒也。無繼也。惡乎用之。用之防也。其用之防奈何。蓋以築防也。

【穀】此子也。其曰世子何也。不與楚殺也。一事詿乎志。所以惡楚子也。

劉氏敞曰。公羊云。其稱世子何。不君靈公。不成其子也。予謂不成其子而稱世子。義與文反。難以說也。又鄭忽亦稱世子。豈復不成其子哉。又曰。用之築防。此似兒戲。非可信也。

辛未 景王十五年。晉昭二年。齊景十八年。衞靈五年。鄭簡三十六年。曹武二十五年。杞平六年。宋元二年。秦哀七年。楚靈十一年。吳夷末十四年。

十有二年

春。齊高偃帥師納北燕伯于陽。 陽。即唐。燕別邑。

【左】十二年。春。齊高偃納北燕伯款于唐。因其衆也。

【公】伯于陽者何。公子陽生也。子曰。我乃知之矣。在側者曰。子苟知之。何以不革。曰。如爾所不知何。春秋之信史也。其序則齊桓晉文。其會則主會者為之也。其詞則某有罪焉爾。

【穀】納者。內不受也。燕伯之不名何也。不以高偃挈燕伯也。

劉氏敞曰。其言納何。言納者與納也。諸侯失國。諸侯納之。正也。又曰。公羊曰。伯于陽者。公子陽生也。非也。公羊謂孔子作春秋。用百二十國之書也。豈百二十國書。悉如此殘缺乎。曷為不革。又曰。穀梁曰。納者內弗受也。非也。諸侯失國。諸侯納之。救患哀禍也。顧以為弗受。反當遂其亂臣賊子之心乎。又曰。燕伯之不名。何也。不以高偃挈燕伯也。亦非也。楚人圍陳。納頓子於頓。穀梁以謂納頓子者陳也。陳之挈頓子可矣。即何以不名頓子乎。

三月。壬申。鄭伯嘉卒。

【左】三月。鄭簡公卒。將為葬除。及游氏之廟。將毀焉。子大叔使其除徒執用以立。而無庸毀。曰。子產過女。而問何故不毀。乃曰。不忍廟也。諾。將毀矣。既如是。子產乃使辟之。司墓之室。有當道者。毀之。則朝而塴。弗毀則日中而塴。子大叔請毀之。曰。無若諸侯之賓何。子產曰。諸侯之賓能來會吾喪。豈憚日中。無損於賓。而民不害。何故不為。遂弗毀。日中而葬。君子謂子產於是乎知禮。禮無毀人以自成也。

高氏閌曰。鄭去中國。即楚久矣。至於簡公。乘晉悼之方興。以國反正。遂息諸侯之兵。子產相之。薰然慈仁。民蒙其惠。蔚為春秋之賢諸侯。

夏宋公使華定來聘

【左】夏，宋華定來聘，通嗣君也。享之，為賦蓼蕭，弗知，又不答賦。昭子曰：必亡。宴語之不懷，寵光之不宣，令德之不知，同福之不受，將何以在。

【附錄左】齊侯、衛侯、鄭伯如晉，朝嗣君也。

高氏閌曰：公始以卿共平公之葬，故宋元公嗣位，而即使來聘也。

公如晉至河乃復

【左】公如晉，至河，乃復。取郠之役，莒人愬於晉，晉有平公之喪，未之治也，故辭公。公子慭遂如晉。

【附錄左】晉侯享諸侯，子產相鄭伯，辭於享，請免喪而後聽命。晉人許之，禮也。晉侯以齊侯宴，中行穆子相。投壺，晉侯先。穆子曰：有酒如淮，有肉如坻，寡君中此，為諸侯師。中之。齊侯舉矢，曰：有酒如澠，有肉如陵，寡人中此，與君代興。亦中之。伯瑕謂穆子曰：子失辭。吾固師諸侯矣，壺何為焉，其以中儁也。齊君弱吾君，歸弗來矣。穆子曰：吾軍帥彊禦，卒乘競勸，今猶古也，齊將何事。公孫傁趨進曰：日旰君勤，可以出矣。以齊侯出。

【穀】季孫氏不使遂乎晉也。

胡氏寧曰：穀梁曰：季孫氏不使遂乎晉也。然公有夫人齊歸之喪，未及練祥而出行朝禮，已不立矣。雖微季孫氏，其能遂乎。家氏鉉翁曰：魯受莒之叛臣叛邑，敗其師，伐其國，又取其地，然皆季氏之所為。明年晉人執意如，亦知罪之所在，而公每至晉輒為所卻，豈晉之諸臣曲為季氏之地，公有辭而不能以自伸歟。

五月葬鄭簡公

【左】六月，葬鄭簡公。

楚殺其大夫成熊（熊，公作然。穀作虎。）

【左】楚子謂成虎若敖之餘也，遂殺之。或譖成虎於楚子，成虎知之，而不能行。書曰：楚殺其大夫成虎，懷寵也。

【附錄左】晉荀吳偽會齊師者，假道於鮮虞，遂入昔陽。秋八月壬午，滅肥，以肥子緜皋歸。周原伯絞虐，其輿臣使曹逃。冬十月壬申朔，原輿人逐絞而立公子跪尋，絞奔郊。甘簡公無子，立其弟過。過將去成景之族，成景之族賂劉獻公。丙申，殺甘悼公，而立成公之孫鰌。丁酉，殺獻太子之傅庾皮之子過，殺瑕辛於市，及宮嬖綽、王孫沒、劉州鳩、陰忌、老陽子。

鮮虞，白狄別種。昔陽，樂平沾縣東有昔陽城。肥，鉅鹿下曲陽縣有肥累城。

秋七月

冬十月公子慭出奔齊（慭，公作整。）

左季平子立。而不禮於南蒯。南蒯謂子仲。吾出季氏。而歸其室於公。子更其位。我以費爲公臣
子仲許之。南蒯語叔仲穆子。且告之故。季悼子之卒也。叔孫昭子以再命爲卿。及平子伐莒。克
之。更受三命。叔仲子欲構二家。謂平子曰。三命踰父兄。非禮也。平子曰。然。故使昭子。昭子曰。叔
孫氏有家禍。殺適立庶。故婼也及此。若因禍以斃之。則聞命矣。若不廢君命。則固有著矣。昭子
朝。而命吏曰。婼將與季氏訟。書辭無頗。季孫懼。而歸罪於叔仲子。故叔仲小。南蒯。公子慭。謀季
氏。慭告公。而遂從公如晉。南蒯懼不克。以費叛如齊。子仲還。及衞聞亂。逃介而先。及郊。聞費叛。
遂奔齊。南蒯之將叛也。其鄉人或知之。過之而歎。且言曰。恤恤乎。湫乎。攸乎。深思而淺謀。邇身
而遠志。家臣而君圖。有人矣哉。南蒯枚筮之。遇坤之比。曰。黃裳元吉。以爲大吉也。示子服惠伯
曰。即欲有事。何如。惠伯曰。吾嘗學此矣。忠信之事則可。不然。必敗。外彊內溫。忠也。和以率貞。信
也。故曰黃裳元吉。黃。中之色也。裳。下之飾也。元。善之長也。中不忠。不得其色。下不共。不得其飾。
事不善。不得其極。外內倡和爲忠。率事以信爲共。供養三德爲善。非此三者弗當。且夫易不可
以占險。將何事也。且可飾乎。中美能黃。上美爲元。下美則裳。參成可筮。猶有闕也。筮雖吉。未也。
將適費。飲鄉人酒。鄉人或歌之曰。我有圃。生之杞乎。從我者子乎。去我者鄙乎。倍其鄰者恥乎。
已乎已乎。非吾黨之士乎。平子欲使昭子逐叔仲小。小
聞之。不敢朝。昭子命吏謂小待政於朝。曰。吾不爲怨府。
劉氏敞曰。杜云書名謀亂故。予謂慭本患季氏彊公室弱。是以與公謀去季氏也。此則季氏
之仇。而魯忠臣矣。謀泄事變。卒爲彊臣所逐。豈謀亂者哉。苟使慭無罪而奔。逐書其字乎。黨
於季氏。失君臣之義。 高氏閌曰。季氏之臣南蒯將去季氏而
立慭。不克而以費叛。慭遂奔齊。是以君子譏其妄而哀其志也。

楚子伐徐

左楚子狩於州來。次於潁尾。使蕩侯。潘子。司馬督。囂尹午。陵尹喜。帥師圍徐以懼吳。楚子次於
乾谿。以爲之援。雨雪。王皮冠。秦復陶。翠被。豹舄。執鞭以出。僕析父從。右尹子革夕。王見之。去冠
被。舍鞭。與之語曰。昔我先王熊繹與呂伋。王孫牟。燮父。禽父。並事康王。四國皆有分。我獨無有。
今吾使人於周。求鼎以爲分。王其與我乎。對曰。與君王哉。昔我先王熊繹。辟在荆山。篳路藍縷。
以處草莽。跋涉山林。以事天子。唯是桃弧棘矢。以共禦王事。齊。王舅也。晉及魯衞。王母弟也。楚
是以無分。而彼皆有。今周與四國服事君王。將唯命是從。豈其愛鼎。王曰。昔我皇祖伯父昆吾。
舊許是宅。今鄭人貪賴其田。而不我與。我若求之。其與我乎。對曰。與君王哉。周不愛鼎。鄭敢愛
田。王曰。昔諸侯遠我而畏晉。今我大城陳蔡不羹。賦皆千乘。子與有勞焉。諸侯其畏我乎。對曰。
畏君王哉。是四國者。專足畏也。又加之以楚。敢不畏君王哉。工尹路請曰。君王命剝圭以爲鏚
柲。敢請命。王入視之。析父謂子革。吾子。楚國之望也。今與王言如響。國其若之何。子革曰。摩厲
以須。王出。吾刃將斬矣。王出。復語。左史倚相趨過。王曰。是良史也。子善視之。是能讀三墳五典
八索九丘。對曰。臣嘗問焉。昔穆王欲肆其心。周行天下。將皆必有車轍馬跡焉。祭公謀父。作祈
招之詩。以止王心。王是以獲沒於祗宮。臣問其詩。而不知也。若問遠焉。其焉能知之。王曰。子能
乎。對曰。能。其詩曰。祈招之愔愔。式昭德音。思我王度。式如玉。式如金。形民之力。而無醉飽之心。
王揖而入。饋不食。寢不寐。數日。不能自克。以及於難。仲尼曰。古也有志。克己復禮。仁也。信善哉。

楚靈王若能如是。豈其辱於乾谿。潁尾。潁水之尾。在下蔡西。
高氏閎曰。徐。吳之姻國也。楚人疾吳。故遷怒於徐。旣執其君。又伐其國也。

晉伐鮮虞

【左】因肥之役也。

【穀】其曰晉。狄之也。其狄之何也。不正其與夷狄交伐中國。故狄稱之也。

齊氏履謙曰。文十年。秦伐晉。成三年。鄭伐許。及此年晉伐鮮虞。三者皆春秋闕文

【壬申】景王十六年。**十有三年** 晉昭三年。齊景十九年。衛靈六年。蔡平公廬元年。鄭定公寧元年。曹武二十六年。陳惠公吳元年。杞平七年。宋元三年。秦哀八年。楚靈十二年。吳夷末十五年。

春叔弓帥師圍費

【左】十三年。春。叔弓圍費。弗克。敗焉。平子怒。令見費人執之以爲囚俘。冶區夫曰。非也。若見費人。寒者衣之。饑者食之。爲之令主。而共其乏困。費來如歸。南氏亡矣。民將叛之。誰與居邑。若憚之以威。懼之以怒。民疾而叛。爲之聚也。若諸侯皆然。費人無歸。不親南氏。將焉入矣。平子從之。費人叛南氏。

胡傳曰。費。內邑也。命正卿爲主將。舉大衆。圍其城。若敵國然者。家臣彊。大夫弱也。語不云乎。有一言可以終身行之者。其恕矣夫。己所不欲。勿施於人。所惡於下者。毋以事上也。所惡於上者。毋以使下也。然後家齊而國治矣。季孫意如以所惡於下者事其上。而不忠於其君。以所惡於上者使其下。而不禮於其臣。出乎爾。反乎爾。宜南蒯之及此也。春秋之法不書內叛。反求諸己而已矣。其書圍費。欲著其實。不没之也。

夏四月楚公子比自晉歸于楚弑其君虔于乾谿 谿。穀作溪。

【左】楚子之爲令尹也。殺大司馬薳掩。而取其室。及卽位。奪薳居田。遷許而質許圍。蔡洧有寵於王。王之滅蔡也。其父死焉。王使與於守而行。申之會。越大夫戮焉。王奪鬭韋龜中犨。又奪成然邑。而使爲郊尹。蔓成然故事蔡公。故薳氏之族。及薳居。許圍。蔡洧。蔓成然。皆王所不禮也。因羣喪職之族。啓越大夫常壽過作亂。圍固城。克息舟。城而居之。觀起之死也。其子從在蔡。事朝吳。曰。今不封蔡。蔡不封矣。我請試之。以蔡公之命。召子干。子晳。及郊。而告之情。彊與之盟。入襲蔡。蔡公將食。見之而逃。觀從使子干食。坎用牲。加書。而速行。已徇於蔡。曰。蔡公召二子。將納之。與之盟而遣之矣。將師而從之。蔡人聚。將執之。辭曰。失賊成軍。而殺余何益。乃釋之。朝吳曰。二三子若能死亡。則如違之。以待所濟。若求安定。則如與之。以濟所欲。且違上。何適而可。衆曰。與之。乃奉蔡公。召二子而盟於鄧。依陳蔡人以國。楚公子比。公子黑肱。公子棄疾。蔓成然。蔡朝吳。帥陳蔡不羮許葉之師。因四族之徒。以入楚。及郊。陳蔡欲爲名。故請爲武軍。蔡公知之。曰。欲速。且役病矣。請藩而已。乃藩爲軍。蔡公使須務牟與史猈先入。因正僕人殺大子祿及公子罷敵。公子比爲王。公子黑肱爲令尹。次於魚陂。公子棄疾爲司馬。先除王宮。使觀從從師于乾谿。而遂告之。且曰。先歸復所。後者劓。師及訾梁而潰。王聞羣公子之

死也。自投於車下。曰：人之愛其子也，亦如余乎？侍者曰：甚焉。小人老而無子，知擠於溝壑矣。王曰：余殺人子多矣，能無及此乎？右尹子革曰：請待於郊，以聽國人。王曰：衆怒不可犯也。曰：若入於大都而乞師於諸侯。王曰：皆叛矣。曰：若亡於諸侯，以聽大國之圖君也。王曰：大福不再，祇取辱焉。然丹乃歸於楚。王沿夏，將欲入鄢。芋尹無宇之子申亥曰：吾父再奸王命，王弗誅，惠孰大焉？君不可忍，惠不可棄，吾其從王。乃求王，遇諸棘闈以歸。夏五月癸亥，王縊於芋尹申亥氏。申亥以其二女殉而葬之。

中犨邑名。息舟楚邑。魚陂竟陵縣西北有甘魚陂。夏漢別名。

【公】此弒其君，其言歸何？歸無惡於弒立也。歸無惡於弒立者何？靈王為無道，作乾谿之臺，三年不成。楚公子棄疾脅比而立之，然後令于乾谿之役曰：比已立矣，後歸者不得復其田里。衆罷而去之，靈王經而死。

【穀】自晉，晉有奉焉爾。歸而弒，不言歸，言歸非弒也。歸一事也，弒一事也，而遂言之，以比之歸弒，比不弒也。弒君者日，不日，比不弒也。

汪氏克寬曰：公羊云歸無惡於弒立。夫弒逆大惡，聖人不以妄加於人，豈以無惡而稱弒乎？穀梁亦云言歸非弒也，弒君者日，不日，比不弒也。然里克、商人、陳乞之弒皆不日，豈皆不弒乎？穀梁於許買之弒，則日弒正卒也，正卒則正不弒也。或日或不日，皆日不弒，若何而名之哉？今考之經，齊連稱、管至父弒諸兒而立無知為君，則書曰無知弒君。晉夷皋州蒲既弒，而後公子黑臀、公孫周歸於晉以為君，則不書黑臀與周為弒君也。春秋以弒虔之罪歸獄於比者，蓋楚共之子，長則康王，次虔，次比，次黑肱，次棄疾。棄疾因虔無道而謀代其位，以己次居幼，不足以服國人，故脅比而君之，而虔之殞實在比立之後。叔向謂比涉五難以弒舊君，當時蓋亦以比為首惡矣。隋煬無道，其臣司馬德戡、裴虔通等與宇文智及弒帝，推智及之兄化及而立之，雖化及聞謀變色流汗，迎入朝堂，戰慄不能言，而邵子經世書、朱子綱目皆書化及弒君，且不以煬帝為弒君父之賊而未減也，其得春秋書楚比之義矣。

【案】左氏以為田獵于乾谿，公羊以為築乾谿之臺，二說不同，今無所考，姑並存之。

楚公子棄疾殺公子比 殺。公作弒。

【左】觀從謂子干曰：不殺棄疾，雖得國，猶受禍也。子干曰：余不忍也。子玉曰：人將忍子，吾不忍俟也。乃行。國每夜駭曰：王入矣。乙卯夜，棄疾使周走而呼曰：王至矣。國人大驚。使蔓成然走告子干、子皙曰：王至矣，國人殺君司馬，將來矣。君若早自圖也，可以無辱。衆怒如水火焉，不可為謀。又有呼而走至者曰：衆至矣。二子皆自殺。丙辰，棄疾即位，名曰熊居。葬子干於訾，實訾敖。殺囚，衣之王服而流諸漢，乃取而葬之，以靖國人。使子旗為令尹。楚師還自徐，吳人敗諸豫章，獲其五帥。平王封陳、蔡，復遷邑，致羣賂，施舍寬民，宥罪舉職。召觀從，王曰：唯爾所欲。對曰：臣之先佐開卜。乃使為卜尹。使枝如子躬聘於鄭，且致犨櫟之田。事畢，弗致。鄭人請曰：聞諸道路，將命寡君以犨櫟，敢請命。對曰：臣未聞命。既復，王問犨櫟，降服而對曰：臣過失命，未之致也。王執其手曰：子毋勤，姑歸，不穀有事，其告子也。他年芋尹申亥以王柩告，乃改葬之。初，靈王卜曰：余尚得天下。不吉。投龜詬天而呼曰：是區區者而不余畀，余必自取之。民患王之無厭也。故從亂如歸。初，共王無冢適，有寵子五人，無適立焉。乃大有事於羣望，而祈曰：請神擇於五人者，使主社稷。乃徧以璧見於羣望，曰：當璧而拜者，神所立也，誰敢違之？既，乃與巴姬密埋璧於大室之庭，使五人齊，而長入拜。康王跨之，靈王肘加焉，子干、子皙皆遠之。平王弱，抱而入，再拜，皆厭紐。鬬韋龜屬成然焉，且曰：棄禮違命，楚其危哉！子干歸，韓宣子問於叔向曰：子干其濟乎？對曰：難。宣子曰：同惡相求，如市賈焉，何難？對曰：無與同好，誰與同惡？取國有五難：有寵而無人，一也；有人而無主，二也；有主而無謀，三也；有謀而無民，四也；有民而無德，五也。子干在晉，十三年矣，晉楚之從，不聞達者，可謂無人；族盡親叛，可謂無主；無釁而動，可謂無謀；為羈終世，可謂無民；亡無愛徵，可謂無德。王虐而不忌，楚君子干，涉五難以弒舊君，誰能濟之？有楚國者，其棄疾乎！君陳、蔡，城外屬焉。苛慝不作，盜賊伏隱，私欲不違，民無怨心。先神命之，國民信之。芈姓有亂，必季實立，楚之常也。獲神，一也；有民，二也；令德，三也；寵貴，四也；居常，五也。有五利以去五難，誰能害之？子干之官，則右尹也；數其貴寵，則庶子也；以神所命，則又遠之。其貴亡矣，其寵棄矣，民無懷焉，國無與焉，將何以立？宣子曰：齊桓、晉文，不亦是乎？對曰：齊桓，衛姬之子也，有寵於僖。有鮑叔牙、賓須無、隰朋以為輔佐，有莒、衛以為外主，有國、高以為內主。從善如流，下善齊肅，不藏賄，不從欲，施舍不倦，求善不厭，是以有國，不亦宜乎？我先君文公，狐季姬之子也，有寵於獻。好學而不貳，生十七年，有士五人。有先大夫子餘、子犯以為腹心，有魏犨、賈佗以為股肱，有齊、宋、秦、楚以為外主，有欒、郤、狐、先以為內主。亡十九年，守志彌篤。惠、懷棄民，民從而與之。獻無異親，民無異望。天方相晉，將何以代文？此二君者，異於子干。共有寵子，國有奧主。無施於民，無援於外，去晉而不送，歸楚而不逆，何以冀國？

【公】比已立矣，其稱公子何？其意不當也。其意不當，則曷為加弒焉爾？比之義宜乎效死不立。大夫相殺稱人，此其稱名氏以弒何？言將自是為君也。

【穀】當上之辭也。當上之辭者，謂不稱人以殺，乃以君殺之也。討賊以當上之辭，殺非弒也。比之不弒有四。取國者稱國以弒，楚公子棄疾殺公子比，比不嫌也。春秋不以嫌代嫌，棄疾主其事，故嫌也。

汪氏克寬曰：比未能君楚，故不為棄疾之君也。又曰：公羊作弒公子比，夫弒者下殺上之辭，故雖里克弒君之子，猶書曰殺，安有書公子某弒公子某之文哉？

【案】公、穀二家皆以比為不弒，其意相同。然公羊以不能效死責比，得春秋書弒之旨。穀梁既曰比非弒，又曰比不嫌，略無責比之意，豈比遂得無罪乎？故刪之。

秋，公會劉子、晉侯、齊侯、宋公、衛侯、鄭伯、曹伯、莒子、邾子、滕子、薛伯、杞伯、小邾子于平丘。平邱，陳留長垣縣西南。

【左】晉成虒祁，諸侯朝而歸者皆有貳心。為取鄆故，晉將以諸侯來討。叔向曰：諸侯不可以不示威。乃並徵會，告於吳。秋，晉侯會吳子於良，水道不可，吳子辭，乃還。七月丙寅，治兵於邾南，甲車四千乘。羊舌鮒攝司馬，遂合諸侯于平丘。子產、子大叔相鄭伯以會。子產以幄幕九張行，子大叔以四十，既而悔之，每舍損焉。及會，亦如之。次於衛地，叔鮒求貨於衛，淫芻蕘者。衛人使屠伯饋叔向羹與一篋錦，曰：諸侯事晉，未敢攜貳，況衛在君之宇下，而敢有異志？芻蕘者異於他日。

敢請之。叔向受羹反錦。曰。晉有羊舌鮒者。瀆貨無厭。亦將及矣。爲此役也。子若以君命賜之。其已。客從之。未退而禁之。

陳氏傅良曰。晉之不自彊於主盟。自重邱而後。皆大夫爾。於是復合諸侯。叔向請之。劉子臨之。諸夏猶有屬焉。而齊人不可。鄭人爭承。魯不預盟。列國之君大夫。旅見於楚。晉之合諸侯由是止。鄟陵之後。參盟復作。晉非盟主矣。

八月甲戌。同盟于平丘

左 晉人將尋盟。齊人不可。晉侯使叔向告劉獻公曰。抑齊人不盟。若之何。對曰。盟以底信。君苟有信。諸侯不貳。何患焉。告之以文辭。董之以武師。雖齊不許。君庸多矣。天子之老。請帥王賦。元戎十乘。以先啟行。遲速唯君。叔向告於齊曰。諸侯求盟。已在此矣。今君弗利。寡君以爲請。對曰。諸侯討貳。則有尋盟。若皆用命。何盟之尋。叔向曰。國家之敗。有事而無業。事則不經。有業而無禮。經則不序。有禮而無威。序則不共。有威而不昭。共則不明。不明棄共。百事不終。所由傾覆也。是故明王之制。使諸侯歲聘以志業。間朝以講禮。再朝而會以示威。再會而盟以顯昭明。志業於好。講禮於等。示威於衆。昭明於神。自古以來。未之或失也。存亡之道。恒由是興。晉禮主盟。懼有不治。奉承齊犧。而布諸君。求終事也。君曰余必廢之。何齊之有。唯君圖之。寡君聞命矣。齊人懼。對曰。小國言之。大國制之。敢不聽從。既聞命矣。敬共以往。遲速唯君。叔向曰。諸侯有間矣。不可以不示衆。八月辛未。治兵。建而不旆。壬申。復旆之。諸侯畏之。邾人莒人愬于晉曰。魯朝夕伐我。幾亡矣。我之不共。魯故之以。晉侯不見公。使叔向來辭曰。諸侯將以甲戌盟。寡君知不得事君矣。請君無勤。子服惠伯對曰。君信蠻夷之訴。以絕兄弟之國。棄周公之後。亦唯君。寡君聞命矣。叔向曰。寡君有甲車四千乘在。雖以無道行之。必可畏也。況其率道。其何敵之有。牛雖瘠。僨於豚上。其畏不死。南蒯子仲之憂。其庸可棄乎。若奉晉之衆。用諸侯之師。因邾莒杞鄫之怒。以討魯罪。間其二憂。何求而弗克。魯人懼。聽命。甲戌。同盟于平丘。齊服也。令諸侯日中造於除。癸酉。退朝。子產命外僕速張於除。子大叔止之。使待明日。及夕。子產聞其未張也。使速往。乃無所張矣。及盟。子產爭承。曰。昔天子班貢。輕重以列。列尊貢重。周之制也。卑而貢重者。甸服也。鄭伯男也。而使從公侯之貢。懼弗給也。敢以爲請。諸侯靖兵。好以爲事。行理之命。無月不至。貢之無藝。小國有闕。所以得罪也。諸侯修盟。存小國也。貢獻無極。亡可待也。存亡之制。將在今矣。自日中以爭。至于昏。晉人許之。既盟。子大叔咎之曰。諸侯若討。其可瀆乎。子產曰。晉政多門。貳偷之不暇。何暇討。國不競亦陵。何國之爲。

穀 同者。有同也。同外楚也。公不與盟者。可以與而不與。譏在公也。其日。善是盟也。

程子曰。楚棄疾立。諸侯懼之。故同盟。李氏廉曰。晉自重邱之後。會盟皆大夫主之。此而再合諸侯。蓋晉昭即位。乘楚之亂。又將有可爲之機矣。惜乎叔向以晉之賢大夫。不能以義匡其君。而乃導之以威力。是以諸侯不服。而晉之合諸侯。遂止於此。穀梁以爲善。其因楚有難而反陳蔡之君。公羊注。又以爲諸侯欲討棄疾。是皆不得其傳。而臆度之言也。

公不與盟 與音預

公 公不與盟者何。公不見與盟也。公不見與盟。大夫執。何以致會。不恥也。曷爲不恥。諸侯遂亂。反陳蔡。君子不恥不與焉。

劉氏敞曰。公羊曰。不恥不與是也。言諸侯遂亂反陳蔡非也。陳蔡滅而復封。此豈非所謂力能救之。則救之可也者乎。何故恥之。又曰。穀梁曰。可以與而不與。譏在公也。非也。公於晉唯令之從。豈其獨能違衆不盟乎。　程子曰。晉罪公。不使與盟。雖欲辱公。然得不與同盟之罪。實爲幸也。

晉人執季孫意如以歸

【左】公不與盟。晉人執季孫意如。以幕蒙之。使狄人守之。司鐸射。懷錦奉壺飲冰。以蒲伏焉。守者御之。乃與之錦而入。晉人以平子歸。子服湫從。

【附錄左】子產歸。未至。聞子皮卒。哭。且曰。吾已。無爲爲善矣。唯夫子知我。仲尼謂子產於是行也足以爲國基矣。詩曰。樂只君子。邦家之基。子產君子之求樂者也。且曰。合諸侯。藝貢事。禮也。

汪氏克寬曰。沙隨不見公。則執行父。平邱公不得與盟。則執意如。晉人固知季氏之專魯政矣。惜乎汨於私欲。但知以霸令威魯。而不能以霸政治季氏。是以徒能辱魯君。而季孫得逭其討。由晉之諸卿專權而庇彊家故也。

公至自會

【附錄左】鮮虞人聞晉師之悉起也。而不警邊。且不修備。晉荀吳自著雍以上軍侵鮮虞。及中人。驅衝競。大獲而歸。　中人。中山望都縣西北有中人城。

李氏廉曰。公羊以爲諸侯遂亂反陳蔡。君子不恥不與焉。注云。時諸侯將征棄疾。棄疾封陳蔡。以說諸侯。諸侯不復討楚。楚亂遂成。故公直不與也。其說無據。故不取。

蔡侯盧歸于蔡陳侯吳歸于陳

【左】楚之滅蔡也。靈王遷許。胡。沈。道。房。申。於荊焉。平王即位。既封陳蔡。而皆復之。禮也。隱大子之子盧歸于蔡。禮也。悼大子之子吳歸于陳。禮也。　房。汝南有吳房縣。即房國。

【公】此皆滅國也。其言歸何。不與諸侯專封也。

【穀】善其成之。會而歸之。故謹而日之。此未嘗有國也。使如失國辭然者。不與楚滅也。

胡傳曰。楚虔遷六小國於荊山。又滅陳蔡而縣之。及棄疾即位。復諸遷國。封蔡及陳。隱太子有之子盧。歸于蔡。悼太子偃師之子吳。歸于陳。曰歸者順詞也。陳蔡昔皆滅矣。不稱復歸者。不與楚虔之得滅也。其稱歸于者。國其所宜歸也。盧與吳皆七世子之子也。而棄疾封之。可謂有奉矣。不言自楚者。不與楚子之得封也。其稱侯者。位其所固有也。　陸氏淳曰。公羊曰。不與諸侯專封。趙子曰。此本是列國。今不過復其所爾。何名專封。穀梁曰。不與楚滅也。今方記興復。何關滅事。責其滅府乎。　劉氏絢曰。陳蔡者。先王之封國。非楚可滅。非楚可復也。故書爵書歸。言二君之嗣。位其所固有。國其所宜歸也。二君名者。素非諸侯。至此始立也。

冬十月葬蔡靈公

左 冬，十月，葬蔡靈公，禮也。

穀 變之不葬有三：失德不葬，弒君不葬，滅國不葬。然且葬之，不與楚滅，且成諸侯之事也。

劉氏敞曰：穀梁云：不與楚滅，且成諸侯之事，非也。楚本不當滅蔡，則蔡雖滅，非滅也。不爲諸侯而成之也。

公如晉，至河乃復

左 公如晉，荀吳謂韓宣子曰：諸侯相朝，講舊好也。執其卿而朝其君，有不好焉，不如辭之。乃使士景伯辭公於河。

汪氏克寬曰：公之如晉，蓋以請季孫也。既不得與平丘之同盟，而猶欲託躬朝之禮，以請其臣。其失進退之義亦甚矣，宜其見辭於晉，而不得入也。

吳滅州來

左 吳滅州來。令尹子旗請伐吳，王弗許，曰：吾未撫民人，未事鬼神，未修守備，未定國家，而用民力，敗不可悔。州來在吳，猶在楚也。子姑待之。

附錄左 季孫猶在晉，子服惠伯私於中行穆子曰：魯事晉，何以不如夷之小國？魯，兄弟也，土地猶大，所命能具。若爲夷棄之，使事齊楚，其何瘳於晉？親親與大，賞共罰否，所以爲盟主也。子其圖之。諺曰：臣一主二。吾豈無大國？穆子告韓宣子，且曰：楚滅陳蔡，不能救，而爲夷執親，將焉用之？乃歸季孫。惠伯曰：寡君未知其罪，合諸侯而執其老。若猶有罪，死命可也。若曰無罪而惠免之，諸侯不聞，是逃命也，何免之爲？請從君惠於會。宣子患之，謂叔向曰：子能歸季孫乎？對曰：不能。鮒也能。乃使叔魚。叔魚見季孫曰：昔鮒也得罪於晉君，自歸於魯君，微武子之賜，不至於今。雖獲歸骨於晉，猶子則肉之，敢不盡情？歸子而不歸，鮒也聞諸吏，將爲子除館於西河，其若之何？且泣。平子懼，先歸。惠伯待禮。

家氏鉉翁曰：州來，吳楚中間要害處。成七年吳入州來，見吳當撫而有之。又五十載，復以兵入而殘毀之。十九年傳楚人城州來，見吳不能有。

十有四年

癸酉 景王十七年 晉昭四年，齊景二十年，衛靈七年，蔡平二年，鄭定二年，曹武二十七年，陳惠二年，杞平八年，宋元四年，秦哀九年，楚平王居元年，吳夷末十六年。

春，意如至自晉

左 尊晉罪已也。尊晉罪已，禮也。

附錄左 南蒯之將叛也，盟費人。司徒老祁、慮癸僞廢疾，使請於南蒯曰：臣願受盟而疾興。若以君靈不死，請待間而盟。許之。二子因民之欲叛也，請朝衆而盟，遂劫南蒯曰：羣臣不忘其君，畏子以及今，三年聽命矣。子若弗圖，費人不忍其君，將不能畏子矣。子何所不逞欲？請送子。請期五日。遂奔齊。侍飲酒於景公。公曰：叛夫。對曰：臣欲張公室也。子韓晳曰：家臣而欲張公室，罪莫大焉。司徒老祁、慮癸來歸費。齊侯使鮑文子致之。

穀 大夫執則致，致則名。意如惡，然則致見君臣之禮也。

孫氏復曰：大夫執則至，至則名。不稱氏，前見也。

陳氏傅良曰：大夫不致，必見執也，而後

致。亦危之也。

纂 孫氏復以不書氏爲前見。於理亦通。今竝存之。

三月曹伯滕卒

夏四月

附錄左 夏。楚子使然丹簡上國之兵於宗邱。且撫其民。分貧振窮。長孤幼。養老疾。收介特。救災患。宥孤寡。赦罪戾。詰姦慝。舉淹滯。禮新敘舊。祿勳合親。任良物官。使屈罷簡東國之兵於召陵。亦如之。好於邊疆。息民五年。而後用師。禮也。

上國。宗邱。楚地。　上國。在國都之西。西方居上流。故謂之

秋葬曹武公

八月莒子去疾卒 在位十四年。子郊公嗣。

左 秋八月。莒著邱公卒。郊公不戚。國人弗順。欲立著邱公之弟庚輿。蒲餘侯惡公子意恢而善於庚輿。郊公惡公子鐸而善於意恢。公子鐸因蒲餘侯而與之謀曰。爾殺意恢。我出君而納庚輿。許之。

附錄左 楚令尹子旗有德於王。不知度。與養氏比。而求無厭。王患之。九月甲午。楚子殺鬬成然。而滅養氏之族。使鬬辛居鄖。以無忘舊勳。

冬莒殺其公子意恢

左 冬十二月。蒲餘侯茲夫殺莒公子意恢。郊公奔齊。公子鐸逆庚輿於齊。齊隰黨公子鉏送之。有賂田。

附錄左 晉邢侯與雍子爭鄐田。久而無成。士景伯如楚。叔魚攝理。韓宣子命斷舊獄。罪在雍子。雍子納其女於叔魚。叔魚蔽罪邢侯。邢侯怒。殺叔魚與雍子於朝。宣子問其罪於叔向。叔向曰。三人同罪。施生戮死可也。雍子自知其罪。而賂以買直。鮒也鬻獄。邢侯專殺。其罪一也。己惡而掠美爲昏。貪以敗官爲墨。殺人不忌爲賊。夏書曰。昏墨賊殺。皋陶之刑也。請從之。乃施邢侯而尸雍子與叔魚於市。仲尼曰。叔向。古之遺直也。治國制刑。不隱於親。三數叔魚之惡。不爲末減。曰義也夫。可謂直矣。平邱之會。數其賄也。以寬衛國。晉不爲暴。歸魯季孫。稱其詐也。以寬魯國。晉不爲虐。邢侯之獄。言其貪也。以正刑書。晉不爲頗。三言而除三惡。加三利。殺親益榮。猶義也夫。

穀 言公子而不言大夫。莒無大夫也。莒無大夫。而曰公子意恢。意恢賢也。曹莒皆無大夫。其所以無大夫者。其義異也。

甲戌 景王十八年 **十有五年** 晉昭五年。齊景二十一年。衛靈八年。蔡平三年。鄭定三年。曹平公須元年。陳惠三年。杞平九年。宋元五年。秦哀十年。楚平二年。吳夷末十七年。

春王正月吳子夷末卒公作夷昧。

家氏鉉翁曰。謁。餘祭。夷昧。迭爲君。季子之讓。著於平日。非夷昧死而後讓也。夷昧當明季子之節。以國授闔廬。宋穆之與夷是也。乃俾僚冒以位自處。以致殺身召亂。闔廬固首惡。夷昧有責焉耳。

二月癸酉有事于武宮籥入叔弓卒去樂卒事

【左】春。將禘于武公。戒百官。梓慎曰。禘之日。其有咎乎。吾見赤黑之祲。非祭祥也。喪氛也。其在涖事乎。二月癸酉。禘。叔弓涖事。籥入而卒。去樂卒事。禮也。

【公】其言去樂卒事何。禮也。君有事于廟。聞大夫之喪。去樂卒事。大夫聞君之喪。攝主而往。大夫聞大夫之喪。尸事畢而往。

【穀】君在祭樂之中。聞大夫之喪。則去樂卒事。禮也。君在祭樂之中。大夫有變。以聞可乎。大夫國體也。古之人重死。君命無所不通。

啖氏助曰。穀梁言大夫之卒。雖當祭。禮皆告於君。案宗廟大事。大夫卒小事。以理言之。應待祭畢。　汪氏克寬曰。有事武宮。乃春祠之祭。而不書祭名者。以叔弓之卒。去樂卒事。變禮而書之。非時祭之失。故止曰有事。而不曰祠也。左氏以禘爲四時之祭。遂誤以爲禘耳。

夏蔡朝吳出奔鄭朝。公作昭。無出字。

【左】楚費無極害朝吳之在蔡也。欲去之。乃謂之曰。王唯信子。故處子於蔡。子亦長矣。而在下位。辱。必求之。吾助子請。又謂其上之人曰。王唯信吳。故處諸蔡。二三子莫之如也。而在其上。不亦難乎。弗圖。必及於難。夏。蔡人逐朝吳。朝吳出奔鄭。王怒曰。余唯信吳。故寘諸蔡。且微吳。吾不及此。女何故去之。無極對曰。臣豈不欲吳。然而前知其爲人之異也。吳在蔡。蔡必速飛。去吳。所以翦其翼也。

六月丁巳朔日有食之

【附錄左】六月。乙丑。王大子壽卒。秋。八月。戊寅。王穆后崩。

秋晉荀吳帥師伐鮮虞

【左】晉荀吳帥師伐鮮虞。圍鼓。鼓人或請以城叛。穆子弗許。左右曰。師徒不勤。而可以獲城。何故不爲。穆子曰。吾聞諸叔向曰。好惡不愆。民知所適。事無不濟。或以吾城叛。吾所甚惡也。人以城來。吾獨何好焉。賞所甚惡。若所好何。若其弗賞。是失信也。何以庇民。力能則進。否則退。量力而行。吾不可以欲城而邇姦。所喪滋多。使鼓人殺叛人。而繕守備。圍鼓三月。鼓人或請降。使其民見。曰。猶有食色。姑修而城。軍吏曰。獲城而弗取。勤民而頓兵。何以事君。穆子曰。吾以事君也。獲一邑而教民怠。將焉用邑。邑以賈怠。不如完舊。賈怠無卒。棄舊不祥。鼓人能事其君。我亦能事吾君。率義不爽。好惡不愆。城可獲而民知義所。有死命而無二心。不亦可乎。鼓人告食竭力盡。而後取之。克鼓而反。不戮一人。以鼓子鳶鞮歸。　鼓。鉅鹿下曲陽縣有鼓聚。

胡傳曰。晉滅潞氏甲氏。及再伐鮮虞。皆用大夫爲主將。而或稱人。或稱國。或稱其名氏。何
也。以殄滅爲期。而無矜惻之意。則稱人。見利忘義。而以欺詐行之。則稱國。以正兵加敵。而
不納其叛臣。則稱名氏。夫稱名氏。非褒之也。纔免於貶爾。而春秋用兵禦敵之畧咸見矣。

冬。公如晉。

左冬。公如晉。平邱之會故也。

附錄左十二月。晉荀躒如周。葬穆后。籍談爲介。既葬。除喪。以文伯宴。樽以魯壺。王曰。伯氏。諸
侯皆有以鎮撫王室。晉獨無有。何也。文伯揖籍談。對曰。諸侯之封也。皆受明器於王室。以鎮
撫其社稷。故能薦彝器於王。晉居深山。戎狄之與鄰。而遠於王室。王靈不及。拜戎不暇。其何
以獻器。王曰。叔氏。而忘諸乎。叔父唐叔。成王之母弟也。其反無分乎。密須之鼓。與其大路。文
所以大蒐也。闕鞏之甲。武所以克商也。唐叔受之。以處參虛。匡有戎狄。其後襄之二路。鏚鉞
秬鬯。彤弓虎賁。文公受之。以有南陽之田。撫征東夏。非分而何。夫有勳而不廢。有績而載。奉
之以土田。撫之以彝器。旌之以車服。明之以文章。子孫不忘。所謂福也。福祚之不登。叔父焉
在。且昔而高祖孫伯黶。司晉之典籍。以爲大政。故曰籍氏。及辛有之二子董之。晉於是乎有
董史。女。司典之後也。何故忘之。籍談不能對。賓出。王曰。籍父其無後乎。數典而忘其祖。籍談
歸。以告叔向。叔向曰。王其不終乎。吾聞之。所樂必卒焉。今王樂憂。若卒以憂。不可謂終。王一
歲而有三年之喪二焉。於是乎以喪賓宴。又求彝器。樂憂甚矣。且非禮也。彝器之來。嘉功之
由。非由喪也。三年之喪。雖貴遂服。禮也。王雖弗遂。宴樂以早。亦非禮也。禮。王之大經也。一動
而失二禮。無大經矣。言以考典。典以志經。忘經而多言。舉典。將焉用之。密須。姞姓國也。

乙亥景王十九年

十有六年晉昭六年。齊景二十二年。衛靈九年。蔡平四年。鄭定四年。曹平二年。陳惠四年。杞平十二年。宋元六年。秦哀十一年。楚平三年。吳僚元年。

春。

附錄左十六年。春。王正月。公在晉。晉人止公。不書。諱之也。

齊侯伐徐。

左齊侯伐徐。二月丙申。齊師至於蒲隧。徐人行成。徐子及郯人莒人會齊侯。盟於蒲隧。賂以
甲父之鼎。叔孫昭子曰。諸侯之無伯。害哉。齊君之無道也。興師而伐遠方。會之有成而還。莫
之亢也。無伯也夫。詩曰。宗周既滅。靡所止戾。正大夫離居。莫知我肄。其是之謂乎。

蒲隧。徐地。甲父。古國名。

許氏翰曰。景公之時。吳楚方爭。晉既不能遠畧。以齊之彊。務德修政。以
通天下之志。糾合諸侯。復霸可也。而區區務爭徐伐莒之利。志亦卑矣。

楚子誘戎蠻子殺之。公作戎曼。戎蠻。河南新城縣東南有蠻城。

左楚子聞蠻氏之亂也。與蠻子之無質也。使然丹誘
戎蠻子嘉殺之。遂取蠻氏。既而復立其子焉。禮也。

【附錄左】三月晉韓起聘於鄭鄭伯享之子產戒曰苟有位於朝無有不共恪孔張後至立於客間執政禦之適客後又禦之適縣間客從而笑之事畢富子諫曰夫大國之人不可不慎也幾為之笑而不陵我我皆有禮夫猶鄙我國而無禮何以求榮孔張失位吾子之恥也子產怒曰發命之不衷出令之不信刑之頗類獄之放紛會朝之不敬使命之不聽取陵於大國罷民而無功罪及而弗知僑之恥也孔張君之昆孫子孔之後也執政之嗣也為嗣大夫承命以使周於諸侯國人所尊諸侯所知立於朝而祀於家有祿於國有賦於軍喪祭有職受脤歸脤其祭在廟已有著位在位數世世守其業而忘其所僑焉得恥之辟邪之人而皆及執政是先王無刑罰也子寧以他規我。

宣子有環其一在鄭商宣子謁諸鄭伯子產弗與曰非官府之守器也寡君不知子大叔子羽謂子產曰韓子亦無幾求晉國亦未可以貳晉國韓子不可偷也若屬有讒人交鬪其間鬼神而助之以興其凶怒悔之何及吾子何愛於一環其以取憎於大國也盍求而與之子產曰吾非偷晉而有二心將終事之是以弗與忠信故也僑聞君子非無賄之難立而無令名之患僑聞為國非不能事大字小之難無禮以定其位之患夫大國之人令於小國而皆獲其求將何以給之一共一否為罪滋大大國之求無禮以斥之何饜之有吾且為鄙邑則失位矣若韓子奉命以使而求玉焉貪淫甚矣獨非罪乎出一玉以起二罪吾又失位韓子成貪將焉用之且吾以玉賈罪不亦銳乎韓子買諸賈人既成賈矣商人曰必告君大夫韓子請諸子產曰日起請夫環執政弗義弗敢復也今買諸商人商人曰必以聞敢以為請子產對曰昔我先君桓公與商人皆出自周庸次比耦以艾殺此地斬之蓬蒿藜藋而共處之世有盟誓以相信也曰爾無我叛我無強賈毋或匄奪爾有利市寶賄我勿與知恃此質誓故能相保以至於今今吾子以好來辱而謂敝邑強奪商人是教敝邑背盟誓也毋乃不可乎吾子得玉而失諸侯必不為也若大國令而共無藝鄭鄙邑也亦弗為也僑若獻玉不知所成敢私布之韓子辭玉曰起不敏敢求玉以徼二罪敢辭之。

夏四月鄭六卿餞宣子於郊宣子曰二三君子請皆賦起亦以知鄭志子齹賦野有蔓草宣子曰孺子善哉吾有望矣子產賦鄭之羔裘宣子曰起不堪也子大叔賦褰裳宣子曰起在此敢勤子至於他人乎子大叔拜宣子曰善哉子之言是不有是事其能終乎子游賦風雨子旗賦有女同車子柳賦蘀兮宣子喜曰鄭其庶乎二三君子以君命貺起賦不出鄭志皆昵燕好也二三君子數世之主也可以無懼矣宣子皆獻馬焉而賦我將子產拜使五卿皆拜曰吾子靖亂敢不拜德宣子私覲於子產以玉與馬曰子命起舍夫玉是賜我玉而免吾死也敢不藉手以拜。

【公】楚子何以不名夷狄相誘君子不疾也曷為不疾若不疾乃疾之也。

【案】楚聞蠻氏之亂誘蠻子而殺之其罪大矣復立其子安得為禮乎左氏之說謬也。

夏公至自晉

【左】公至自晉子服昭伯語季平子曰晉之公室其將遂卑矣君幼弱六卿彊而奢傲將因是以習習實為常能無卑乎平子曰爾幼惡識國。

家氏鉉翁曰公如晉踰歲涉三時之久乃還意如陷其君也其後公與兵討之勢不容已論者謂為啟釁非也。

秋八月己亥晉侯夷卒

左 秋。八月。晉昭公卒。家氏鉉翁曰。晉之衰。始於平。成於昭頃。以迨於亡。李氏廉曰。晉昭立於昭公之十年。在位日淺。僅有厥慭平邱之會。其餘則再伐鮮虞而已。李氏曰。晉至平昭。伯事陵遲隳廢。春秋所書。皆錄變之大者也。

九月大雩

左 九月。大雩。旱也。

附錄左 鄭大旱。使屠擊。祝款。豎柎。有事於桑山。斬其木。不雨。子產曰。有事於山。蓺山林也。而斬其木。其罪大矣。奪之官邑。

季孫意如如晉

冬十月葬晉昭公

左 冬。十月。季平子如晉。葬昭公。平子曰。子服回之言。猶信。子服氏有子哉。

丙子 景王二十年 十有七年 晉頃公去疾元年。齊景二十三年。衛靈十年。蔡平五年。鄭定五年。曹平二年。陳惠五年。杞平十一年。宋元七年。秦哀十二年。楚平四年。吳僚二年。

春小邾子來朝

左 十七年。春。小邾穆公來朝。公與之燕。季平子賦采叔。穆公賦菁菁者莪。昭子曰。不有以國。其能久乎。郝氏敬曰。魯既卑矣。小國猶有朝者。晉亦卑矣。諸侯猶有往者。此不畏其君。而畏彊臣耳。以力服人。諸侯不可。況大夫乎。

夏六月甲戌朔日有食之

左 夏。六月。甲戌。朔。日有食之。祝史請所用幣。昭子曰。日有食之。天子不舉。伐鼓於社。諸侯用幣於社。伐鼓於朝。禮也。平子禦之。曰。止也。唯正月朔。慝未作。日有食之。於是乎有伐鼓用幣。禮也。其餘則否。大史曰。在此月也。日過分而未至。三辰有災。於是乎百官降物。君不舉。辟移時。樂奏鼓。祝用幣。史用辭。故夏書曰。辰不集于房。瞽奏鼓。嗇夫馳。庶人走。此月朔之謂也。當夏四月。謂之孟夏。平子弗從。昭子退曰。夫子將有異志。不君君矣。

秋郯子來朝

左 秋。郯子來朝。公與之宴。昭子問焉。曰。少皞氏鳥名官。何故也。郯子曰。吾祖也。我知之。昔者黃帝氏以雲紀。故為雲師而雲名。炎帝氏以火紀。故為火師而火名。共工氏以水紀。故為水師而水名。大皞氏以龍紀。故為龍師而龍名。我高祖少皞摯之立也。鳳鳥適至。故紀於鳥。為鳥師而鳥名。鳳鳥氏歷正也。玄鳥氏司分者也。伯趙氏司至者也。青鳥氏司啓者也。丹鳥氏司閉者也。祝鳩氏司徒也。鴡鳩氏司馬也。鳲鳩氏司空也。爽鳩氏司寇也。鶻鳩氏司事也。五鳩鳩民者也。五雉為五工正，利器用，正度量，夷民者也。九扈為九農正，扈民無淫者也。自顓頊以來，不能紀遠，乃紀於近，為民師而命以民事，則不能故也。仲尼聞之，見於郯子而學之。既而告人曰：吾聞之，天子失官，學在四夷，猶信。

趙氏鵬飛曰：小國之朝大國，以其勢力足以庇小也。魯方自庇不暇，何暇庇人。小邾子及郯子來朝，蓋亦無益矣。家氏鉉翁曰：周魯俱衰，典章闕壞，而小國之君乃知前古官名之沿革，蓋錄之也。黃氏正憲曰：左氏載昭子問官之對，仲尼見而學之。然孔子刪書斷自唐虞而下，至於論官，惟曰揆岳牧伯公孤卿士等職而已，若雲火龍鳥之類不少概見，何哉？蓋上古時樸事簡，故可因瑞紀事以名其官；中古文明漸開，世變事繁，故必分職正名命以民事。孔子欲立萬世宜民之道，是以舍遠而取近也。郯子乃譏顓頊以來不能紀遠而紀近，則聖人固有以折衷之矣。所謂多聞擇其善者而從之者非耶。

八月晉荀吳帥師滅陸渾之戎 公作賁渾戎。穀無之字。

左 晉侯使屠蒯如周，請有事於雒與三塗。萇弘謂劉子曰：客容猛，非祭也，其伐戎乎。陸渾氏甚睦於楚，必是故也。君其備之。乃警戎備。九月丁卯，晉荀吳帥師涉自棘津，棘津津名。使祭史先用牲於雒。陸渾人弗知，師從之。庚午，遂滅陸渾，數之以其貳於楚也。陸渾子奔楚，其衆奔甘鹿。甘鹿周地。周大獲。宣子夢文公攜荀吳而授之陸渾，故使穆子帥師獻俘於文宮。

冬有星孛于大辰

左 冬，有星孛于大辰，西及漢。申須曰：彗所以除舊布新也。天事恒象，今除於火，火出必布焉。諸侯其有火災乎。梓慎曰：往年吾見之，是其徵也。火出而見，今茲火出而章，必火入而伏，其居火也久矣，其與不然乎。火出，於夏為三月，於商為四月，於周為五月。夏數得天，若火作，其四國當之，在宋衛陳鄭乎。宋，大辰之虛也；陳，大皞之虛也；鄭，祝融之虛也；皆火房也。星孛及漢，漢，水祥也。衛，顓頊之虛也，故為帝丘，其星為大水。水，火之牡也。其以丙子若壬午作乎。水火所以合也。若火入而伏，必以壬午，不過其見之月。鄭裨竈言於子產曰：宋衛陳鄭將同日火，若我用瓘斝玉瓚，鄭必不火。子產弗與。

公 孛者何？彗星也。其言于大辰何？在大辰也。大辰者何？大火也。大火為大辰，伐為大辰，北辰亦為大辰。何以書？記異也。

穀 一有一亡曰有。于大辰者，濫于大辰也。

余氏光曰：季氏曰：古者歷象日月星辰，所重在於敬授人時，故溫涼寒暑得其正而後作成訛易順其常。時有愆忒則生育違氣，有氛祲則淫邪作，非細故也。是以聖人修政，務求作合天，君臣一德，罔敢不誠。觀允釐百工，庶績咸熙之言，可以見其所重在此，因時自考，非苟應虛文而已。至於星之有名，或以其形，或以其位，或以其事，或以其人，星本無名，名因象立。上別三垣，下分列宿，所以定天體，紀日躔，初無預於占驗也，故不言事應而事應具存焉。春秋時始以辰為商星，參為晉星，龍為宋鄭之星，鶉火為周分，而分野之說因之以起。循至戰國。游談之士。附爲惑世之言。凡占休咎。類主星名。殊不知名星之次雜出無倫。而事變無窮。亦非星名所能盡紀。其說有不可通者。而牽以私智推求。偶有神合。遂謂天常。是先王敬授人時之實理。反爲術家之所晦矣。故彗孛之流。氛祲之大者。其爲咎徵明矣。而王室嫡庶分爭。在五年之後。乃其偶合者耳。豈專屬加心之應哉。

楚人及吳戰于長岸 長岸楚地。

左 吳伐楚。陽匄爲令尹。卜戰。不吉。司馬子魚曰。我得上流。何故不吉。且楚故。司馬令龜。我請改卜。令曰。魴也以其屬死之。楚師繼之。尚大克之。吉。戰于長岸。子魚先死。楚師繼之。大敗吳師。獲其乘舟餘皇。使隨人與後至者守之。環而塹之。及泉。盈其隧炭。陳以待命。吳公子光請於其衆曰。喪先王之乘舟。豈惟光之罪。衆亦有焉。請藉取之以救死。衆許之。使長鬣者三人潛伏於舟側。曰。我呼餘皇。則對。師夜從之。三呼。皆迭對。楚人從而殺之。楚師亂。吳人大敗之。取餘皇以歸。

公 詐戰不言戰。此其言戰何。敵也。

穀 兩夷狄曰敗。中國與夷狄亦曰敗。楚人及吳戰于長岸。進楚子。故曰戰。

劉氏敞曰。穀梁云。進楚子。故曰戰。非也。戰則云戰。敗則云敗。豈擇於吳楚哉。

丁丑 景王二十一年 **十有八年** 晉頃二年。齊景二十四年。衛靈十一年。蔡平六年。鄭定六年。曹平四年。陳惠六年。杞平十二年。宋元八年。秦哀十三年。楚平五年。吳僚三年。

春

附錄左 十八年。春王二月乙卯。周毛得殺毛伯過而代之。萇宏曰。毛得必亡。是昆吾稔之日也。侈故之以。而毛得以濟侈於王都。不亡何待。

王三月曹伯須卒

左 三月。曹平公卒。

夏五月壬午宋衛陳鄭災

左 夏。五月。火始昏見。丙子。風。梓慎曰。是謂融風。火之始也。七日。其火作乎。戊寅。風甚。壬午。火甚。宋衛陳鄭皆火。梓慎登大庭氏之庫。以望之。曰。宋衛陳鄭也。數日。皆來告火。裨竈曰。不用吾言。鄭又將火。鄭人請用之。子產不可。子大叔曰。寶以保民也。若有火。國幾亡。可以救亡。子何愛焉。子產曰。天道遠。人道邇。非所及也。何以知之。竈焉知天道。是亦多言矣。豈不或信。遂不與。亦不復火。鄭之未災也。里析告子產曰。將有大祥。民震動。國幾亡。吾身泯焉。弗良及也。國遷其可乎。子產曰。雖可。吾不足以定遷矣。及火。里析死矣。未葬。子產使輿三十人遷其柩。火作。子產辭晉公子公孫於東門。使司寇出新客。禁舊客勿出於宮。使子寬子上巡羣屏攝。至於大宮。使公孫登徙大龜。使祝史徙主祏於周廟。告於先君。使府人庫人各儆其事。商成公儆司宮。出舊宮人。寘諸火所不及。司馬司寇列居火道。行火所焮。城下之人伍列登城。明日。使野司寇各保其徵。郊人助祝史除於國北。禳火於玄冥回祿。

祈於四鄘。書焚室而寬其征。與之材。三日哭。國不市。使行人告於諸侯。宋衛皆如是。陳不救火。許不弔災。君子是以知陳許之先亡也。

【公】何以書。記異也。何異爾。異其同日而俱災也。外異不書。此何以書。為天下記異也。

【穀】其志。以同日也。其日。亦以同日也。或曰。人有謂鄭子產曰。某日有災。子產曰。天者神。子惡知之。是人也。同日為四國災也。

劉氏敞曰。四國同日而俱災。非人力所為也。穀梁曰。人有謂鄭子產曰。某日有災。子產曰。天者神。子惡知之。是人也。同日而為四國災。此非智者之語。何足為說也。

【案】四國皆來告火。故春秋書其事。杜注是也。然同日而四國俱災。其異甚矣。公穀之說。亦可並存。

六月。邾人入鄅。鄅。琅琊開陽縣。

【左】六月。鄅人藉稻。邾人襲鄅。鄅人將閉門。邾人羊羅攝其首焉。遂入之。盡俘以歸。鄅子曰。余無歸矣。從帑於邾。邾莊公反鄅夫人。而舍其女。

趙氏鵬飛曰。春秋小國。眞蜂蠆也。晞大陽之溫。則肆其毒。邾子見創於魯亦甚矣。今少安其巢。則毒螫之心生。鄅何慊於邾。邾人乘其不虞。而縱兵入其郛。盡以前日失鄟。失鄫。失鄟東田。故僥倖於鄅。庶或掩其不備。取此以償彼也。是誠可疾。故曰邾人入鄅。書人書入。賤之也。

秋。葬曹平公

【左】秋。葬曹平公。往者見周原伯魯焉。與之語。不說學。歸以語閔子馬。閔子馬曰。周其亂乎。夫必多有是說。而後及其大人。大人患失而惑。又曰。可以無學。無學不害。不害而不學。則苟而可。於是乎下陵上替。能無亂乎。夫學。殖也。不學將落。原氏其亡乎。

【附錄左】七月。鄭子產為火故。大為社。祓禳於四方。振除火災。禮也。乃簡兵大蒐。將為蒐除。子大叔之廟。在道南。其寢在道北。其庭小。過期三日。使除徒陳於道南廟北。曰。子產過女。而命速除。乃毀於而鄉。子產朝。過而怒之。除者南毀。子產及衝。使從者止之。曰。毀於北方。火之作也。子產授兵登陴。子大叔曰。晉無乃討乎。子產曰。吾聞之。小國忘守則危。況有災乎。國之不可小。有備故也。既。晉之邊吏讓鄭曰。鄭國有災。晉君大夫不敢寧居。卜筮走望。不愛牲玉。鄭之有災。寡君之憂也。今執事撊然授兵登陴。將以誰罪。邊人恐懼。不敢不告。子產對曰。若吾子之言。敝邑之災。君之憂也。敝邑失政。天降之災。又懼讒慝之間謀之。以啟貪人。薦為敝邑不利。以重君之憂。幸而不亡。猶可說也。不幸而亡。君雖憂之。亦無及也。鄭有他竟。望走在晉。既事晉矣。其敢有二心。

冬。許遷于白羽

【左】楚左尹王子勝言於楚子曰。許於鄭。仇敵也。而居楚地。以不禮於鄭。晉鄭方睦。鄭若伐許。而晉助之。楚喪地矣。君盍遷許。許不專於楚。鄭方有令政。許曰。余舊國也。鄭曰。余俘邑也。葉在楚國。方城外之蔽也。土不可易。國不可小。許不可俘。讎不可啟。君其圖之。楚子說。冬。楚子民王子勝遷許於析。實白羽。杜氏預曰。自葉遷也。

戊寅 景王二十二年。**十有九年** 晉頃三年。齊景二十五年。衛靈十二年。蔡平七年。鄭定七年。曹悼公午元年。陳惠七年。杞平十三年。宋元九年。秦哀十四年。楚平六年。吳僚四年。

春

附錄 左 十九年。春。楚工尹赤。遷陰於下陰。令尹子瑕城郟。叔孫昭子曰。楚不在諸侯矣。其僅自完也。以持其世而已。楚子之在蔡也。郹陽封人之女奔之。生大子建。及即位。使伍奢爲之師。費無極爲少師。無寵焉。欲譖諸王。曰。建可室矣。王爲之聘於秦。無極與逆。勸王取之。正月。楚夫人嬴氏至自秦。陰。陰縣。屬南鄉郡。郹陽。蔡邑。

宋公伐邾

左 郳夫人。宋向戌之女也。故向寧請師。二月。宋公伐邾。圍蟲。三月。取之。乃盡歸郳俘。邾人。郳人。徐人。會宋公。乙亥。同盟於蟲。蟲。邾邑。

家氏鉉翁曰。凡書爵而書侵伐者多貶。此繼邾人入郳而書宋公伐邾。則與宋公之討有罪也。

夏五月戊辰許世子止弒其君買 公見葬許悼公。

左 夏。許悼公瘧。五月。戊辰。飲大子止之藥。卒。大子奔晉。書曰。弒其君。君子曰。盡心力以事君。舍藥物可也。

穀 日弒。正卒也。正卒則止不弒也。不弒而曰弒。責止也。止曰。我與夫弒者。不立乎其位。以與其弟虺。哭泣歠飦粥。嗌不容粒。未踰年而死。故君子即止自責而責之也。

劉氏敞曰。穀梁云。日弒。正卒也。非也。州吁。無知。督。萬。商臣。趙盾。歸生。夏徵舒。崔杼。甯喜。弒君。皆書日。可云皆正卒乎。春秋褒貶豈不明。待日月而後見之。此泥而不通也。

案 許止弒君。三傳不同。要之皆以爲非弒。而公羊聽止赦止之說。更爲允當。蓋止之非弒。有屬辭比事而知之者。春秋世子弒君者三。楚商臣。蔡般。皆立乎其位。而止則弗立乎其位者也。此比事而可知者也。許與陳蔡。皆密邇於楚。楚虔能假討賊之名。以滅陳蔡。何棄疾獨釋許不問乎。況白羽既遷。楚方引許以自近也。此屬辭而可知者也。止之非弒亦明矣。聖人所以書弒者。蓋以悼公之死。由於世子之藥。則止雖非弒。而弒君之罪。止有不得而辭者。故加弒焉。所以教天下之爲臣子者也。諸儒紛紛。謂止實進毒以弒其君。不亦過乎。左氏以爲止奔晉。穀梁以爲止未踰年而死。二說不同。今無所考。姑兩存之。

己卯地震

附錄 左 楚子爲舟師以伐濮。費無極言於楚子曰。晉之伯也。邇於諸夏。而楚辟陋。故弗能與爭。若大城城父。而寘大子焉。以通北方。王收南方。是得天下也。王說。從之。故大子建居於城父。令尹子瑕聘於秦。拜夫人也。濮。案。百濮。叛楚夷也。昭元年趙孟曰。吳濮有釁。杜注建寧郡南有濮夷，此年楚子伐濮南夷，三注不同。蓋種族不同，而約言其地，當在楚之西南境。

秋，齊高發帥師伐莒

左 秋，齊高發帥師伐莒，莒子奔紀鄣。使孫書伐之。初，莒有婦人，莒子殺其夫，已為嫠婦。及老，託於紀鄣，紡焉以度而去之。及師至，則投諸外。或獻諸子占，子占使師夜縋而登。登者六十人。縋絕。師鼓譟，城上之人亦譟。莒共公懼，啟西門而出。七月丙子，齊師入紀。 紀鄣，莒邑。

冬，葬許悼公

附錄左 是歲也，鄭駟偃卒。子游娶於晉大夫，生絲，弱。其父兄立子瑕。子產憎其為人也，且以為不順，弗許，亦弗止。駟氏聳。他日，絲以告其舅。冬，晉人使以幣如鄭，問駟乞之立故。駟氏懼，駟乞欲逃。子產弗遣；請龜以卜，亦弗予。大夫謀對，子產不待而對客曰：鄭國不天，寡君之二三臣，札瘥夭昏。今又喪我先大夫偃，其子幼弱，其一二父兄懼隊宗主，私族於謀，而立長親。寡君與其二三老曰：抑天實剝亂是，吾何知焉？諺曰：無過亂門。民有兵亂，猶憚過之，而況敢知天之所亂？今大夫將問其故，抑寡君實不敢知，其誰實知之？平丘之會，君尋舊盟曰：無或失職。若寡君之二三臣，其即世者，晉大夫而專制其位，是晉之縣鄙也，何國之為？辭客幣而報其使。晉人舍之。 楚人城州來。沈尹戌曰：楚人必敗。昔吳滅州來，子旗請伐之。王曰：吾未撫吾民。今亦如之，而城州來以挑吳，能無敗乎？侍者曰：王施舍不倦，息民五年，可謂撫之矣。戌曰：吾聞撫民者，節用於內，而樹德於外，民樂其性，而無寇讎。今宮室無量，民人日駭，勞罷死轉，忘寢與食，非撫之也。 鄭大水，龍鬭於時門之外洧淵，國人請為禜焉。子產弗許，曰：我鬭，龍不我覿也；龍鬭，我獨何覿焉？禳之，則彼其室也。吾無求於龍，龍亦無求於我。乃止也。 令尹子瑕言蹶由於楚子曰：彼何罪？諺所謂室於怒、市於色者，楚之謂矣。舍前之忿可也。乃歸蹶由。 洧淵，洧水出滎陽密縣，至長平入潁。

公 賊未討，何以書葬？不成於弒也。曷為不成於弒？止進藥而藥殺也。止進藥而藥殺，則曷為加弒焉爾？譏子道之不盡也。其譏子道之不盡奈何？曰：樂正子春之視疾也，復加一飯，則脫然愈；復損一飯，則脫然愈；復加一衣，則脫然愈；復損一衣，則脫然愈。止進藥而藥殺，是以君子加弒焉爾。曰：許世子止弒其君買，是君子之聽止也；葬許悼公，是君子之赦止也。赦止者，免止之罪辭也。

穀 日卒時葬，不使止為弒父也。曰：子既生，不免乎水火，母之罪也；羈貫成童，不就師傅，父之罪也；就師學問無方，心志不通，身之罪也；心志既通，而名譽不聞，友之罪也；名譽既聞，有司不舉，有司之罪也；有司舉之，王者不用，王者之過也。許世子不知嘗藥，累及許君也。

家氏鉉翁曰：或問蔡般之弒景、許止之弒悼，皆書葬，同乎？否乎？曰：其弒異，其葬烏得而同。

姚氏舜牧曰：悼公書弒，著世子止有弒君之事，是謹嚴春秋。悼公書葬，明世子止無弒君之事，是忠恕春秋。

己卯 景王二十三年 **二十年** 晉頃四年，齊景二十六年，衛靈十三年，蔡平八年，鄭定八年，曹悼一年。陳惠八年，杞平十四年，宋元十年，秦哀十五年，楚平七年，吳僚五年。

春王正月

【附錄左】二十年，春，王二月己丑，日南至。梓慎望氛，曰：今茲宋有亂，國幾亡，三年而後弭。蔡有大喪。叔孫昭子曰：然則戴、桓也，汰侈無禮已甚，亂所在也。　費無極言於楚子曰：建與伍奢將以方城之外叛，自以為猶宋、鄭也，齊、晉又交輔之，將以害楚，其事集矣。王信之，問伍奢。伍奢對曰：君一過多矣，何信於讒？王執伍奢，使城父司馬奮揚殺大子。未至，而使遣之。三月，大子建奔宋。王召奮揚，奮揚使城父人執己以至。王曰：言出於余口，入於爾耳，誰告建也？對曰：臣告之。君王命臣曰：事建如事余。臣不佞，不能苟貳，奉初以還，不忍後命，故遣之。既而悔之，亦無及已。王曰：而敢來，何也？對曰：使而失命，召而不來，是再奸也。逃無所入。王曰：歸，從政如他日。無極曰：奢之子材，若在吳，必憂楚國，盍以免其父召之。彼仁，必來。不然，將為患。王使召之，曰：來，吾免而父。棠君尚謂其弟員曰：爾適吳，我將歸死。吾知不逮，我能死，爾能報。聞免父之命，不可以莫之奔也；親戚為戮，不可以莫之報也。奔死免父，孝也；度功而行，仁也；擇任而往，知也；知死不辟，勇也。父不可棄，名不可廢，爾其勉之，相從為愈。伍尚歸。奢聞員不來，曰：楚君大夫其旰食乎。楚人皆殺之。員如吳，言伐楚之利於州于。公子光曰：是宗為戮，而欲反其讎，不可從也。員曰：彼將有他志，余姑為之求士，而鄙以待之。乃見鱄設諸焉，而耕於鄙。

杜氏預曰：是歲朔旦冬至之歲也。當言正月己丑朔日南至，時史失閏，閏更在二月後，故經因史而書正月，傳更具於二月，記南至日，以正歷也。

夏曹公孫會自鄸出奔宋

鄸，莫公反。穀作夢。鄸，曹邑。

【附錄左】宋元公無信多私，而惡華、向。華定、華亥與向寧謀曰：亡愈於死，先諸。華亥偽有疾，以誘羣公子。公子問之，則執之。夏六月丙申，殺公子寅、公子御戎、公子朱、公子固、公孫援、公孫丁，拘向勝、向行於其廩。公如華氏請焉，弗許，遂劫之。癸卯，取大子欒與母弟辰、公子地以為質。公亦取華亥之子無慼、向寧之子羅、華定之子啟，與華氏盟，以為質。

【公】奔未有言自者，此其言自何？畔也。畔則曷為不言其畔？為公子喜時之後諱也。春秋為賢者諱。何賢乎公子喜時？讓國也。其讓國奈何？曹伯廬卒于師，則未知公子喜時從與？公子負芻從與？或為主于國，或為主于師。公子喜時見公子負芻之當主也，逡巡而退。賢公子喜時，則曷為為會諱？君子之善善也長，惡惡也短，惡惡止其身，善善及子孫。賢者子孫，故君子為之諱也。

【穀】自夢者，專乎夢也。曹無大夫，其曰公孫何也？言其以貴取之，而不以叛也。

劉氏敞曰：春秋之時，臣能專其邑，無不畔其國者；能使其衆，無不要其君者。臧武仲之智，可謂智矣，然猶據防以求為後於魯，是以孔子譏之，以謂其罪與不孝、非聖者均也。不孝則無親，非聖則無法，要君則無上，三者皆大亂之道也。故深察公孫歸父之至檉奔齊，公孫會之自鄸奔宋也，其賢於臧武仲遠矣。公羊曰為公子喜時之後諱也，非也。春秋之義，善惡各以其事進退之，何有賢其祖而遂諱其後子孫惡乎？且所以諱賢者之過者，謂小義不足以妨大，短不足以毀長，而可以成人之美者也。若乃大惡，至叛君專地，反臣子之義，亂人倫之常矣，而猶為之諱乎？如必賢者子孫則罪皆可諱，是管、蔡不誅於周也。由是觀

之所謂為公子喜時諱其義安在哉穀梁曰自夢者專乎夢也曹無大夫其日公孫言其以貴取之而不以叛也非也若臣不叛君常事爾何足褒哉

秋盜殺衞侯之兄縶 縶公穀作輒

【左】衞公孟縶狎齊豹奪之司寇與鄄有役則反之無則取之公孟惡北宮喜褚師圃欲去之公子朝通於襄夫人宣姜懼而欲以作亂故齊豹北宮喜褚師圃公子朝作亂初齊豹見宗魯於公孟為驂乘焉將作亂而謂之曰公孟之不善子所知也勿與乘吾將殺之對曰吾由子事公孟子假吾名焉故不吾遠也雖其不善吾亦知之抑以利故不能去是吾過也今聞難而逃是僭子也子行事乎吾將死之以周事子而歸死於公孟其可也丙辰衞侯在平壽公孟有事於蓋獲之門外齊子氏帷於門外而伏甲焉使祝鼃寘戈於車薪以當門使一乘從公孟以出使華齊御公孟宗魯驂乘及閎中齊氏用戈擊公孟宗魯以背蔽之斷肱以中公孟之肩皆殺之公聞亂乘驅自閱門入慶比御公公南楚驂乘使華寅乘貳車及公宮鴻駵魋駟乘於公公載寶以出褚師子申遇公於馬路之衢遂從過齊氏使華寅肉袒執蓋以當其闕齊氏射公中南楚之背公遂出寅閉郭門踰而從公公如死鳥析朱鉏宵從竇出徒行從公齊侯使公孫青聘於衞既出聞衞亂使請所聘公曰猶在竟內則衞君也乃將事焉遂從諸死鳥請將事辭曰亡人不佞失守社稷越在草莽吾子無所辱君命賓曰寡君命下臣於朝曰阿下執事臣不敢貳主人曰君若惠顧先君之好照臨敝邑鎮撫其社稷則有宗祧在乃止衞侯固請見之不獲命以其良馬見為未致使故也衞侯以為乘馬賓將掫主人辭曰亡人之憂不可以及吾子草莽之中不足以辱從者敢辭賓曰寡君之下臣君之牧圉也若不獲扞外役是不有寡君也臣懼不免於戾請以除死親執鐸終夕與於燎齊氏之宰渠子召北宮子北宮氏之宰不與聞謀殺渠子遂伐齊氏滅之丁巳晦公入與北宮喜盟於彭水之上秋七月戊午朔遂盟國人八月辛亥公子朝褚師圃子玉霄子高魴出奔晉閏月戊辰殺宣姜衞侯賜北宮喜謚曰貞子賜析朱鉏謚曰成子而以齊氏之墓予之衞侯告寧於齊且言子石齊侯將飲酒徧賜大夫曰二三子之教也苑何忌辭曰與於青之賞必及於其罰在康誥曰父子兄弟罪不相及況在羣臣臣敢貪君賜以干先王琴張聞宗魯死將往弔之仲尼曰齊豹之盜而孟縶之賊女何弔焉君子不食姦不受亂不為利疚於回不以回待人不蓋不義不犯非禮 平壽衞下邑蓋獲衞郭門死鳥衞地

【公】母兄稱兄兄何以不立有疾也何疾爾惡疾也

【穀】盜賤也其曰兄母兄也目衞侯衞侯累也然則何為不為君也曰有天疾者不得入乎宗廟輒者何也曰兩足不能相過齊謂之綦楚謂之踂衞謂之輒

孫氏復曰衞侯之母兄而盜得殺之衞侯之無刑政也故曰盜殺衞侯之兄縶以著其惡

冬十月宋華亥向寧華定出奔陳 寧公作甯

【左】宋華向之亂公子城公孫忌樂舍司馬彊向宜向鄭楚建郳申出奔鄭其徒與華氏戰於鬼閻敗子城子城適晉華亥與其妻必盥而食所質公子者而後食公與夫人每日必適華氏食公子而後歸華亥患之欲歸公子向寧曰唯不信故質其子若又歸之死無日矣公請於華費

遂將攻華氏。對曰。臣不敢愛死。無乃求去憂而滋長乎。臣是以懼。敢不聽命。公曰。子死亡有命。余不忍其詢。冬。十月。公殺華向之質而攻之。戊辰。華向奔陳。華登奔吳。向寧欲殺大子。華亥曰。干君而出。又殺其子。其誰納我。且歸之有庸。使少司寇牼以歸。曰。子之齒長矣。不能事人。以三公子爲質。必免。公子既入。華牼將自門行。公遽見之。執其手曰。余知而無罪也。入復而所。

鬼閻。潁川長平縣西北有閻亭。

家氏鉉翁曰。書三卿同日而奔。不惟誅華向。其君亦有責焉爾。

季氏本曰。陳宋鄰也。三大夫往奔。欲依陳爲亂。而宋其危矣。

十有一月辛卯蔡侯盧卒。

盧。左作盧。

附錄左 齊侯疥。遂痁。期而不瘳。諸侯之賓問疾者多在。梁邱據與裔款言於公曰。吾事鬼神豐。於先君有加矣。今君疾病。爲諸侯憂。是祝史之罪也。諸侯不知。其謂我不敬。君盍誅於祝固史嚚以辭賓。公說。告晏子。晏子曰。日宋之盟。屈建問范會之德於趙武。趙武曰。夫子之家事治。言於晉國。竭情無私。其祝史祭祀。陳信不愧。其家事無猜。其祝史不祈。建以語康王。康王曰。神人無怨。宜夫子之光輔五君以爲諸侯主也。公曰。據與款謂寡人能事鬼神。故欲誅於祝史。子稱是語何故。對曰。若有德之君。外內不廢。上下無怨。動無違事。其祝史薦信。無愧心矣。是以鬼神用饗。國受其福。祝史與焉。其所以蕃祉老壽者。爲信君使也。其言忠信於鬼神。其適遇淫君。外內頗邪。上下怨疾。動作辟違。從欲厭私。高臺深池。撞鐘舞女。斬刈民力。輸掠其聚。以成其違。不恤後人。暴虐淫從。肆行非度。無所還忌。不思謗讟。不憚鬼神。神怒民痛。無悛於心。其祝史薦信。是言罪也。其蓋失數美。是矯誣也。進退無辭。則虛以求媚。是以鬼神不饗其國以禍之。祝史與焉。所以夭昏孤疾者。爲暴君使也。其言僭嫚於鬼神。公曰。然則若之何。對曰。不可爲也。山林之木。衡鹿守之。澤之萑蒲。舟鮫守之。藪之薪蒸。虞候守之。海之鹽蜃。祈望守之。縣鄙之人。入從其政。偪介之關。暴征其私。承嗣大夫。彊易其賄。布常無藝。徵斂無度。宮室日更。淫樂不違。內寵之妾。肆奪於市。外寵之臣。僭令於鄙。私欲養求。不給則應。民人苦病。夫婦皆詛。祝有益也。詛亦有損。聊攝以東。姑尤以西。其爲人也多矣。雖其善祝。豈能勝億兆人之詛。君若欲誅於祝史。修德而後可。公說。使有司寬政。毀關。去禁。薄斂。已責。

十二月。齊侯田於沛。招虞人以弓。不進。公使執之。辭曰。昔我先君之田也。旃以招大夫。弓以招士。皮冠以招虞人。臣不見皮冠。故不敢進。乃舍之。仲尼曰。守道不如守官。君子韙之。

齊侯至自田。晏子侍於遄臺。子猶馳而造焉。公曰。唯據與我和夫。晏子對曰。據亦同也。焉得爲和。公曰。和與同異乎。對曰。異。和如羹焉。水火醯醢鹽梅以烹魚肉。燀之以薪。宰夫和之。齊之以味。濟其不及。以洩其過。君子食之。以平其心。君臣亦然。君所謂可而有否焉。臣獻其否。以成其可。君所謂否而有可焉。臣獻其可。以去其否。是以政平而不干。民無爭心。故詩曰。亦有和羹。既戒既平。鬷嘏無言。時靡有爭。先王之濟五味。和五聲也。以平其心。成其政也。聲亦如味。一氣。二體。三類。四物。五聲。六律。七音。八風。九歌。以相成也。清濁。小大。短長。疾徐。哀樂。剛柔。遲速。高下。出入。周疏。以相濟也。君子聽之。以平其心。心平德和。故詩曰。德音不瑕。今據不然。君所謂可。據亦曰可。君所謂否。據亦曰否。若以水濟水。誰能食之。若琴瑟之專壹。誰能聽之。同之不可也如是。飲酒樂。公曰。古而無死。其樂若何。晏子對曰。古而無死。則古之樂也。君何得焉。昔爽鳩氏始居此地。季萴因之。有逢伯陵因之。蒲姑氏因之。而後大公因之。古若無死。爽鳩氏之樂。非君所願也。鄭子產有疾。謂子大叔曰。我死。子必爲政。唯有德者能以寬服民。其次莫如猛。夫火烈。民望而畏之。故鮮死焉。水懦弱。民狎而翫之。則多死焉。故寬難。疾數月而卒。大叔爲政。不忍猛而寬。鄭國多盜。取人於萑苻之澤。大叔悔之。曰。吾早從夫子。不及此。興徒兵以攻萑苻之盜。盡殺之。盜少止。仲尼曰。善哉。政寬則民慢。慢則糾之以猛。猛則民殘。殘則施之以寬。寬以濟猛。猛以濟寬。政是以和。詩曰。民亦勞止。汔可小康。惠此中國。以綏四方。施之以寬也。毋從詭隨。以謹無良。式遏寇虐。慘不畏明。糾之以猛也。柔遠能邇。以定我王。平之以和也。又曰。不競不絿。不剛不柔。布政優優。百祿是遒。和之至也。及子產卒。仲尼聞之出涕。曰。古之遺愛也。聊攝。齊西界。姑尤。齊東界。萑苻。澤名。

庚辰 二十有一年

景王二十四年。晉頃五年。齊景二十七年。衛靈十四年。蔡悼公東國元年。鄭定九年。曹悼三年。陳惠九年。杞平十五年。宋元十一年。秦哀十六年。楚平八年。吳僚六年。

春

附錄左 二十一年。春。天王將鑄無射。泠州鳩曰。王其以心疾死乎。夫樂。天子之職也。夫音。樂之輿也。而鐘。音之器也。天子省風以作樂。器以鍾之。輿以行之。小者不窕。大者不槬。則和於物。物和則嘉成。故和聲入於耳。而藏於心。心億則樂。窕則不咸。槬則不容。心是以感。感實生疾。今鐘槬矣。王心弗堪。其能久乎。

王三月葬蔡平公

左 三月。葬蔡平公。蔡大子朱失位。位在卑。大夫送葬者歸。見昭子。昭子問蔡故。以告。昭子歎曰。蔡其亡乎。若不亡。是君也。必不終。詩曰。不解于位。民之攸墍。今蔡侯始即位而適卑。身將從之。

夏晉侯使士鞅來聘 書聘止此。

左 夏。晉士鞅來聘。叔孫爲政。季孫欲惡諸晉。使有司以齊鮑國歸費之禮。爲士鞅。士鞅怒。曰。鮑國之位下。其國小。而使鞅從其牢禮。是卑敝邑也。將復諸寡君。魯人恐。加四牢焉。爲十一牢。杜氏預曰。晉頃公即位。通嗣君。許氏翰曰。禮好不結。而財求無度。則聘義亡矣。蓋自是聘不復志。趙氏鵬飛曰。晉至頃公。公室日衰。六卿日侈。頃公拱手爾。即位於今五年。始出聘諸侯。蓋霸業既隳。諸侯外之。彼亦知無求於諸侯。故聘好有所不急也。六卿勢醜德齊。雖盱相忌。何暇外交諸侯。修霸業哉。嗚呼。文之業衰矣。

宋華亥向寧華定自陳入于宋南里以叛 叛。公作畔。南里。宋城內里名。

左 宋華費遂。生華貙。華多僚。華登。貙爲少司馬。多僚爲御士。與貙相惡。乃譖諸公曰。貙將納亡人。亟言之。公曰。司馬以吾故。亡其良子。死亡有命。吾不可以再亡之。對曰。君若愛司馬。則如亡。死如可逃。何遠之有。公懼。使侍人召司馬之侍人宜僚。飲之酒。而使告司馬。司馬歎曰。

必多僚也吾有讒子而弗能殺吾又不死抑君有命可若何乃與公謀逐華貙將使田孟諸而
遣之公飲之酒厚酬之賜及從者司馬亦如之張匄尤之曰必有故使子皮承宜僚以劍而訊
之宜僚盡以告張匄欲殺多僚子皮曰司馬老矣登之謂甚吾又重之不如亡也五月丙申子
皮將見司馬而行則遇多僚御司馬而朝張匄不勝其怒遂與子皮臼任鄭翩殺多僚劫司馬
以叛而召亡人壬寅華向入樂大心豐愆華牼禦諸橫華氏居盧門以南里叛六月庚午宋城
舊鄘及桑林之門而守之 橫梁國睢陽縣有橫亭

公 宋南里者何若曰因諸者然

穀 自陳陳有奉焉爾入者內弗受也其曰宋南里宋之南鄙也以者不以者也叛直叛也

劉氏敞曰入于宋南里者何入宋而居于南里也蓋中國而守之然則於何畔或曰畔乎陳
也或曰畔乎楚也公羊曰南里者何若曰因諸者然非也宋南里者入宋而居南里也又何
疑焉 家氏鉉翁曰書叛誅姦之極典華向首禍於國討而奔奔而復乃挾吳楚將覆宗國
叛狀既著始書叛 汪氏克寬曰穀梁云南里宋之南鄙非也凡書叛不言四鄙必書其邑
此不言邑而繫之宋則為宋城內之里名無疑矣又曰叛直叛也謂直叛而不作亂夫外挾
吳楚之援將以覆其宗國其君幾不能自保猶曰不作亂耶其書自陳陳亦有罪矣以奔亡
之臣而能入國以為亂非陳助之兵力則未見其可也晉荀吳會齊衛曹之師以救宋而不
書圍宋南里者悼公圍彭城則以五大夫歸荀吳救宋而逸賊使華向得逭不臣之誅故不
以討叛予之也

秋七月壬午朔日有食之

左 秋七月壬午朔日有食之公問於梓慎曰是何物也禍福何為對曰二至二分日有食之不
為災日月之行也分同道也至相過也其他月則為災陽不克也故常為水

八月乙亥叔輒卒 輒公作痤

左 於是叔輒哭日食昭子曰子叔將死非所哭也八月叔輒卒

附錄左 冬十月華登以吳師救華氏齊烏枝鳴戍宋廚人濮曰軍志有之先人有奪人之心後
人有待其衰盍及其勞且未定也伐諸若入而固則華氏眾矣悔無及也從之丙寅齊師宋師
敗吳師於鴻口獲其二帥公子苦雂偃州員華登帥其餘以敗宋師公欲出廚人濮曰吾小人
可藉死而不能送亡君請待之乃徇曰揚徽者公徒也眾從之公自揚門見之下而巡之曰國
亡君死二三子之恥也豈專孤之罪也齊烏枝鳴曰用少莫如齊致死齊致死莫如去備彼多
兵矣請皆用劍從之華氏北復即之廚人濮以裳裹首而荷以走曰得華登矣遂敗華氏於新
里翟僂新居於新里既戰說甲於公而歸華妵居於公里亦如之十一月癸未公子城以晉師
至曹翰胡會晉荀吳齊苑何忌衛公子朝救宋丙戌與華氏戰於赭丘鄭翩願為鸛其御願為
鵞子祿御公子城莊堇為右干犨御呂封人華豹張匄為右相遇城還華豹曰城也城怒而反
之將注豹則關矣曰平公之靈尚輔相余豹射出其間將注則又關矣曰不狎鄙抽矢城射之
殪張匄抽殳而下射之折股扶伏而擊之折軫又射之死干犨請一矢城曰余言女於君對曰
不死伍乘軍之大刑也干刑而從子君焉用之子速諸乃射之殪大敗華氏圍諸南里華亥搏

膺而呼。見華貙曰。吾爲欒氏矣。貙曰。子無我迋。不幸而後亡。使華登如楚乞師。華貙以車十五乘。徒七十人。犯師而出。食於睢上。哭而送之。乃復入。楚薳越帥師。將逆華氏。大宰犯諫曰。諸侯唯宋事其君。今又爭國。釋君而臣是助。無乃不可乎。王曰。而告我也後。既許之矣。　鴻口。梁國睢陽縣東有鴻口亭。揚門。睢陽正東門曰揚門。赭邱。宋地。

冬。蔡侯朱出奔楚　朱。穀作東。

【左】蔡侯朱出奔楚。費無極取貨於東國。而謂蔡人曰。朱不用命於楚。君王將立東國。若不先從王欲。楚必圍蔡。蔡人懼。出朱而立東國。朱愬於楚。楚子將討蔡。無極曰。平侯與楚有盟。故封。其子有二心。故廢之。靈王殺隱大子。其子與君同惡。德君必甚。又使立之。不亦可乎。且廢置在君。蔡無他矣。

【穀】東者。東國也。何爲謂之東也。王父誘而殺也。父執而用焉。奔而又奔之。曰東。惡之而貶之也。

劉氏敞曰。穀梁云。東者。東國也。何爲謂之東。王父誘而殺焉。父執而用焉。奔而又奔之。曰東。惡之而貶之也。非也。即仲尼欲如此貶東國者。書東國。不亦足乎。徒貶其半名何爲。即貶其半名爲法者。使蔡侯止名東。當復貶去其上下而云蔡侯田乎。

公如晉。至河乃復

【左】公如晉。及河。鼓叛晉。晉將伐鮮虞。故辭公。

許氏翰曰。公失其重久矣。故晉得輕進退之。　高氏閌曰。魯衰而朝於齊晉。晉愈彊。則其往也愈數。及魯之益衰也。則往而辭焉。春秋蓋傷魯之削也。滋甚而不能以義自彊耳。　汪氏克寬曰。晉之伐鮮虞。豈妨於邦交之禮。如文三年。晉將伐楚以救江。而公如晉。成三年。晉將伐廧咎如。而公亦如晉。未聞辭公也。況是年。晉實未嘗有事於鮮虞。蓋託辭以拒公耳。

春秋卷之十四

（辛巳）景王二十五年　**二十有二年**　晉頃六年。齊景二十八年。衛靈十五年。蔡悼二年。鄭定十年。曹悼四年。陳惠十年。杞平十六年。宋元十二年。秦哀十七年。楚平九年。吳僚七年。

春齊侯伐莒

左 二十二年。春。王二月。甲子。齊北郭啓帥師伐莒。莒子將戰。苑羊牧之諫曰。齊帥賤。其求不多。不如下之。大國不可怒也。弗聽。敗齊師於壽餘。齊侯伐莒。莒子行成。司馬竈如莒涖盟。莒子如齊涖盟。盟於稷門之外。莒於是乎大惡其君。　壽餘。莒地。稷門。齊城門。

宋華亥向寧華定自宋南里出奔楚

左 楚薳越使告於宋曰。寡君聞君有不令之臣。爲君憂。無寧以爲宗羞。寡君請受而戮之。對曰。孤不佞。不能媚於父兄。以爲君憂。拜命之辱。抑君臣日戰。君曰。余必臣是助。亦唯命。人有言曰。唯亂門之無過。君若惠保敝邑。無亢不衷。以獎亂人。孤之望也。唯君圖之。楚人患之。諸侯之戍謀曰。若華氏知困而致死。楚恥無功而疾戰。非吾利也。不如出之。以爲楚功。其亦無能爲也已。救宋而除其害。又何求。乃固請出之。宋人從之。己巳。宋華亥。向寧。華定。華貙。華登。皇奄傷。省臧。士平。出奔楚。宋公使公孫忌爲大司馬。邊卬爲大司徒。樂祁爲司城。仲幾爲左師。樂大心爲右師。樂輓爲大司寇。以靖國人。

穀 自宋南里者。專也。　趙氏匡曰。若但言出奔。則似入國。故書自南里以明之。穀梁曰。專也。何異義乎。

大蒐于昌間　間。公作姦。

穀 秋而曰蒐。此春也。其曰蒐何也。以蒐事也。　許氏翰曰。八年秋蒐。十一年夏蒐。以爲書不時也。今此春蒐。時矣。而書。則凡昭公書蒐。主刺大夫盛彊。公失其政。兵戎是講。而禮防不興也。文王之時。人倫既正。而後軍旅以律。朝廷既治。而後田野卽功。是以詩歌庶類蕃殖。而蒐田以時。當魯昭之季。朝廷人倫逆亂極矣。而惟蒐田之是務。是以屢書以刺之。　汪氏克寬曰。紅。比蒲。昌間。皆非蒐田之常所。

夏四月乙丑天王崩

左 王子朝、賓起有寵於景王。王與賓孟說之。欲立之。劉獻公之庶子伯蚠。事單穆公。惡賓孟之爲人也。願殺之。又惡王子朝之言以爲亂。願去之。賓孟適郊。見雄雞自斷其尾。問之。侍者曰。自憚其犧也。遽歸告王。且曰。雞其憚爲人用乎。人異於是。犧者實用人。人犧實難。己犧何害。王弗應。夏四月。王田北山。使公卿皆從。將殺單子劉子。王有心疾。乙丑。崩於榮錡氏。戊辰。劉子摯卒。無子。單子立劉蚠。五月。庚辰。見王。遂攻賓起。殺之。盟羣王子於單氏。　北山。洛北芒也。榮錡。河南鞏縣西有榮錡澗。

附錄 左 晉之取鼓也。既獻。而反鼓子焉。又叛於鮮虞。六月。荀吳略東陽。使師僞糴者。負甲以息於昔陽之門外。遂襲鼓滅之。以鼓子鳶鞮歸。使涉佗守之。 東陽。晉之山東邑。

六月。叔鞅如京師。葬景王。

如京師止此。

高氏閌曰。天子崩。天下諸侯莫不奔其喪。故七月而葬者。盡天下臣子之心。使天子遠近得會其葬也。今天王崩。諸侯無一奔喪者。昭公但使叔鞅往會之。又以三月而葬。是天子而用大夫之禮也。

王室亂。

左 丁巳。葬景王。王子朝因舊官百工之喪職秩者。與靈景之族以作亂。帥郊要餞之甲。以逐劉子。壬戌。劉子奔揚。單子逆悼王於莊宮以歸。王子還夜取王以如莊宮。癸亥。單子出。王子還與召莊公謀。曰。不殺單旗。不捷。與之重盟。必來。背盟而克者多矣。從之。樊頃子曰。非言也。必不克。遂奉王以追單子。及領。大盟而復。殺摯荒以說。劉子如劉。單子亡。乙丑。奔於平時。羣王子追之。單子殺還姑發弱鬷延定稠。子朝奔京。丙寅。伐之。京人奔山。劉子入於王城。辛未。鞏簡公敗績於京。乙亥。甘平公亦敗焉。叔鞅至自京師。言王室之亂也。閔馬父曰。子朝必不克。其所與者。天所廢也。郊要餞揚。俱周邑。領。平時。周地。王城。即郟鄏也。

公 何言乎王室亂。言不及外也。

穀 亂之爲言。事未有所成也。

劉氏敞曰。公羊云。言不及外也。非也。謂王室亂者。嫡庶並爭。亂在宗室者也。本不得言京師亂。成周亂。王城亂耳。

劉子單子以王猛居于皇。

皇。河南鞏縣西南有黃亭。

左 單子欲告急於晉。秋七月戊寅。以王如平時。遂如圃車。次于皇。 圃車。周地。

公 其稱王猛何。當國也。

穀 以者。不以者也。王猛。嫌也。

劉氏敞曰。公羊云。其稱王猛何。當國也。非也。王猛乃王矣。未踰年。是以不可稱天王。而又不可以諸侯例稱子也。何則。獨言子。則似魯之子。冠王於子。則又與他王子相亂。故稱王繫猛者。明是乃王者。在喪之常稱。可無疑也。穀梁曰。王猛嫌也。非也。若王猛嫌。豈得云居乎。 嚴氏啟隆曰。不日王猛居于皇。而日劉單以之者。猛不能自立。其出與入。皆劉單之功。史家告實。非聖人之貶文。可知儒者泥於以之一言。而曰人。而曰以。能廢立之也。又曰挾天子令諸侯。而專國柄者也。夫爲人臣。秉忠孝之性。出萬死以赴君父之難。既奉王猛於王城。又立敬王而逐亂賊。卒以成功。告文武之靈。斯亦可以免於貶矣。而以以之一字。疑聖人之情。豈春秋之功罪若是其倒置乎哉。故凡泥於文而不求諸實。未有不至於倒置者也。是不可以不辨也。

案 凡書以者。美惡存乎其事。非皆貶也。單劉之以猛爲正。尹召之以朝則罪矣。劉氏敞以單劉爲專。而胡傳因之。陳氏傅良亦謂以非順辭。皆謬也。當從嚴氏啟隆之說。

秋劉子單子以王猛入于王城

【左】劉子如劉，單子使王子處守于王城，盟百工於平宮。辛卯，鄩肸伐皇，大敗，獲鄩肸。壬辰，焚諸王城之市。八月，辛酉，司徒醜以王師敗績於前城，百工叛。己巳，伐單氏之宮，敗焉。庚午，反伐之。辛未，伐東圉。冬十月，丁巳，晉籍談、荀躒帥九州之戎，及焦、瑕、溫、原之師，以納王于王城。庚申，單子、劉蚠以王師敗績於郊，前城人敗陸渾於社。　前城，子朝所得邑。東圉，洛陽東南有圉鄉。社，周地。

【公穀】王城者何？西周也。其言入何？篡辭也。以者，不以者也。入者，內弗受也。

劉氏敞曰：公羊曰王城者何？西周也。何休云：得京師城半，自稱西周。非也。此休不知之耳。又曰：其言入何？篡辭也。亦非也。向王猛居于皇，亦何不言入乎？必若以入為篡者，下有天王入于成周，亦可謂篡乎？穀梁曰：入者，內不受也。非也。必以入為內弗受，則王入于成周，亦弗受乎。

冬十月王子猛卒

【左】十一月，乙酉，王子猛卒，不成喪也。己丑，敬王即位，館於子旅氏。十二月，庚戌，晉籍談、荀躒、賈辛、司馬督帥師軍於陰，於侯氏，於谿泉，次於社。王師軍於汜，於解，次於任人。閏月，晉箕遺、樂徵、右行詭濟師，取前城，軍其東南。王師軍於京楚。辛丑，伐京，毀其西南。　侯氏，疑即緱氏。谿泉，鞏縣西南有明谿泉。解，洛陽西南有大解、小解。任人，周邑。京楚，子朝所居。

【公穀】此未踰年之君也。其稱王子猛卒何？不與當也。不與當者，不與當父死子繼，兄死弟及之辭也。此不卒者也。其曰卒，失嫌也。

劉氏敞曰：公羊謂不與當父死子繼、兄死弟及之辭，非也。向言王猛者，以文不可繫子。今言王子者，死當以子禮治之，明是乃王之子也。言卒者，未踰年之君，猶子赤、子般，皆言卒也。言卒則可，言薨則不可。又曰：穀梁曰：此不卒者也。非也。猛雖未成君，然謂之小子王，卒固當告於諸侯，諸侯之未成君之卒，乃不書爾。又曰：其曰卒，失嫌也。亦非也。猛未踰年，不可言崩，又不可言薨，是以通言卒爾，何嫌之失。　李氏廉曰：公穀皆以子猛為篡，故卒。義不可從。

十有二月癸酉朔日有食之

杜氏預曰：此月有庚戌，又以長歷推校前後，當為癸卯朔，書癸酉，誤。

【壬午】敬王元年。**二十有三年**　晉頃七年。齊景二十九年。衛靈十六年。蔡悼三年。鄭定十一年。曹悼五年。陳惠十一年。杞平十七年。宋元十三年。秦哀十八年。楚平十一年。吳僚八年。

春王正月叔孫舍如晉

癸丑叔鞅卒

晉人執我行人叔孫舍

左 邾人城翼。還。將自離姑。公孫鉏曰。魯將御我。欲自武城還。循山而南。徐鉏丘弱茅地曰。道下。遇雨。將不出。是不歸也。遂自離姑。武城人塞其前。斷其後之木而弗殊。邾師過之。乃推而蹷之。遂取邾師。獲鉏弱地。邾人愬於晉。晉人來討。叔孫婼如晉。晉人執之。書曰。晉人執我行人叔孫婼。言使人也。晉人使與邾大夫坐。叔孫曰。列國之卿。當小國之君。固周制也。邾又夷也。寡君之命介子服回在。請使當之。不敢廢周制故也。乃不果坐。韓宣子使邾人聚其衆。將以叔孫與之。叔孫聞之。去衆與兵而朝。士彌牟謂韓宣子曰。子弗良圖。而以叔孫與其讎。叔孫必死之。魯亡叔孫。必亡邾。邾君亡國。將焉歸。子雖悔之。何及。所謂盟主。討違命也。若皆相執。焉用盟主。乃弗與。使各居一館。士伯聽其辭。而愬諸宣子。乃皆執之。士伯御叔孫。從者四人。過邾館以如吏。先歸邾子。士伯曰。以芻蕘之難。從者之病。將館子於都。叔孫旦而立。期焉。乃館諸箕。舍子服昭伯於他邑。范獻子求貨於叔孫。使請冠焉。取其冠法。而與之兩冠。曰。盡矣。為叔孫故。申豐以貨如晉。叔孫曰。見我。吾告女所行貨。見而不出。吏人之與叔孫居於箕者。請其吠狗。弗與。及將歸。殺而與之食之。叔孫所館者。雖一日。必葺其牆屋。去之如始至。

翼。離姑。邾邑。

晉人圍郊

左 春。王正月。壬寅朔。二師圍郊。癸卯。郊鄩潰。丁未。晉師在平陰。王師在澤邑。王使告間。庚戌還。

郊。周邑。鄩。河南鞏縣西南有地名鄩中。平陰。今河陰縣。澤邑。賈逵曰。澤。即翟泉也。

公 郊者何。天子之邑也。曷為不繫于周。不與伐天子也。

趙氏匡曰。公羊云。不與伐天子也。案此實非伐天子也。若實伐周。豈為其掩惡哉。李氏廉曰。公羊注以郊為天子間田。有大夫主之。春秋不與伐天子。故不繫於周。此不知事實者也。陳氏曰。向者子帶之亂。晉文嘗圍溫矣。不書。以其討亂也。今敬王即位。逾年而後圍郊。則討亂非晉志也。是故貶人之。此說極是。

夏六月蔡侯東國卒于楚

秋七月莒子庚輿來奔

左 莒子庚輿。虐而好劍。苟鑄劍。必試諸人。國人患之。又將叛齊。烏存帥國人以逐之。庚輿將出。聞烏存執殳而立於道左。懼將止死。苑羊牧之曰。君過之。烏存以力聞可矣。何必以弒君成名。遂來奔。齊人納郊公。

戊辰吳敗頓胡沈蔡陳許之師于雞父胡子髡沈子逞滅獲陳夏齧

父。穀作甫。髡。苦門反。逞。公作楹。穀作盈。齧。五結反。

雞父。楚地。

左 吳人伐州來。楚薳越帥師。及諸侯之師。奔命救州來。吳人禦諸鍾離。子瑕卒。楚師熸。吳公子光曰。諸侯從於楚者衆。而皆小國也。畏楚而不獲已。是以來。吾聞之曰。作事威克其愛。雖小必濟。胡沈之君幼而狂。陳大夫齧壯而頑。頓與許蔡疾楚政。楚令尹死。其師熸。帥賤多寵。政令不壹。七國同役而不同心。師曉而不能整。無大威命。楚可敗也。若分師先以犯胡沈與陳。必先奔。三國敗。諸侯之師乃搖心矣。諸侯乖亂。楚必大奔。請先者去備薄威。後者敦陳整旅。吳子從之。戊辰晦。戰于雞父。吳子以罪人三千。先犯胡沈與陳。三國爭之。吳爲三軍以繫於後。中軍從王。光帥右。掩餘帥左。吳之罪人或奔或止。三國亂。吳師擊之。三國敗。獲胡沈之君。及陳大夫。舍胡沈之囚。使奔許與蔡頓。曰吾君死矣。師譟而從之。三國奔。楚師大奔。書曰胡子髡沈子逞滅。獲陳夏齧。君臣之辭也。不言戰。楚未陳也。

【公】此偏戰也。曷爲以詐戰之辭言之。不與夷狄之主中國也。然則曷爲不使中國主之。中國亦新夷狄也。其言滅獲何。別君臣也。君死于位曰滅。生得曰獲。大夫生死皆曰獲。不與夷狄之主中國。則其言獲陳夏齧何。吳少進也。

【穀】中國不言敗。此其言敗何也。中國不敗。胡子髡沈子盈其滅乎。其言敗。釋其滅也。獲陳夏齧。獲者。非與之辭也。上下之稱也。

家氏鉉翁曰。是役也。楚爲戎首。不書。不與楚以主諸侯也。陳蔡許。序頓沈胡之下。賤其爲楚役也。胡沈之君不書卒。書滅。不與以死難也。夏齧以獲書。賤也。

【案】公羊謂此爲偏戰。而經以詐戰之辭書之。非也。蓋泥於日月之例。而爲此言也。穀梁謂言敗以釋其滅。亦非也。經書敗者多矣。亦有師敗而君不滅者。豈必言敗以釋其滅乎。先儒皆以爲楚師未與吳接。故止書六國。然傳稱楚師大奔。則經亦當書敗楚。聖人所以略楚不書者。不與六國之從楚也。家氏鉉翁說亦有理。今竝存之。

天王居于狄泉。尹氏立王子朝。 朝如字。狄泉。西南池水也。時在城外。

【左】夏四月乙酉。單子取訾。劉子取牆人。直人。六月壬午。王子朝入于尹。癸未。尹圉誘劉佗殺之。丙戌。單子從阪道。劉子從尹道。伐尹。單子先至而敗。劉子還。己丑。召伯奐。南宮極。以成周人戍尹。庚寅。單子。劉子。樊齊。以王如劉。甲午。王子朝入于王城。次於左巷。秋七月戊申。鄩羅納諸莊宮。尹辛敗劉師於唐。丙辰。又敗諸鄩。甲子。尹辛取西闈。丙寅。攻蒯。蒯潰。訾在河南鞏縣西南。牆人。直人。俱周邑。尹。尹氏之邑。唐。西闈。俱周地。蒯。河南縣西南蒯鄉是也。

【公】此未三年。其稱天王何。著有天子也。

【穀】始王也。其曰天王。因其居而王之也。立者。不宜立者也。朝之不名何也。別嫌乎尹氏之朝也。

八月乙未地震

【左】八月丁酉。南宮極震。萇宏謂劉文公曰。君其勉之。先君之力可濟也。周之亡也。其三川震。今西王之大臣亦震。天棄之矣。東王必大克。 三川。涇渭洛水。

【附錄】【左】楚大子建之母在郹。召吳人而啓之。冬十月甲申。吳大子諸樊入郹。取楚夫人與其寶器以歸。楚司馬薳越追之。不及。將死。衆曰。請遂伐吳以徼之。薳越曰。再敗君師。死且有罪。亡君夫人。不可以莫之死也。乃縊於薳澨。 郹。郹陽也。蔡邑。薳澨。楚地。

杜氏預曰。經書乙未地震。魯地也。丁酉南宮極震。周地亦震也。爲屋所壓而死。

汪氏克寬曰。王城震而有子朝之奔。魯地震而有陽州之孫。天之示人顯矣。

冬公如晉至河有疾乃復至河下公穀又有公字。

左 公爲叔孫故。如晉。及河。有疾而復。

附錄左 楚囊瓦爲令尹。城郢。沈尹戌曰。子常必亡郢。苟不能衛城。無益也。古者天子守在四夷。天子卑。守在諸侯。諸侯守在四鄰。諸侯卑。守在四竟。愼其四竟。結其四援。民狎其野。三務成功。民無內憂。而又無外懼。國焉用城。今吳是懼。而城於郢。守已小矣。卑之不獲。能無亡乎。昔梁伯溝其公宮。而民潰。民棄其上。不亡何待。夫正其疆場。修其土田。險其走集。親其民人。明其伍候。信其鄰國。愼其官守。守其交禮。不僭不貪。不懦不耆。完其守備。以待不虞。又何畏矣。詩曰。無念爾祖。聿修厥德。無亦監乎。若敖蚡冒。至於武文。土不過同。愼其四竟。猶不城郢。今土數圻。而郢是城。不亦難乎。

公 何言乎。公有疾乃復。殺恥也。

穀 疾不志。此其志。何也。釋不得入乎晉也。

癸未 敬王二年 二十有四年 晉頃八年。齊景三十年。衛靈十七年。蔡昭公申元年。鄭定十二年。曹悼六年。陳惠十二年。杞平十八年。宋元十四年。秦哀十九年。楚平十一年。吳僚九年。

春

附錄左 二十四年。春。王正月。辛丑。召簡公南宮嚚。以甘桓公。見王子朝。劉子謂萇宏曰。甘氏又往矣。對曰。何害。同德度義。大誓曰。紂有億兆夷人。亦有離德。余有亂臣十人。同心同德。此周所以興也。君其務德。無患無人。戊午。王子朝入於鄔。鄔。緱氏西南有鄔聚。

王二月丙戌仲孫貜卒貜。俱縛反。

叔孫舍至自晉左穀無叔孫字。

左 晉士彌牟。逆叔孫於箕。叔孫使梁其踁。待於門內。曰。余左顧而欬。乃殺之。右顧而笑。乃止。叔孫見士伯。士伯曰。寡君以爲盟主之故。是以久子。不腆敝邑之禮。將致諸從者。使彌牟逆吾子。叔孫受禮而歸。二月。婼至自晉。尊晉也。

附錄左 三月。庚戌。晉侯使士景伯涖問周故。士伯立於乾祭。而問於介衆。晉人乃辭王子朝。不納其使。乾祭。王城北門。

穀 大夫執則致。致則挈。由上致之也。

胡傳曰。大夫執而致。則名。此獨書其姓氏何。賢之也。叔孫舍以禮立身。而不屈於彊國。以忠事主。而不順於彊臣。此社稷之衛。魯之良大夫也。使昭公稍有動心忍性。彊於爲善之意。擧國以聽。豈其死於乾侯。觀意如之稽顙於昭子。叔孫之以逐君責意如。其事可見矣。及意如有異志。而昭子使祝宗祈死。所謂知其無可奈何。安之若命者。故舍至自晉。特以姓氏書。如劉氏敞曰。叔孫婼至自晉。民生於三。事之如一。報生以死。報賜以力。古之道也。婼不忍自同於季氏。而謀納公。正也。不忍見欺於季氏。而反自殺。忠也。然而君子以爲難。

不以為𠯆者。昭公在外。婼可以無死。婼之死。畏也。曾晳使曾參。過期而不反。人曰。其畏乎。曾晳曰。彼雖可畏。我在。必不死也。此曾子之所以稱善事父也。孔子畏於匡。顏淵後。子曰。吾以汝為死矣。顏淵曰。子在。回何敢死。此顏子之所以稱善事師也。使婼少間。曾氏顏子之風。則必不以死易生矣。此春秋所由不以死褒婼也。婼之死。雖不可以當褒。而其忠也。不可忘矣。故因其可褒而褒之。傳曰。苟志於仁矣。無惡也。此之謂也。趙氏鵬飛曰。公如晉雖有疾而復。晉以公為服辜也。故歸叔孫婼。婼之至。二傳皆去氏。公羊獨書氏。所傳授異爾。然晉之執婼。實為無罪。不可與季孫意如同。則疑公羊不去氏者為正也。

案 舍至書氏。公羊與左穀不同。疏公羊者以書氏為賢。劉氏敞。胡氏安國皆主其說。左氏以舍族為尊晉。穀梁以書名為由上致之。義各有取。姑並存之。

夏五月乙未朔日有食之

左 夏五月乙未朔。日有食之。梓慎曰。將水。昭子曰。旱也。日過分而陽猶不克。克必甚。能無旱乎。陽不克莫。將積聚也。

附錄左 六月壬申。王子朝之師攻瑕及杏。皆潰。鄭伯如晉。子大叔相。見范獻子。獻子曰。若王室何。對曰。老夫其國家不能恤。敢及王室。抑人亦有言曰。嫠不恤其緯。而憂宗周之隕。為將及焉。今王室實蠢蠢焉。吾小國懼矣。然大國之憂也。吾儕何知焉。吾子其早圖之。詩曰。缾之罄矣。惟罍之恥。王室之不寧。晉之恥也。獻子懼。而與宣子圖之。乃徵會於諸侯。期以明年。

秋八月大雩

左 秋八月。大雩。旱也。

丁酉杞伯郁釐卒 郁公作鬱。

附錄左 冬十月癸酉。王子朝用成周之寶珪於河。甲戌。津人得諸河上。陰不佞以溫人南侵。拘得玉者。取其玉。將賣之。則為石。王定而獻之。與之東訾。 東訾鞏縣西南訾城是也。

杜氏預曰。未同盟而赴以名。丁酉九月五日。有日無月。

冬吳滅巢

左 楚子為舟師以略吳疆。沈尹戌曰。此行也。楚必亡邑。不撫民而勞之。吳不動而速之。吳踵楚。而疆埸無備。邑能無亡乎。越大夫胥犴勞王於豫章之汭。越公子倉歸王乘舟。倉及壽夢帥師從王。王及圉陽而還。吳人踵楚。而邊人不備。遂滅巢及鍾離而還。沈尹戌曰。亡郢之始於此在矣。王壹動而亡二姓之帥。幾如是而不及郢。詩曰。誰生厲階。至今為梗。其王之謂乎。圉陽。楚地。

葬杞平公

[甲申]敬王三年。**二十有五年** 晉頃九年。齊景三十一年。衛靈十八年。蔡昭二年。鄭定十三年。曹悼七年。陳惠十三年。杞悼公成元年。宋元十五年。秦哀二十年。楚平十二年。吳僚十年。

春叔孫舍如宋

【左】二十五年。春。叔孫婼聘於宋。桐門右師見之。語卑宋大夫。而賤司城氏。昭子告其人曰。右師其亡乎。君子貴其身。而後能及人。是以有禮。今夫子卑其大夫。而賤其宗。是賤其身也。能有禮乎。無禮必亡。宋公享昭子。賦新宮。昭子賦車轄。明日宴。飲酒樂。宋公使昭子右坐。語相泣也。樂祁佐。退而告人曰。今茲君與叔孫。其皆死乎。吾聞之。哀樂而樂哀。皆喪心也。心之精爽。是謂魂魄。魂魄去之。何以能久。季公若之姊。爲小邾夫人。生宋元夫人。生子。以妻季平子。昭子如宋聘。且逆之。公若從。謂曹氏勿與。魯將逐之。曹氏告公。公告樂祁。樂祁曰。與之。如是。魯君必出。政在季氏三世矣。魯君喪政四公矣。無民而能逞其志者。未之有也。國君是以鎮撫其民。詩曰。人之云亡。心之憂矣。魯君失民矣。焉得逞其志。靖以待命猶可。動必憂。

夏叔詣會晉趙鞅宋樂大心衛北宮喜鄭游吉曹人邾人滕人薛人小邾人于黃父

詣。五計反。公穀作倪。音詣。後同。大心。公作世心。後同。父音甫。

【左】夏。會于黃父。謀王室也。趙簡子令諸侯之大夫。輸王粟。且戍人。曰。明年將納王。子大叔見趙簡子。簡子問揖讓周旋之禮焉。對曰。是儀也。非禮也。簡子曰。敢問何謂禮。對曰。吉也聞諸先大夫子產曰。夫禮。天之經也。地之義也。民之行也。天地之經。而民實則之。則天之明。因地之性。生其六氣。用其五行。氣爲五味。發爲五色。章爲五聲。淫則昏亂。民失其性。是故爲禮以奉之。爲六畜。五牲。三犧。以奉五味。爲九文。六采。五章。以奉五色。爲九歌。八風。七音。六律。以奉五聲。爲君臣上下。以則地義。爲夫婦外內。以經二物。爲父子。兄弟。姑姊。甥舅。昏媾。姻亞。以象天明。爲政事庸力。行務。以從四時。爲刑罰威獄。使民畏忌。以類其震曜殺戮。爲溫慈惠和。以效天之生殖長育。民有好惡喜怒哀樂。生於六氣。是故審則宜類。以制六志。哀有哭泣。樂有歌舞。喜有施舍。怒有戰鬪。喜生於好。怒生於惡。是故審行信令。禍福賞罰。以制死生。生好物也。死惡物也。好物樂也。惡物哀也。哀樂不失。乃能協於天地之性。是以長久。簡子曰。甚哉。禮之大也。對曰。禮上下之紀。天地之經緯也。民之所以生也。是以先王尚之。故人之能自曲直以赴禮者。謂之成人。大不亦宜乎。簡子曰。鞅也請終身守此言也。宋樂大心曰。我不輸粟。我於周爲客。若之何使客。晉士伯曰。自踐土以來。宋何役之不會。而何盟之不同。曰同恤王室。子焉得辟之。子奉君命。以會大事。而宋背盟。無乃不可乎。右師不敢對。受牒而退。士伯告簡子曰。宋右師必亡。奉君命以使。而欲背盟以干盟主。無不祥大焉。

有鸜鵒來巢

鸜。其俱反。又作鴝。公作鸛。音權。鵒音欲。

【左】有鸜鵒來巢。書所無也。師己曰。異哉。吾聞文成之世。童謠有之。曰。鸜之鵒之。公出辱之。鸜鵒之羽。公在外野。往饋之馬。鸜鵒跦跦。公在乾侯。徵褰與襦。鸜鵒之巢。遠哉遙遙。裯父喪勞。宋父以驕。鸜鵒鸜鵒。往歌來哭。童謠有是。今鸜鵒來巢。其將及乎。

【公】何以書。記異也。何異爾。非中國之禽也。宜穴又巢也。

【穀】一有一亡曰有。來者。來中國也。鸜鵒穴者。而曰巢。或曰增之也。

顏氏師古曰。今之鸜鵒。中國皆有。但不踰濟水。故左氏以爲魯所無。異而書之。

秋七月上辛大雩季辛又雩

左 秋。書再雩。旱甚也。

公 又雩者何。又雩者。非雩也。聚衆以逐季氏也。

穀 季者。有中之辭也。又有繼之辭也。

啖氏助曰。公羊云聚徒以攻季氏。案雩但禮官與女巫而已。何足以攻季氏乎。

九月己亥公孫于齊次于陽州 己亥。穀作乙亥。孫音遜。陽公作楊。陽州齊魯竟上邑。

左 初。季公鳥娶妻於齊鮑文子。生申。公鳥死。季公亥。與公思展。與公鳥之臣申夜姑。相其室。及季姒與饔人檀通。而懼。乃使其妾抶己。以示秦遄之妻。曰。公若欲使余。余不可。而抶余。又訴於公甫。曰。展與夜姑將要余。秦姬以告公之。公之與公甫告平子。平子拘展於卞。而執夜姑將殺之。公若泣而哀之。曰。殺是。是殺余也。將爲之請。平子使豎勿內。日中不得請。有司逆命。公之使速殺之。故公若怨平子。季郈之雞鬬。季氏介其雞。郈氏爲之金距。平子怒。益宮於郈氏。且讓之。故郈昭伯亦怨平子。臧昭伯之從弟會。爲讒於臧氏。而逃於季氏。臧氏執旃。平子怒。拘臧氏老。將禘於襄公。萬者二人。其衆萬於季氏。臧孫曰。此之謂不能庸先君之廟。大夫遂怨平子。公若獻弓於公爲。且與之出射於外。而謀去季氏。公爲告公果公賁。公果公賁使侍人僚柤告公。公寢。將以戈擊之。乃走。公曰。執之。亦無命也。懼而不出。數月不見。公不怒。又使言。公執戈以懼之。乃走。又使言。公曰。非小人之所及也。公果自言。公以告臧孫。臧孫以難告郈孫。郈孫以可。勸。告子家懿伯。懿伯曰。讒人以君徼幸。事若不克。君受其名。不可爲也。舍民數世。以求克事。不可必也。且政在焉。其難圖也。公退之。辭曰。臣與聞命矣。言若洩。臣不獲死。乃館於公。叔孫昭子如闞。公居於長府。九月戊戌。伐季氏。殺公之於門。遂入之。平子登臺而請曰。君不察臣之罪。使有司討臣以干戈。臣請待於沂上以察罪。弗許。請囚於費。弗許。請以五乘亡。弗許。子家子曰。君其許之。政自之出久矣。隱民多取食焉。爲之徒者衆矣。日入慝作。弗可知也。衆怒不可蓄也。蓄而弗治。將蘊。蘊蓄。民將生心。生心。同求將合。君必悔之。弗聽。郈孫曰。必殺之。公使郈孫逆孟懿子。叔孫氏之司馬鬷戾言於其衆曰。若之何。莫對。又曰。我家臣也。不敢知國。凡有季氏與無於我孰利。皆曰。無季氏。是無叔孫氏也。鬷戾曰。然則救諸。帥徒以往。陷西北隅以入。公徒釋甲執冰而踞。遂逐之。孟氏使登西北隅以望季氏。見叔孫氏之旌。以告。孟氏執郈昭伯。殺之於南門之西。遂伐公徒。子家子曰。諸臣僞劫君者。而負罪以出。君止。意如之事君也。不敢不改。公曰。余不忍也。與臧孫如墓謀。遂行。己亥。公孫于齊。次于陽州。

穀 孫之爲言猶孫也。諱奔也。次止也。

齊侯唁公于野井 唁音彥。野井濟南祝阿縣東有野井亭。

左 齊侯將唁公于平陰。公先至于野井。齊侯曰。是寡人之罪也。使有司待於平陰。爲近故也。書曰。公孫于齊。次于陽州。齊侯唁公于野井。禮也。將求於人。則先下之。禮之善物也。齊侯曰。自莒疆以西。請致千社。以待君命。寡人將帥敝賦以從執事。唯命是聽。君之憂。寡人之憂也。

公喜。子家子曰。天祿不再。天若胙君。不過周公。以魯足矣。失魯而以千社爲臣。誰與之立。且齊君無信。不如早之晉。弗從。臧昭伯率從者將盟。載書曰。戮力壹心。好惡同之。信罪之有無。繾綣從公。無通外內。以公命示子家子。子家子曰。如此。吾不可以盟。羈也不佞。不能與二三子同心。而以爲皆有罪。或欲通外內。且欲去君。二三子好亡而惡定。焉可同也。陷君於難。罪孰大焉。通外內而去君。君將速入。弗通何爲。而何守焉。乃不與盟。

【公】唁公者何。昭公將弑季氏。告子家駒曰。季氏爲無道。僭於公室久矣。吾欲弑之何如。子家駒曰。諸侯僭於天子。大夫僭於諸侯久矣。昭公曰。吾何僭矣哉。子家駒曰。設兩觀。乘大路。朱干玉戚以舞大夏。八佾以舞大武。此皆天子之禮也。且夫牛馬維婁。委己者也。而柔焉。季氏得民衆久矣。君無多辱焉。昭公不從其言。終弑之而敗焉。走之齊。齊侯唁公于野井。曰。奈何君去魯國之社稷。昭公曰。喪人不佞。失守魯國之社稷。執事以羞。再拜顙。慶子家駒曰。慶子免君於大難矣。子家駒曰。臣不佞。陷君於大難。君不忍加之以鈇鑕。賜之以死。再拜顙。高子執簞食與四脡脯。國子執壺漿。曰。吾寡君聞君在外。餕饔未就。敢致糗於從者。昭公曰。君不忘吾先君。延及喪人。錫之以大禮。再拜稽首。以衽受。高子曰。有夫不祥。君無所辱大禮。昭公蓋祭而不嘗。景公曰。寡人有不腆先君之服。未之敢服。有不腆先君之器。未之敢用。敢以請。昭公曰。喪人不佞。失守魯國之社稷。執事以羞。敢辱大禮。敢辭。景公曰。寡人有不腆先君之服。未之敢服。有不腆先君之器。未之敢用。敢固以請。昭公曰。以吾宗廟之在魯也。有先君之服。未之能以服。有先君之器。未之能以出。敢固辭。景公曰。寡人有不腆先君之服。未之敢服。有不腆先君之器。未之敢用。請以饗乎從者。昭公曰。喪人其何稱。景公曰。孰君而無稱。昭公於是噭然而哭。諸大夫皆哭。既哭。以人爲菑。以幦爲席。以鞍爲几。以遇禮相見。孔子曰。其禮與其辭足觀矣。

【穀】弔失國曰唁。唁公不得入於魯也。

冬十月戊辰叔孫舍卒

【左】昭子自闞歸。見平子。平子稽顙曰。子若我何。昭子曰。人誰不死。子以逐君成名。子孫不忘。不亦傷乎。將若子何。平子曰。苟使意如得改事君。所謂生死而肉骨也。昭子從公於齊。與公言。子家子命適公館者執之。公與昭子言於幄內。曰將安衆而納公。公徒將殺昭子。伏諸道。左師展告公。公使昭子自鑄歸。平子有異志。冬十月辛酉。昭子齊於其寢。使祝宗祈死。戊辰。卒。左師展將以公乘馬而歸。公徒執之。

【附錄左】壬申。尹文公涉於鞏。焚東訾。弗克。

十有一月己亥宋公佐卒于曲棘

【左】十一月。宋元公將爲公故如晉。夢大子欒即位於廟。己與平公服而相之。旦。召六卿。公曰。寡人不佞。不能事父兄。以爲二三子憂。寡人之罪也。若以羣子之靈。獲保首領以歿。唯是楄柎所以藉幹者。請無及先君。仲幾對曰。君若以社稷之故。私降昵宴。羣臣弗敢知。若夫宋國之法。死生之度。先君有命矣。羣臣以死守之。弗敢失隊。臣之失職。常刑不赦。臣不忍其死。君命祇辱。宋公遂行。己亥。卒于曲棘。

【公】曲棘者何。宋之邑也。諸侯卒其封內。不地。此何以地。憂內也。

【穀】邡公也。

十有二月齊侯取鄆

【左】十二月。庚辰。齊侯圍鄆。初。臧昭伯如晉。臧會竊其寶龜僂句。以卜爲信與僭。僭吉。臧氏老將如晉問。會請往。昭伯問家故。盡對。及內子與母弟叔孫。則不對。再三問。不對。歸及郊。會逆。問。又如初。至。次於外而察之。皆無之。執而戮之。逸奔郈。郈魴假使爲賈正焉。計於季氏。臧氏使五人以戈楯伏諸桐汝之閭。會出。逐之。反奔執。諸季氏中門之外。平子怒曰。何故以兵入吾門。拘臧氏老。季臧有惡。及昭伯從公。平子立臧會。會曰。僂句不余欺也。

【附錄】【左】楚子使薳射城州屈。復茄人焉。城邱皇。遷訾人焉。使熊相禖郭巢。季然郭卷。子大叔聞之。曰。楚王將死矣。使民不安其土。民必憂。憂將及王。弗能久矣。　郈東平無鹽縣東南。桐汝。里名。卷。卷城。在南陽葉縣南。

【公】外取邑不書。此何以書。爲公取之也。

【穀】取。易辭也。內不言取。以其爲公取之。故易言之也。

【案】齊景不伐魯以納公。而取鄆以居公。故春秋書以譏之。胡傳乃謂公已絕於魯。而見逐於季氏。爲不君。非經旨也。

二十有六年

乙酉　敬王二十四年。晉頃十年。齊景三十二年。衛靈十九年。蔡昭三年。鄭定十四年。曹悼八年。陳惠十四年。杞悼二年。宋景公欒元年。秦哀二十一年。楚平十三年。吳僚十一年。

春王正月葬宋元公

【左】二十六年。春。王正月。葬宋元公。如先君。禮也。

【附錄】【左】庚申。齊侯取鄆。

三月公至自齊居于鄆

【左】三月。公至自齊。處于鄆。言魯地也。

【穀】公次于陽州。其曰至自齊。何也。以齊侯之見公。可以言至自齊也。居于鄆者。公在外也。至自齊。道義不外公也。

夏公圍成

【左】夏。齊侯將納公。命無受魯貨。申豐從女賈。以幣錦二兩。縛一如瑱。適齊師。謂子猶之人高齮。能貨子猶。爲高氏後。粟五千庾。高齮以錦示子猶。子猶欲之。齮曰。魯人買之。百兩一布。以道之不通。先入幣財。子猶受之。言於齊侯曰。羣臣不盡力於魯君者。非不能事君也。然據有異焉。宋元公爲魯君如晉。卒於曲棘。叔孫昭子求納其君。無疾而死。不知天之棄魯耶。抑魯君有罪於鬼神。故及此也。君若待於曲棘。使羣臣從魯君以卜焉。若可。師有濟也。君而繼之。茲無敵矣。若其無成。君無辱焉。齊侯從之。使公子鉏帥師從公。成大夫公孫朝謂平子曰。有都以衛國也。請我受師。許之。請納質。弗許。曰。信女足矣。告於齊師曰。孟氏魯之敝室也。用成已甚。弗能忍也。請息肩於齊。齊師圍成。成人伐齊師之飲馬於淄者。曰。將以厭衆。魯成備而後告。曰。不勝衆。師及齊師戰於炊鼻。齊子淵捷從洩聲子。射之。中楯瓦。繇朐汰輈。匕入者三寸。聲子射其馬。斬鞅。殪。改駕。人以爲鬷戾也。而助之。子車曰。齊人也。將擊子車。子車射之。殪。其御曰。又之。子車曰。衆可懼也。而不可怒也。子囊帶從野洩。叱之。洩曰。軍無私怒。報乃私也。將亢子。又叱之。亦叱之。冉豎射陳武子。中手。失弓而罵。以告平子曰。有君子。白晳。鬒鬚眉。甚口。平子曰。必子彊也。無乃亢諸。對曰。謂之君子。何敢亢之。林雍羞爲顏鳴右。下。苑何忌取其耳。顏鳴去之。苑子之御曰。視下顧。苑子刜林雍。斷其足。鑋而乘於他車以歸。顏鳴三入齊師。呼曰。林雍乘。淄出泰山梁父縣西北入汶。炊鼻。魯地。

附錄左 四月。單子如晉告急。五月。戊午。劉人敗王城之師於尸氏。戊辰。王城人劉人戰於施谷。劉師敗績。尸氏在鞏縣西南偃師城。施谷。周地。

穀 非國不言圍。所以言圍者。以大公也。

秋。公會齊侯莒子邾子杞伯盟于鄟陵 鄟音專。又市轉反。鄟陵地闕。

左 秋。盟于鄟陵。謀納公也。

公至自會。居于鄆

附錄左 七月。己巳。劉子以王出。庚午。次于渠。王城人焚劉。丙子。王宿於褚氏。丁丑。王次於萑谷。庚辰。王入於胥靡。辛巳。王次於滑。晉知躒。趙鞅。帥師納王。使女寬守闕塞。渠。周地。褚氏。洛陽縣南有褚氏亭。萑谷。胥靡。俱周地名。滑。周地。本鄭邑。闕塞。洛陽西南伊闕口也。

穀 公在外也。至自會。道義不外公也。

九月。庚申。楚子居卒

左 九月。楚平王卒。令尹子常欲立子西。曰。大子壬弱。其母非適也。王子建實聘之。子西長而好善。立長則順。建善則治。王順國治。可不務乎。子西怒曰。是亂國而惡君王也。國有外援。不可瀆也。王有適嗣。不可亂也。敗親。速讎。亂嗣。不祥。我受其名。賂吾以天下。吾滋不從也。楚國何爲。必殺令尹。令尹懼。乃立昭王。

冬。十月。天王入于成周

公 成周者何。東周也。其言入何。不嫌也。

穀 周有入無出也。

杜氏預曰。傳言王入在子朝奔後。經在前者。子朝來告晚。

尹氏召伯毛伯以王子朝奔楚

左 冬。十月。丙申。王起師於滑。辛丑。在郊。遂次於尸。十一月。辛酉。晉師克鞏。召伯盈逐王子朝。王子朝及召氏之族。毛伯得。尹氏固。南宮嚚。奉周之典籍以奔楚。陰忌奔莒以叛。召伯逆王於尸。及劉子單子盟。遂軍圉澤。次於隄上。癸酉。王入于成周。甲戌。盟於襄宮。晉師使成公般戍周而還。十二月癸未。王入於莊宮。王子朝使告於諸侯曰。昔武王克殷。成王靖四方。康王息民。竝建母弟。以蕃屏周。亦曰。吾無專享文武之功。且爲後人之迷敗傾覆。而溺入於難。則振救之。至於夷王。王愆於厥身。諸侯莫不竝走其望。以祈王身。至於厲王。王心戾虐。萬民弗忍。居王於彘。諸侯釋位。以間王政。宣王有志。而後效官。至於幽王。天不弔周。王昏不若。用愆厥位。攜王奸命。諸侯替之。而建王嗣。用遷郟鄏。則是兄弟之能用力於王室也。至於惠王。天不靖周。生頹禍心。施於叔帶。惠襄辟難。越去王都。則有晉鄭。咸黜不端。以綏定王家。則是兄弟之能率先王之命也。在定王六年。秦人降妖。曰。周其有頿王。亦克能修其職。諸侯服享。二世其職。王室其有間王位。諸侯不圖。而受其亂災。至於靈王。生而能頿。王甚神聖。無惡於諸侯。靈王景王。克終其世。今王室亂。單旗劉狄。剝亂天下。壹行不若。謂先王何常之有。唯余心所命。其誰敢討之。帥羣不弔之人。以行亂於王室。侵欲無厭。規求無度。貫瀆鬼神。慢棄刑法。倍奸齊盟。傲很威儀。矯誣先王。晉爲不道。是攝是贊。思肆其罔極。茲不穀震盪播越。竄在荊蠻。未有攸底。若我一二兄弟甥舅。獎順天法。無助狡猾。以從先王之命。毋速天罰。赦圖不穀。則所願也。敢盡布其腹心。及先王之經。而諸侯實深圖之。昔先王之命曰。王后無適。則擇立長。年鈞以德。德鈞以卜。王不立愛。公卿無私。古之制也。穆后及大子壽早夭即世。單劉贊私立少。以間先王。亦唯伯仲叔季圖之。閔馬父聞子朝之辭曰。文辭以行禮也。子朝干景之命。遠晉之大。以專其志。無禮甚矣。文辭何爲。

邑。圉澤。隄上。俱周地。

附錄左 齊有彗星。齊侯使禳之。晏子曰。無益也。祇取誣焉。天道不謟。不貳其命。若之何禳之。且天之有彗也。以除穢也。君無穢德。又何禳焉。若德之穢。禳之何損。詩曰。惟此文王。小心翼翼。昭事上帝。聿懷多福。厥德不回。以受方國。君無違德。方國將至。何患於彗。詩曰。我無所監。夏后及商。用亂之故。民卒流亡。若德回亂。民將流亡。祝史之爲。無能補也。公說。乃止。齊侯與晏子坐於路寢。公歎曰。美哉室。其誰有此乎。晏子曰。敢問何謂也。公曰。我以爲在德。對曰。如君之言。其陳氏乎。陳氏雖無大德。而有施於民。豆區釜鍾之數。其取之公也薄。其施之民也厚。公厚斂焉。陳氏厚施焉。民歸之矣。詩曰。雖無德與女。式歌且舞。陳氏之施。民歌舞之矣。後世若少惰。陳氏而不亡。則國其國也已。公曰。善哉。是可若何。對曰。唯禮可以已之。在禮。家施不及國。民不遷。農不移。工賈不變。士不濫。官不滔。大夫不收公利。公曰。善哉。我不能矣。吾今而後知禮之可以爲國也。對曰。禮之可以爲國也久矣。與天地竝。君令臣共。父慈子孝。兄愛弟敬。夫和妻柔。姑慈婦聽。禮也。君令而不違。臣共而不貳。父慈而教。子孝而箴。兄愛而友。弟敬而順。夫和而義。妻柔而正。姑慈而從。婦聽而婉。禮之善物也。公曰。善哉。寡人今而後聞此禮之上也。對曰。先王所稟於天地。以爲其民也。是以先王上之。

穀 遠矣。非也。奔。直奔也。

丙戌 敬王五年 **二十有七年** 晉頃十一年。齊景三十三年。衞靈二十年。蔡昭四年。鄭定十五年。曹悼九年。陳惠十五年。杞悼三年。宋景二年。秦哀二十二年。楚昭王軫元年。吳僚十二年。

春公如齊公至自齊居于鄆

左 二十七年。春。公如齊。公至自齊。處于鄆。言在外也。

〔穀〕公在外也。

夏四月，吳弒其君僚。

〔左〕吳子欲因楚喪而伐之。使公子掩餘、公子燭庸帥師圍潛。使延州來季子聘於上國。遂聘於晉。以觀諸侯。楚莠尹然、工尹麇帥師救潛。左司馬沈尹戌帥都君子與王馬之屬以濟師。與吳師遇於窮。令尹子常以舟師及沙汭而還。左尹郤宛、工尹壽帥師至於潛。吳師不能退。吳公子光曰：此時也，弗可失也。告鱄設諸曰：上國有言曰：不索何獲。我王嗣也。吾欲求之。事若克，季子雖至，不吾廢也。鱄設諸曰：王可弒也。母老子弱，是無若我何。光曰：我爾身也。夏四月，光伏甲於堀室而享王。王使甲坐於道及其門。門階戶席皆王親也。夾之以鈹。羞者獻體改服於門外。執羞者坐行而入。執鈹者夾承之。及體以相授也。光僞足疾，入於堀室。鱄設諸寘劍於魚中以進。抽劍刺王。鈹交於胸。遂弒王。闔廬以其子為卿。季子至曰：苟先君無廢祀，民人無廢主，社稷有奉，國家無傾，乃吾君也。吾誰敢怨。哀死事生，以待天命。非我生亂，立者從之，先人之道也。復命哭墓，復位而待。吳公子掩餘奔徐，公子燭庸奔鍾吾。楚師聞吳亂而還。潛，楚邑。窮，水經注：窮水出安豐縣窮谷。即楚與吳師遇處。沙汭，水名。鍾吾，小國。

胡傳曰：此公子光使專諸弒之，而稱國，何也。吳子壽夢有四子，長諸樊，次餘祭，次夷末，次季札。光，諸樊之子也。僚，夷末之子也。諸樊兄弟以次相及，必欲致國於季子，而季子終不受，則國宜之光者也。僚烏得為君。故稱國以弒，而不歸獄於光。其稱國以弒者，吳大臣之罪也。大臣任大事，事莫大於置君矣。故君存而國本定，君終而嗣子立，社稷嘉靖，人無間言。此當秉國政大臣之任，伊召之所以安商周，孔明之所以定劉漢也。若廢立進退出於羣小閹寺，而大臣不預焉，則將焉用彼相矣。此春秋歸罪大臣，稱國弒君之意，其經世之慮深矣。湛氏若水曰：書吳弒其君僚，則亂賊之罪可得矣。案左氏傳，弒吳君僚者，公子光專諸也。而書曰吳者，使人考其跡而罪人斯得矣。後儒以吳國之亂歸罪於季子之讓國，誤矣。若夫季子，所謂知禮者也。方光之弒君，公子掩餘、燭庸皆出，而季子乃曰：苟先君無廢祀，民人無廢主，社稷有奉，國家無傾，乃吾君也。曾是以為知禮乎。季子之罪，獨在此耳。

〔案〕光弒其君。春秋不書光而書吳，胡傳歸罪大臣，固是一說。湛氏若水謂使人考其跡而罪人斯得。其說尤勝。杜氏預以為罪在僚，孔氏穎達、劉氏敞以為國人皆欲弒之，安可訓耶。文十六年宋人弒君下辨之詳矣。

楚殺其大夫郤宛。郤，穀作郄。宛，於阮反，又於元反。

〔左〕郤宛直而和，國人說之。鄢將師為右領，與費無極比而惡之。令尹子常賄而信讒。無極譖郤宛焉，謂子常曰：子惡欲飲子酒。又謂子惡：令尹欲飲酒於子氏。子惡曰：我賤人也，不足以辱令尹。令尹將必來辱，為惠已甚。吾無以酬之，若何。無極曰：令尹好甲兵，子出之，吾擇焉。取五甲五兵，曰：寘諸門。令尹至，必觀之，而從以酬之。及饗日，帷諸門左。無極謂令尹曰：吾幾禍子。子惡將為子不利，甲在門矣。子必無往。且此役也，吳可以得志，子惡取賂焉而還。又誤羣帥，使退其師。曰：乘亂不祥。吳乘我喪，我乘其亂，不亦可乎。令尹使視郤氏，則有甲焉。不往，召鄢將師而告之。將師退，遂令攻郤氏，且爇之。子惡聞之，遂自殺也。國人弗爇。令曰：不爇郤氏，與之同罪。或取一

編菅焉。或取一秉秆焉。國人投之。遂弗爇也。令尹炮之。盡滅郤氏之族黨。殺陽令終。與其弟完
及佗。與晉陳。及其子弟。晉陳之族。呼於國曰。鄢氏。費氏。自以為王。專禍楚國。弱寡王室。蒙王與
令尹。以自利也。令尹盡信之矣。國將如何。令尹病之。

秋晉士鞅宋樂祁犂衛北宮喜曹人邾人滕人會于扈

左 秋。會于扈。令戍周。且謀納公也。宋衛皆利納公。固請之。范獻子取貨於季孫。謂司城子梁
與北宮貞子。曰。季孫未知其罪。而君伐之。請囚請亡。於是乎不獲。君又弗克。而自出也。夫豈
無備。而能出君乎。季氏之復。天救之也。休公徒之怒。而啓叔孫氏之心。不然。豈其伐人。而說
甲執冰以游。叔孫氏懼禍之濫。而自同於季氏。天之道也。魯君守齊。三年而無成。季氏甚得
其民。淮夷與之。有十年之備。有齊楚之援。有天之贊。有民之助。有堅守之心。有列國之權。而
弗敢宣也。事君如在國。故鞅以為難。二子皆圖國者也。而欲納魯君。鞅之願也。請從二子以
圍魯。無成。死之。二子懼。皆辭。乃辭小國。而以難復。

胡傳曰。文十五年。諸侯盟于扈。將為魯討齊。齊侯賂之。而不克討。故在會諸侯。略而不序。
今此謀納公。亦以賂故。不克納。而諸國之大夫皆序。何也。曰。利於納公者。宋衛之大夫也。
受賂而不欲納公者。獨范鞅主之耳。又況戍周之令行乎。所以列序而不略也。以此見聖
人取舍之大情。而輕重審矣。

冬十月曹伯午卒

邾快來奔

附錄 左 盂懿子。陽虎。伐鄆。鄆人將戰。子家子曰。天命不慆久矣。使君亡者。必此衆也。天既禍
之。而自福也。不亦難乎。猶有鬼神。此必敗也。嗚呼。為無望也夫。其死於此乎。公使子家子如
晉。公徒敗於且知。 楚郤宛之難。國言未已。進胙者莫不謗令尹。沈尹戌言於子常曰。夫左
尹與中廄尹。莫知其罪。而子殺之。以興謗讟。至於今不已。戌也惑之。仁者殺人以掩謗。猶弗
為也。今吾子殺人以興謗。而弗圖。不亦異乎。夫無極。楚之讒人也。民莫不知。去朝吳。出蔡侯
朱。喪大子建。殺連尹奢。屏王之耳目。使不聰明。不然。平王之溫惠共儉。有過成莊。無不及焉。
所以不獲諸侯。邇無極也。今又殺三不辜。以興大謗。幾及子矣。子而不圖。將焉用之。夫鄢將
師嬌子之命。以滅三族。國之良也。而不愆位。吳新有君。疆埸日駭。楚國若有大事。子其危哉。
知者除讒以自安也。今子愛讒以自危也。甚矣其惑也。子常曰。是瓦之罪。敢不良圖。九月己
未。子常殺費無極與鄢將師。盡滅其族。以說於國。謗言乃止。 且知。近鄆地。

公 邾婁快者何。邾婁之大夫也。邾婁無大夫。此何以書。以近書也。

趙氏鵬飛曰。大夫來奔者有矣。而邾獨為多。聖人亦不以微而畧之者。蓋邾本魯之附庸。
自受王命。叛服不常。魯蓋憾之。虐於邾者屢矣。及其末年。邾嘗訴於晉。魯蓋畏晉。而不欲
顯疾於邾。特陰誘其臣而弱之。故來奔者四。竊邑來者二。魯實利之也。堂堂大國。為逋逃
主。以登受叛人。
其為惡著矣。

公如齊

左冬。公如齊。齊侯請饗之。子家子曰。朝夕立於其朝。又何饗焉。其飲酒也。乃飲酒。使宰獻而請安。子仲之子曰重。爲齊侯夫人。曰。請使重見。子家子乃以君出。

公至自齊居于鄆

附錄左十二月。晉籍秦致諸侯之戍於周。魯人辭以難。

汪氏克寬曰。孟懿子陽虎伐鄆。公徒敗於且知。春秋不書。皆所以存公也。上之於下。有征而無戰。而況敗乎。以君而伐臣。已褻其威。而況見伐於其臣乎。陽虎逆僭不足責。仲孫何忌嘗學於聖人者也。何乃昧於君臣之大義。亦至於此極乎。噫。可歎也。

【丁亥】敬王六年。二十有八年 晉頃十二年。齊景三十四年。衛靈二十一年。蔡昭五年。鄭定十六年。曹聲公野元年。陳惠十六年。杞悼四年。宋景三年。秦哀二十三年。楚昭二年。吳闔廬元年。

春王三月葬曹悼公

公如晉次于乾侯 乾侯。在魏郡斥邱縣。晉竟內邑。闞駰曰。地多斥鹵。故曰斥邱。

左二十八年。春。公如晉。將如乾侯。子家子曰。有求於人。而即其安。人孰矜之。其造於竟。弗聽。使請逆於晉。晉人曰。天禍魯國。君淹恤在外。君亦不使一个。辱在國人。而即安於甥舅。其亦使逆君。使公復於竟。而後逆之。

穀公在外也。

案昭公失國之後。其往來居處。聖人書之特詳。所以繫魯國臣民之望。而深誅季氏之無君也。胡氏寧以爲全罪昭公者。誤矣。

夏四月丙戌鄭伯寧卒 寧。公作甯。

六月葬鄭定公

附錄左晉祁勝與鄔臧通室。祁盈將執之。訪於司馬叔游。叔游曰。鄭書有之。惡直醜正。實蕃有徒。無道立矣。子懼不免。詩曰。民之多辟。無自立辟。姑已。若何。盈曰。祁氏私有討。國何有焉。遂執之。祁勝賂荀躒。荀躒爲之言於晉侯。晉侯執祁盈。祁盈之臣曰。鈞將皆死。憖使吾君聞勝與臧之死也。以爲快。乃殺之。夏六月。晉殺祁盈及楊食我。食我。祁盈之黨也。而助亂。故殺之。遂滅祁氏羊舌氏。初。叔向欲娶於申公巫臣氏。其母欲娶其黨。叔向曰。吾母多而庶鮮。吾懲舅氏矣。其母曰。子靈之妻殺三夫。一君。一子。而亡一國。兩卿矣。可無懲乎。吾聞之。甚美必有甚惡。是鄭穆少妃姚子之子。子貉之妹也。子貉早死無後。而天鍾美於是。將必以是大有敗也。昔有仍氏。生女黰黑而甚美。光可以鑑。名曰元妻。樂正后夔取之。生伯封。實有豕心。貪惏無饜。忿纇無期。謂之封豕。有窮后羿滅之。夔是以不祀。且三代之亡。共子之廢。皆是物也。

女何以爲哉。夫有尤物。足以移人。苟非德義。則必有禍。叔向懼。不敢取。平公彊使取之。生伯石。伯石始生。子容之母。走謁諸姑。曰。長叔姒生男。姑視之。及堂。聞其聲而還。曰。是豺狼之聲也。狼子野心。非是。莫喪羊舌氏矣。遂弗視。

秋七月癸巳滕子寧卒

寧。公作甯。

附錄左 秋。晉韓宣子卒。魏獻子爲政。分祁氏之田。以爲七縣。分羊舌氏之田。以爲三縣。司馬彌牟爲鄔大夫。賈辛爲祁大夫。司馬烏爲平陵大夫。魏戊爲梗陽大夫。知徐吾爲塗水大夫。韓固爲馬首大夫。孟丙爲盂大夫。樂霄爲銅鞮大夫。趙朝爲平陽大夫。僚安爲楊氏大夫。謂賈辛。司馬烏。爲有力於王室。故舉之。謂知徐吾。趙朝。韓固。魏戊。餘子之不失職。能守業者也。其四人者。皆受縣而後見於魏子。以賢舉也。魏子謂成鱄。吾與戊也縣。人其以我爲黨乎。對曰。何也。戊之爲人也。遠不忘君。近不偪同。居利思義。在約思純。有守心而無淫行。雖與之縣。不亦可乎。昔武王克商。光有天下。其兄弟之國者十有五人。姬姓之國者四十人。皆舉親也。夫舉無他。唯善所在。親疏一也。詩曰。唯此文王。帝度其心。莫其德音。其德克明。克明克類。克長克君。王此大國。克順克比。比于文王。其德靡悔。既受帝祉。施于孫子。心能制義曰度。德正應和曰莫。照臨四方曰明。勤施無私曰類。教誨不倦曰長。賞慶刑威曰君。慈和徧服曰順。擇善而從之曰比。經緯天地曰文。九德不愆。作事無悔。故襲天祿。子孫賴之。主之舉也。近文德矣。所及其遠哉。賈辛將適其縣。見於魏子。魏子曰。辛來。昔叔向適鄭。鬷蔑惡。欲觀叔向。從使之收器者。而往。立於堂下。一言而善。叔向將飲酒。聞之。曰。必鬷明也。下執其手以上。曰。昔賈大夫惡。娶妻而美。三年不言不笑。御以如皋。射雉獲之。其妻始笑而言。賈大夫曰。才之不可以已也。我不能射。女遂不言不笑夫。今子少不颺。子若無言。吾幾失子矣。言之不可以已也。如是。遂如故知。今女有力於王室。吾是以舉女。行乎。敬之哉。毋墮乃力。仲尼聞魏子之舉也。以爲義。曰。近不失親。遠不失舉。可謂義矣。又聞其命賈辛也。以爲忠。詩曰。永言配命。自求多福。忠也。魏子之舉也義。其命也忠。其長有後於晉國乎。

鄔。太原鄔縣。祁。太原祁縣。平陵。案平陵亦曰太陵。梗陽。在太原晉陽縣南。塗水。太原榆次縣。馬首。案元和郡縣志。馬首故城在壽陽縣東南十五里。盂。太原盂縣。銅鞮。上黨銅鞮縣。平陽。平陽臨汾縣。古平陽。即堯所都。楊氏。平陽楊氏縣。

冬葬滕悼公

附錄左 冬。梗陽人有獄。魏戊不能斷。以獄上。其大宗賂以女樂。魏子將受之。魏戊謂閻沒。女寬。曰。主以不賄聞於諸侯。若受梗陽人。賄莫甚焉。吾子必諫。皆許諾。退朝。待於庭。饋入。召之。比置。三歎。既食。使坐。魏子曰。吾聞諸伯叔。諺曰。唯食忘憂。吾子置食之間三歎。何也。同辭而對曰。或賜二小人酒。不夕食。饋之始至。恐其不足。是以歎。中置。自咎曰。豈將軍食之。而有不足。是以再歎。及饋之畢。願以小人之腹。爲君子之心。屬厭而已。獻子辭梗陽人。

戊子 敬王七年。二十有九年

晉頃十三年。齊景三十五年。衛靈二十二年。蔡昭六年。鄭獻公蠆元年。曹聲二年。陳惠十七年。杞悼五年。宋景四年。秦哀二十四年。楚昭三年。吳闔盧二年。

春公至自乾侯居于鄆齊侯使高張來唁公

【左】二十九年春公至自乾侯處于鄆齊侯使高張來唁公稱主君子家子曰齊卑君矣君祇辱焉公如乾侯

【附錄】【左】三月己卯京師殺召伯盈尹氏固及原伯魯之子尹固之復也有婦人遇之周郊尤之曰處則勸人爲禍行則數日而反是夫也其過三歲乎夏五月庚寅王子趙車入於鄻以叛陰不佞敗之 鄻周邑

【穀】唁公不得入於魯也

【朱】胡傳引式微之二章其取義與朱子不同今刪之

公如晉次于乾侯

【左】平子每歲賈馬具從者之衣屨而歸之于乾侯公執歸馬者賣之乃不歸馬衛侯來獻其乘馬曰啟服塹而死公將爲之櫝子家子曰從者病矣請以食之乃以幃裹之公賜公衍羔裘使獻龍輔於齊侯遂入羔裘齊侯喜與之陽穀公衍公爲之生也其母偕出公衍先生公爲之母曰相與偕出請相與偕告三日公爲生其母先以告公爲爲兄公私喜於陽穀而思於魯曰務人爲此禍也且後生而爲兄其誣也久矣乃黜之而以公衍爲大子

家氏鉉翁曰野井之唁虛禮也鄆之取成之圍鄟陵之會虛惠也公猶弗悟及使宰獻請安於是悟其卑已至高張稱主君以致命公始去而之晉其去已後矣諸侯無爲魯討賊者桓文之轍跡掃地無餘矣

夏四月庚子叔詣卒

【穀】季孫意如曰叔倪無病而死此皆無公也是天命也非我罪也

秋七月

【附錄】【左】秋龍見於絳郊魏獻子問於蔡墨曰吾聞之蟲莫知於龍以其不生得也謂之知信乎對曰人實不知非龍實知古者畜龍故國有豢龍氏有御龍氏獻子曰是二氏者吾亦聞之而不知其故是何謂也對曰昔有飂叔安有裔子曰董父實甚好龍能求其耆欲以飲食之龍多歸之乃擾畜龍以服事帝舜帝賜之姓曰董氏曰豢龍封諸鬷川鬷夷氏其後也故帝舜氏世有畜龍及有夏孔甲擾於有帝帝賜之乘龍河漢各二各有雌雄孔甲不能食而未獲豢龍氏有陶唐氏既衰其後有劉累學擾龍於豢龍氏以事孔甲能飲食之夏后嘉之賜氏曰御龍以更豕韋之後龍一雌死潛醢以食夏后夏后饗之既而使求之懼而遷於魯縣范氏其後也獻子曰今何故無之對曰夫物物有其官官脩其方朝夕思之一日失職則死及之失官不食官宿其業其物乃至若泯棄之物乃坻伏鬱湮不育故有五行之官是謂五官實列受氏姓封爲上公祀爲貴神社稷五祀是尊是奉木正曰句芒火正曰祝融金正曰蓐收水正曰玄冥土正曰后土龍水物也水官棄矣故龍不生得不然周易有之在乾之姤曰潛龍勿用其同人曰見龍在田其大有曰飛龍在天其夬曰亢龍有悔其坤曰見羣龍之

無首吉坤之剝曰龍戰于野若不朝夕見誰能物之獻子曰社稷五祀誰氏之五官也對曰少皞氏有四叔曰重曰該曰脩曰熙實能金木及水使重爲句芒該爲蓐收脩及熙爲玄冥世不失職遂濟窮桑此其三祀也顓頊氏有子曰犂爲祝融共工氏有子曰句龍爲后土此其二祀也后土爲社稷田正也有烈山氏之子曰柱爲稷自夏以上祀之周棄亦爲稷自商以來祀之。

鄆古國也。鄆川鄆水夷皆董姓魯縣今魯陽也窮桑地在魯北即少皞之虛也。

冬十月鄆潰

附錄左　冬晉趙鞅荀寅帥師城汝濱遂賦晉國一鼓鐵以鑄刑鼎著范宣子所爲刑書焉仲尼曰晉其亡乎失其度矣夫晉國將守唐叔之所受法度以經緯其民卿大夫以序守之民是以能尊其貴貴是以能守其業貴賤不愆所謂度也文公是以作執秩之官爲被廬之法以爲盟主今棄是度也而爲刑鼎民在鼎矣何以尊貴貴何業之守貴賤無序何以爲國且夫宣子之刑夷之蒐也晉國之亂制也若之何以爲法蔡史墨曰范氏中行氏其亡乎中行寅爲下卿而干上令擅作刑器以爲國法是法姦也又加范氏焉易之亡也其及趙氏趙孟與焉然不得已若德可以免。汝濱晉所取陸渾地。

公穀　邑不言潰此其言潰何郛之也曷爲郛之君存焉爾。潰之爲言上下不相得也上下不相得則惡矣亦譏公也昭公出奔民如釋重負。

孔氏穎達曰公自二十六年以來常居于鄆此時公既如晉必留人守鄆鄆人潰散而叛公使公不得更來當是季氏道之使然。

家氏鉉翁曰論者多咎公之失民此季氏凶威所脅非民之罪亦不可盡責魯君。

己丑　敬王八年　**三十年**　晉頃十四年齊景三十六年衛靈二十三年蔡昭七年鄭獻二年曹聲三年陳惠十八年杞悼六年宋景五年秦哀二十五年楚昭四年吳闔廬三年。

春王正月公在乾侯

左　不先書鄆與乾侯非公且徵過也。

穀　中國不存公存公故也。

胡傳曰公去社稷於今五年每歲首月不書公者在魯四封之內則無適而非其所也至是鄆潰客寄乾侯非其所矣歲首必書公之所在者蓋以存君不與季氏之專國也而罪臣子譏諸侯之意具矣唐武后廢遷中宗革命自立史臣列於本紀欲著其罪而君子以爲非春秋之法其言曰天下者唐之天下中宗受之於其父武后安得絕先君之世復繫嗣君之年黜武后之號自以爲竊取春秋之義信矣。

嚴氏啟隆曰歲首三書公在乾侯左氏何據而曰不先書鄆與乾侯非公且徵過也又曰言不能外內也又曰言不能用其人也夫君臣無獄父子無獄非君父之無過也父子君臣非曲直之地也蔡世子般弒其君固父非無過也而春秋不以責其父齊崔杼弒其君光君非無過也而春秋不以責其君昭之過不若固與光之甚也聖人豈以不責之固與光者而反責之昭哉。

夏六月庚辰晉侯去疾卒秋八月葬晉頃公　頃音傾。

左 夏六月。晉頃公卒。秋八月。葬。鄭游吉弔。且送葬。魏獻子使士景伯詰之。曰。悼公之喪。子西弔。子蟜送葬。今吾子無貳。何故。對曰。諸侯所以歸晉君。禮也。禮也者。小事大。大字小之謂。事大在共其時命。字小在恤其所無。以敝邑居大國之間。共其職貢。與其備御不虞之患。豈忘共命。先王之制。諸侯之喪。士弔。大夫送葬。惟嘉好聘享三軍之事。於是乎使卿。晉之喪事。敝邑之間。先君有所助執紼矣。若其不間。雖士大夫有所不獲數矣。大國之惠。亦慶其加。而不討其乏。明底其情。取備而已。以爲禮也。靈王之喪。我先君簡公在楚。我先大夫印段實往。敝邑之少卿也。王吏不討。恤所無也。今大夫曰。女盍從舊。舊有豐有省。不知所從。從其豐。則寡君幼弱。是以不共。從其省。則吉在此矣。唯大夫圖之。晉人不能詰。

冬十有二月吳滅徐徐子章羽奔楚 羽。公作禹。

左 吳子使徐人執掩餘。使鍾吾人執燭庸。二公子奔楚。楚子大封而定其徙。使監馬尹大心逆吳公子。使居養。莠尹然。左司馬沈尹戌城之。取於城父與胡田以與之。將以害吳也。子西諫曰。吳光新得國。而親其民。視民如子。辛苦同之。將用之也。若好吳邊疆。使柔服焉。猶懼其至。吾又彊其讎。以重怒之。無乃不可乎。吳。周之冑裔也。而棄在海濱。不與姬通。今而始大。比於諸華。光又甚文。將自同於先王。不知天將以爲虐乎。使翦喪吳國而封大異姓乎。其抑亦將卒以祚吳乎。其終不遠矣。我盍姑億吾鬼神。而寧吾族姓。以待其歸。將焉用自播揚焉。王弗聽。吳子怒。冬十二月。吳子執鍾吾子。遂伐徐。防山以水之。己卯。滅徐。徐子章禹斷其髮。攜其夫人。以逆吳子。吳子唁而送之。使其邇臣從之。遂奔楚。楚沈尹戌帥師救徐。弗及。遂城夷。使徐子處之。養。今河南開封府陳州沈邱縣東有養城。是其地也。胡田。故胡子之地。

附錄 左 吳子問於伍員曰。初而言伐楚。余知其可也。而恐其使余往也。又惡人之有余之功也。今余將自有之矣。伐楚何如。對曰。楚執政衆而乖。莫適任患。若爲三師以肄焉。一師至。彼必皆出。彼出則歸。彼歸則出。楚必道敝。亟肄以罷之。多方以誤之。既罷而後以三軍繼之。必大克之。闔廬從之。楚於是乎始病。

趙氏鵬飛曰。國滅而不書其君者。死社稷也。書君奔而不名者。不得已見逼而奔也。故國滅而君奔者三。皆不名。而徐子章羽獨名之。傳者以爲先服而後奔。其或然歟。既服而懼其不赦。因遂奔楚。既服而奔。辱社稷也。故特名之。不然。聖人不妄加人以名也。

庚寅 敬王九年。**三十有一年** 晉定公午元年。齊景三十七年。衛靈二十四年。蔡昭八年。鄭獻三年。曹聲四年。陳惠十九年。杞悼七年。宋景六年。秦哀二十六年。楚昭五年。吳闔廬四年。

春王正月公在乾侯

左 言不能內外也。

王氏錫爵曰。左氏曰。言不能外內也。蓋不知春秋存君之義。

季孫意如會晉荀躒于適歷 後同。躒。力狄反。公穀作櫟。適歷。晉地。

左 晉侯將以師納公。范獻子曰。若召季孫而不來。則信不臣矣。然後伐之。若何。晉人召季孫。

獻子使私焉。曰。子必來。我受其無咎。季孫意如會晉荀躒于適歷。荀躒曰。寡君使躒謂吾子何故出君。有君不事。周有常刑。子其圖之。季孫練冠麻衣。跣行。伏而對曰。事君。臣之所不得也。敢逃刑命。君若以臣爲有罪。請囚於費。以待君之察也。亦唯君。若以先臣之故。不絕季氏而賜之死。若弗殺弗亡。君之惠也。死且不朽。若得從君而歸。則固臣之願也。敢有異心。

汪氏克寬曰。意如之練冠麻衣。跣行。卑辭伏罪。皆外飾詐僞以欺晉。晉定既惑於范鞅之巧言。而知躒又導之叛逆。而不恤魯君有汲汲求哀之請。不亦甚乎。千載而下。說春秋者。如何休杜預。猶謂意如負捶謝過。以示憂慼。則其姦譎之志。不惟可以欺當年。而且可以欺後世也。季氏本曰。晉定公初立。有嗣霸之志。觀成周之城。召陵之會。可見矣。故納公之意。不可謂無也。使非士鞅私於季孫。則昭公豈至客死哉。晉侯墮其計中。反使荀躒出會。何以爲盟主。

夏四月丁巳薛伯穀卒

左 同盟故書。

晉侯使荀躒唁公于乾侯

左 夏四月。季孫從知伯如乾侯。子家子曰。君與之歸。一慙之不忍。而終身慙乎。公曰。諾。衆曰。在一言矣。君必逐之。荀躒以晉侯之命唁公。且曰。寡君使躒以君命討於意如。意如不敢逃死。君其入也。公曰。君惠顧先君之好。施及亡人。將使歸糞除宗祧以事君。則不能見夫人。已所能見夫人者。有如河。荀躒掩耳而走。曰。寡君其罪之恐。敢與知魯國之難。臣請復於寡君。退而謂季孫。君怒未怠。子姑歸祭。子家子曰。君以一乘入於魯師。季孫必與君歸。公欲從之。衆從者脅公。不得歸。

穀 唁公不得入於魯也。曰。既爲君言之矣。不可者意如也。

案 左氏適歷之會。意如願從君而歸。此奸邪欺人之言。豈本心哉。晉使荀躒唁公。而勸公以入。亦借此以塞責耳。及公謂不能見季氏。則晉亦不復謀納公矣。穀梁以爲意如不可。必有所據。蓋左氏述其言。穀梁得其情也。今並存之。

秋葬薛獻公

附錄 左 秋。吳人侵楚。伐夷。侵潛六。楚沈尹戌帥師救潛。吳師還。楚師遷潛於南岡而還。吳師圍弦。左司馬戌。右司馬稽。帥師救弦。及豫章。吳師還。始用子胥之謀也。

冬黑肱以濫來奔

肱。公作弓。濫。東海昌慮縣。

左 冬。邾黑肱以濫來奔。賤而書名。重地故也。君子曰。名之不可不愼也如是。夫有所有名。而不如其已。以地叛。雖賤。必書地。以名其人。終爲不義。弗可滅已。是故君子動則思禮。行則思義。不爲利回。不爲義疚。或求名而不得。或欲蓋而名章。懲不義也。齊豹爲衞司寇。守嗣大夫。作而不義。其書爲盜。邾庶其。莒牟夷。邾黑肱。以土地出。求食而已。不求其名。賤而必書。此二物者。所以懲肆而去貪也。若艱難其身。以險危大人。而有名章徹。攻難之士。將奔走之。若竊邑叛君以徼大利而無名貪冒之民將寘力焉是以春秋書齊豹曰盜三叛人名以懲不義數惡無禮其善志也故曰春秋之稱微而顯婉而辨上之人能使昭明善人勸焉淫人懼焉是以君子貴之

【公】文何以無邾婁通濫也曷爲通濫賢者子孫宜有地也賢者孰謂謂叔術也何賢乎叔術讓國也其讓國奈何當邾婁顏之時邾婁女有爲魯夫人者則未知其爲武公與懿公與孝公幼顏淫九公子于宮中因以納賊則未知其爲魯公子與邾婁公子與臧氏之母養公者也君幼則宜有養者大夫之妾士之妻則未知臧氏之母者曷爲者也養公者必以其子入養臧氏之母聞有賊以其子易公抱公以逃賊至湊公寢而弒之臣有鮑廣父與梁買子者聞有賊趨而至臧氏之母曰公不死也在是吾以吾子易公矣於是負孝公之周愬天子天子爲之誅顏而立叔術反孝公于魯顏夫人者嫗盈女也國色也其言曰有能爲我殺殺顏者吾爲其妻叔術爲之殺殺顏者而以爲妻有子焉謂之盱夏父者其所爲有於顏者也盱幼而皆愛之食必坐二子於其側而食之有珍怪之食盱必先取足焉夏父曰以來人未足而盱有餘叔術覺焉曰嘻此誠爾國也夫起而致國于夏父夏父受而中分之叔術曰不可三分之叔術曰不可四分之叔術曰不可五分之然後受之公扈子者邾婁之父兄也習乎邾婁之故其言曰惡有言人之國賢若此者乎誅顏之時天子死叔術起而致國於夏父當此之時邾婁人嘗被兵于周曰何故死吾天子通濫則文何以無邾婁天下未有濫也天下未有濫則其言以濫來奔何叔術者賢大夫也絕之則爲叔術不欲絕不絕則世大夫也大夫之義不得世故於是推而通之也

【穀】其不言邾黑肱何也別乎邾也其不言濫子何也非天子所封也來奔內不言叛也

陸氏淳曰左氏云或求名而不得或欲蓋而名彰若艱難其身以險危大人而有名彰徹攻難之士將奔走之趙子曰據例兩下相殺若非大夫即書盜殺者於例既不合書名而被殺者合書事須如此耳左氏若以齊豹是大夫但爲求名故書爲盜以不與其名者則諸相殺而書其名者皆是與其名乎又據左氏說齊豹乃是怒縶而殺之何得妄有求名之義乎且推之情理凡殺人者皆謂使怨不勝其怒乃爲亂耳又云三叛人欲蓋而名彰言其賤必不書其名夫子矯其心而書爾若如此則三人預知夫子修春秋賤者不書其名乎爲是將地賂魯而屬夫子令不書乎何言欲蓋也皆妄爲曲說殊可怪也　劉氏敞曰公羊云通濫也非也以叔術爲賢賢既不足又懸隔數十世之外而通叛君之黑弓使當有國誰能信之乎　汪氏克寬曰二傳皆云邾黑肱而公穀經文不繫邾者闕文耳有習於公穀而不得其義者或以爲通濫爲國或以爲別乎邾皆妄說也齊楚大國且未嘗分其地以封子弟況蕞爾之邾乎苟別於邾而自爲國又何爲挾地以歸他國乎惟左氏所引經文則曰邾黑肱故啖趙纂例從之亦加邾字今左傳所附之經則杜預別以經文攙入而亦闕邾字如襄十七年齊高厚圍防左傳經文獨闕齊字不可以爲非齊之高厚也或者又謂濫乃天子之地而黑肱乃天子之命吏此尤穿鑿之臆說矣王吏守土則得自專其地矣何爲奔於諸侯耶豈以二百四十二年之久而天子守土之吏僅一見也二傳又何以皆稱濫爲邾地耶

【案】叔術以弟妻嫂亂人倫也天子誅顏而叔術爲顏執讎犯王命也其得罪於春秋大矣公羊

乃以爲賢。不亦謬乎。

十有二月辛亥朔日有食之

【左】十二月。辛亥。朔。日有食之。是夜也。趙簡子夢童子臝。而轉以歌。旦。占諸史墨曰。吾夢如是。今而日食。何也。對曰。六年。及此月也。吳其入郢乎。終亦弗克。入郢必以庚辰。日月在辰尾。庚午之日。日始有謫。火勝金。故弗克。

【辛卯】敬王十年。**三十有二年** 晉定二年。齊景三十八年。衛靈二十五年。蔡昭九年。鄭獻四年。曹聲五年。陳惠二十年。杞悼八年。宋景七年。秦哀二十七年。楚昭六年。吳闔廬五年。

春王正月公在乾侯取闞

【左】春王正月。公在乾侯。言不能外內。又不能用其人也。

【公】闞者何。邾婁之邑也。曷爲不繫于邾婁。諱亟也。

孔氏穎達曰。公羊傳曰。闞者何。邾婁之邑也。案傳定元年。將葬昭公。季孫使役如闞公氏。將溝焉。則闞是魯公葬地。非是邾邑。公羊不可通於左氏也。　趙氏鵬飛曰。三年之間。歲首皆書公在乾侯。存公所以誅季氏之義也。而左氏各爲之說。鑿矣。謂左氏專信國史。而不附會。殆不然也。

夏吳伐越

【左】夏。吳伐越。始用師於越也。史墨曰。不及四十年。越其有吳乎。越得歲而吳伐之。必受其凶。

秋七月

冬仲孫何忌會晉韓不信齊高張宋仲幾衛世叔申鄭國參曹人莒人薛人杞人小邾人城成周

世叔。穀作大叔。莒人下公有邾婁人。穀有邾人。

【左】秋八月。王使富辛與石張如晉。請城成周。天子曰。天降禍於周。俾我兄弟。並有亂心。以爲伯父憂。我一二親暱甥舅。不皇啓處。於今十年。勤戍五年。余一人無日忘之。閔閔焉。如農夫之望歲。懼以待時。伯父若肆大惠。復二文之業。弛周室之憂。徼文武之福。以固盟主。宣昭令名。則余一人有大願矣。昔成王合諸侯。城成周。以爲東都。崇文德焉。今我欲徼福假靈於成王。修成周之城。俾戍人無勤。諸侯用寧。蝥賊遠屛。晉之力也。其委諸伯父。使伯父實重圖之。俾我一人。無徵怨於百姓。而伯父有榮施。先王庸之。范獻子謂魏獻子曰。與其戍周。不如城之。天子實云。雖有後事。晉勿與知可也。從王命以紓諸侯。晉國無憂。是之不務。而又焉從事。魏獻子曰。善。使伯音對曰。天子有命。敢不奉承。以奔告於諸侯。遲速衰序。於是焉在。冬十一月。晉魏舒韓不信如京師。合諸侯之大夫於狄泉。尋盟。且令城成周。魏子南面。衛彪傒曰。魏子必有大咎。干位以令大事。非其任也。詩曰。敬天之怒。不敢戲豫。敬天之渝。不敢馳驅。況敢干位。以作大事乎。已丑。士彌牟營成周。計丈數。揣高卑。度厚薄。仞溝洫。物土方。議遠邇。量事期。計徒庸。慮財用。書餱糧。以令役於諸侯。屬役賦丈。書以授帥。而效諸劉子。韓簡子臨之。以爲成命。

【穀】天子微。諸侯不享覲。天子之在者。惟祭與號。故諸侯之大夫。相帥以城之。此變之正也。

十有二月己未公薨于乾侯

【左】十二月。公疾。徧賜大夫。大夫不受。賜子家子雙琥。一環。一璧。輕服。受之。大夫皆受其賜。己未。公薨。子家子反賜於府人。曰。吾不敢逆君命也。大夫皆反其賜。書曰。公薨于乾侯。言失其所也。趙簡子問於史墨曰。季氏出其君。而民服焉。諸侯與之。君死於外。而莫之或罪也。對曰。物生有兩。有三。有五。有陪貳。故天有三辰。地有五行。體有左右。各有妃耦。王有公。諸侯有卿。皆有貳也。天生季氏。以貳魯侯。爲日久矣。民之服焉。不亦宜乎。魯君世從其失。季氏世修其勤。民忘君矣。雖死於外。其誰矜之。社稷無常奉。君臣無常位。自古以然。故詩曰。高岸爲谷。深谷爲陵。三后之姓。於今爲庶。主所知也。在易卦。雷乘乾曰大壯。天之道也。昔成季友。桓之季也。文姜之愛子也。始震而卜。卜人謁之曰。生有嘉聞。其名曰友。爲公室輔。及生。如卜人之言。有文在其手曰友。遂以名之。既而有大功於魯。受費以爲上卿。至於文子武子。世增其業。不廢舊績。魯文公薨。而東門遂殺適立庶。魯君於是乎失國。政在季氏。於此君也。四公矣。民不知君。何以得國。是以爲君。愼器與名。不可以假人。

李氏廉曰。昭公在位二十五年。居鄆四年。客乾侯三年。乃魯國衰惰不振之君也。當其初年。居喪無慼容。而父子之親喪。娶妻以同姓。而夫婦之倫乖。立國立身之本。皆無矣。季氏之禍。雖積習於成襄之世。然取鄆而不能正。納牟夷而不能卻。大雩。大雨雹。天戒屢見。而不知警。舍中軍。蒐于紅。軍政盡失。而不能收。卒之得罪於伯主。則五如晉。而不得入。十三國同盟。而不得與。昭公果何以保其國哉。當是時。齊有陳氏。晉有六卿。與三家蓋聲勢相倚。迭爲輔車。宜昭公之不入也。史墨之言。其論魯事。則善矣。毋乃速三晉爲諸侯之勢乎。

春秋卷之十五

定公

孔氏穎達曰。魯世家。定公名宋。襄公之子。昭公之弟。以敬王十一年卽位。諡法。安民大慮曰定。

【壬辰】敬王十一年

元年

晉定三年。齊景三十九年。衛靈二十六年。蔡昭十年。鄭獻五年。曹隱公通元年。陳惠二十一年。杞悼九年。宋景八年。秦哀二十八年。楚昭七年。吳闔廬六年。

春王

【公】定何以無正月。正月者。正卽位也。定無正月者。卽位後也。卽位何以後。昭公在外。得入不得入。未可知也。曷爲未可知。在季氏也。定哀多微辭。主人習其讀而問其傳。則未知己之有罪焉爾。【穀】不言正月。定無正也。定之無正何也。昭公之終。非正終也。定之始。非正始也。昭無正終。故定無正始。不言卽位。喪在外也。胡傳曰。元年必書正月。謹始也。定何以無正月。昭公薨于乾侯。不得正其終。定公制在權臣。不得正其始。魯於是曠年無君。春秋欲謹之而不可也。季氏廢大子衍及務人。而立公子宋。宋者。昭公之弟。其主社稷。非先君所命。而專受之於意如者也。故不書正月。見魯國無君。定公無正爾。杜氏謬曰。定公元年之正月。政無所繫。故不書正月。然必書王者。春秋樹王法。不可不書王。以端本也。且王者所以正天下。天下不可無王。故不可以不存也。正者。所以繫一國。今國之政無所稟。故不復出正月之文。以見魯國無正。而不與季氏之專也。邵氏寶曰。定無正而有春王。春王三月也。事在三月。故以三月書。【案】元年不書正月。杜氏預以爲公卽位在六月故也。先儒多從之。謂不與季氏以頒朔。甚合情事。公羊以爲正卽位。穀梁以爲無正始。二說皆可相通。蓋因其無正而正之也。邵氏寶。趙氏恒。余氏光。皆謂正月二月無事。故書三月。亦是一說。

三月。晉人執宋仲幾于京師。

大夫專執於是始。

【左】春。王正月。辛巳。晉魏舒合諸侯之大夫於狄泉。將以城成周。魏子涖政。衛彪傒曰。將建天子。而易位以令。非義也。大事奸義。必有大咎。晉不失諸侯。魏子其不免乎。是行也。魏獻子屬役於韓簡子及原壽過。而田於大陸。焚焉。還卒於甯。范獻子去其柏椁。以其未復命而田也。孟懿子會城成周。庚寅。栽。宋仲幾不受功。曰。滕。薛。郳。吾役也。薛宰曰。宋爲無道。絶我小國於周。以我適楚。故我常從宋。晉文公爲踐土之盟。曰。凡我同盟。各復舊職。若從踐土。若從宋。亦唯命。仲幾曰。踐土固然。薛宰曰。薛之皇祖奚仲。居薛以爲夏車正。奚仲遷於邳。仲虺居薛。以爲湯左相。若復舊職。將承王官。何故以役諸侯。仲幾曰。三代各異物。薛焉得有舊。爲宋役。亦其職也。士彌牟曰。晉之從政者新。子姑受功。歸。吾視諸故府。仲幾曰。縱子忘之。山川鬼神其忘諸乎。士伯怒。謂韓簡子曰。薛徵於人。宋徵於鬼。宋罪大矣。且已無辭。而抑我以神。誣我也。啓寵納侮。其此之謂矣。必以仲幾爲戮。乃執仲幾以歸。三月。歸諸京師。城三旬而畢。乃歸諸侯之戍。齊高張後。不從諸侯。晉女叔寬曰。周萇宏。齊高張。皆將不免。萇叔違天。高子違人。天之所壞。不可支也。衆之所爲。不可奸也。

大陸。禹貢大陸。在今鉅鹿縣北。甯。修武縣近吳澤。

公仲幾之罪何。不蓑城也。其言于京師何。伯討也。伯討則其稱人何。貶。曷爲貶。不與大夫專執也。曷爲不與。實與而文不與。文曷爲不與。大夫之義。不得專執也。

穀 此其大夫。其曰人。何也。微之也。何爲微之。不正其執人於尊者之所也。不與大夫之伯討也。

李氏廉曰。此條以事言之。則以王事討有罪。以義言之。則大夫專執人於王側而不歸之王吏。故春秋亦不與以伯討。穀梁胡氏是矣。公羊以爲大夫不得專執。則是以于京師爲伯討。則非。

夏六月癸亥公之喪至自乾侯戊辰公卽位

左 夏。叔孫成子逆公之喪於乾侯。季孫曰。子家子亟言於我。未嘗不中吾志也。吾欲與之從政。子必止之。且聽命焉。子家子不見叔孫。易幾而哭。叔孫請見子家子。子家子辭曰。羈未得見。而從君以出。君不命而薨。羈不敢見。叔孫使告之曰。公衍公爲實使羣臣不得事君。若公子宋主社稷。則羣臣之願也。凡從君出而可以入者。將唯子是聽。子家氏未有後。季孫願與子從政。此皆季孫之願也。使不敢以告。對曰。若立君。則有卿士大夫與守龜在。羈弗敢知。若從君者。則貌而出者。入可也。寇而出者。行可也。若羈也。則君知其出也。而未知其入也。羈將逃也。喪及壞隤。公子宋先入。從公者皆自壞隤反。六月癸亥。公之喪至自乾侯。戊辰。公卽位。

公 癸亥。公之喪至自乾侯。則曷爲以戊辰之日然後卽位。正棺於兩楹之間。然後卽位。子沈子曰。定君乎國。然後卽位。卽位不日。此何以日。錄乎內也。

穀 殯。然後卽位也。定無正。見無以正也。踰年不言卽位。是有故公也。言卽位。是無故公也。卽位授受之道也。先君無正終。則後君無正始也。先君有正終。則後君有正始也。戊辰。公卽位。謹之也。定之卽位。不可不察也。公卽位。何以日也。戊辰之日。然後卽位也。癸亥。公之喪至自乾侯。何爲戊辰之日然後卽位也。正君乎國。然後卽位也。沈子曰。正棺乎兩楹之間。然後卽位也。內之大事日。卽位。君之大事也。其不日何也。以年決者。不以日決也。此則其日何也。著之也。何著焉。踰年卽位。厲也。於厲之中。又有義焉。未殯。雖有天子之命。猶不敢。況臨諸臣乎。周人有喪。魯人有喪。周人弔。魯人不弔。周人曰。固吾臣也。使人可也。魯人曰。吾君也。親之者也。使大夫則不可也。故周人弔。魯人不弔。以其下成康爲未久也。君至尊也。去父母之殯而往弔。猶不敢。況未殯而臨諸臣乎。

余氏光曰。元凱曰。諸侯薨。五日而殯。殯則嗣子卽位。昭公喪自外歸。斂事已畢。何待五日而後殯乎。不過假此以持宋。而樹已援立之恩耳。

秋七月癸巳葬我君昭公

左 季孫使役如闞公氏將溝焉。榮駕鵞曰。生不能事。死又離之。以自旌也。縱子忍之。後必或恥之。乃止。季孫問於榮駕鵞曰。吾欲爲君謚。使子孫知之。對曰。生弗能事。死又惡之。以自信也。將焉用之。乃止。秋。七月。癸巳。葬昭公於墓道南。孔子之爲司寇也。溝而合諸墓。

九月大雩

穀 雩月。雩之正也。秋大雩。非正也。冬大雩。非正也。秋大雩。雩之爲非正何也。毛澤未盡。人力未竭。未可以雩也。雩月。雩之正也。月之爲雩之正何也。其時窮。人力盡。然後雩。雩之正也。何謂其時窮。人力盡。是月不雨。則無及矣。是年不艾。則無食矣。是謂其時窮。人力盡也。雩之必待其時窮。人力盡何也。雩者。爲旱求者也。求者。請也。古之人重請。何重乎請。人之所以爲人者。讓也。請道去讓也。則是舍其所以爲人也。是以重之。焉請哉。請乎應上公。古之神人有應上公者。通乎陰陽。君親帥諸大夫道之。而以請焉。夫請者。非可詒託而往也。必親之者也。是以重之。

陸氏淳曰。公穀言月雩爲正。秋冬大雩。皆非正也。毛澤未盡。人力未竭。未可雩。啖子曰。雩者以祈雨也。若待毛澤盡。人力竭。雖雨何救哉。蓋傳以日月爲例。故有此分別。又曰。古之神人有應上公者。通乎陰陽。君親帥諸大夫而請焉。趙子曰。案大雩卽山林川澤能與雲雨而皆祈焉。不必專於上公也。

立煬宮 煬羊讓反。

【左】昭公出。故季平子禱於煬公。九月立煬宮。

【附錄左】周鞏簡公。棄其子弟。而好用遠人。

【公】煬宮者何。煬公之宮也。立者何。不宜立也。立煬宮。非禮也。

【穀】立者。不宜立者也。

冬十月隕霜殺菽

【公】何以書。記異也。此災菽也。曷爲以異書。異大乎災也。

【穀】未可以殺而殺。舉重。可殺而不殺。舉輕。其曰菽。舉重也。

【案】公羊以爲記異。何氏休謂獨殺菽。不殺他物爲異。其說非也。穀梁舉重之說得之。

癸巳　敬王十二年。

二年 晉定四年。齊景四十年。衛靈二十七年。蔡昭十一年。鄭獻六年。曹隱二年。陳惠二十二年。杞悼十年。宋景九年。秦哀二十九年。楚昭八年。吳闔廬七年。

春王正月

【附錄左】二年。夏。四月。辛酉。鞏氏之羣子弟。賊簡公。

夏五月壬辰雉門及兩觀災 觀工喚反。

【公】其言雉門及兩觀災何。兩觀微也。然則曷爲不言雉門災及兩觀。主災者兩觀也。時災者兩觀。則曷爲後言之。不以微及大也。何以書。記災也。

【穀】其不曰雉門災及兩觀。何也。災自兩觀始也。不以尊者親災也。先言雉門。尊尊也。

杜氏預曰。雉門。公宮之南門。兩觀闕也。天火曰災。　趙氏匡曰。此自雉門延及兩觀。義理分明。據實成文耳。公穀乃曰自兩觀始。違經妄說。殊可怪也。　劉氏敞曰。其言及何。災自雉門始也。公羊曰。兩觀微也。又曰。主災者兩觀也。皆非也。災有先後。據見而書。譬猶六鷁退飛也。覩之則六。察之則鷁。審之則退飛。何至顚倒先後。彊出尊卑乎。尋繹其意。所以迷惑者。以謂桓宮僖宮災。不言及也。彼自火竝出燒之。莫知次序。故直以遠者序上耳。

云曷爲不言雉門災及兩觀。其意以下新作雉門及兩觀爲此。亦非也。新作可序上。不可序下。災可序下。不可序上。何足致疑而問之乎。

秋楚人伐吳

左 桐叛楚。吳子使舒鳩氏誘楚人。曰。以師臨我。我伐桐。爲我使之無忌。秋。楚囊瓦伐吳。師於豫章。吳人見舟於豫章。而潛師於巢。冬十月。吳軍楚師於豫章。敗之。遂圍巢。克之。獲楚公子繁。

附錄左 邾莊公與夷射姑飲酒。私出。閽乞肉焉。奪之杖以敲之。

冬十月新作雉門及兩觀

公 其言新作之何。修大也。修舊不書。此何以書。譏。何譏爾。不務乎公室也。

穀 言新。有舊也。作。爲也。有加其度也。此不正。其以尊者親之。何也。雖不正也。於美猶可也。

劉氏敞曰。穀梁云。其以尊者親之。何也。雖不正也。於美猶可也。非也。此自記事之體耳。雉門既先災。兩觀後災。不得不曰雉門及兩觀災。若不言及。則似雉門之兩觀災。雉門乃無恙也。災之後。魯人修舊。理當先門。門者。所出入者。觀者。門飾也。各順其序而書之也。

甲午 敬王十三年 **三年** 晉定五年。齊景四十一年。衞靈二十八年。蔡昭十二年。鄭獻七年。曹隱三年。陳惠二十三年。杞悼十一年。宋景十年。秦哀三十年。楚昭九年。吳闔廬八年。

春王正月公如晉至河乃復

孔氏穎達曰。三傳皆無其說。不知何故乃復。賈逵云。剌緩朝見辭。失所。不諱罪已。賈雖爲此解。於傳無文。不可從。故杜不言。劉炫謂公以六月即位。此年便即往朝。於事未爲緩也。晉人何以辭之。若以緩見譴。當退謝罪。何由此後更無謝處。空言罪已。經無孫謝自罪之狀。復安在乎。晉若以緩致辭。必當更有譴責。何由明年會次。復得依常班序。乃復之意不可縣知。

二月辛卯邾子穿卒 二月。公穀作三月。

左 春二月辛卯。邾子在門臺。臨廷。閽以缾水沃廷。邾子望見之。怒。閽曰。夷射姑旋焉。命執之。弗得。滋怒。自投於牀。廢於鑪炭。爛。遂卒。先葬以車五乘。殉五人。莊公卞急而好潔。故及是。

夏四月

秋葬邾莊公

附錄左 秋九月。鮮虞人敗晉師於平中。獲晉觀虎。恃其勇也。 平中。晉地。

冬仲孫何忌及邾子盟于拔 拔。公作枝。拔。杜注地闕。或曰當在兗州府境。

左 冬。盟于郯。修邾好也。 郯。即拔也。

附錄左 蔡昭侯爲兩佩與兩裘。以如楚。獻一佩一裘於昭王。昭王服之。以享蔡侯。蔡侯亦服其一。子常欲之。弗與。三年止之。唐成公如楚。有兩肅爽馬。子常欲之。弗與。亦三年止之。唐人或相與謀。請代先從者。許之。飲先從者酒。醉之。竊馬而獻之子常。子常歸唐侯。自拘於司敗。曰。君以弄馬之故。隱君身。棄國家。羣臣請相夫人以償馬。必如之。唐侯曰。寡人之過也。二三子無辱。皆賞之。蔡人聞之。固請而獻佩於子常。子常朝。見蔡侯之徒。命有司曰。蔡君之久也。官不共也。明日禮不畢。將死。蔡侯歸。及漢。執玉而沈曰。余所有濟漢而南者。有若大川。蔡侯如晉。以其子元。與其大夫之子。爲質焉。而請伐楚。

【乙未】敬王十四年 **四年** 晉定六年。齊景四十二年。衛靈二十九年。蔡昭十二年。鄭獻八年。曹隱四年。陳惠二十四年。杞悼十二年。宋景十一年。秦哀三十一年。楚昭十年。吳闔廬九年。

春王二月癸巳陳侯吳卒

三月公會劉子晉侯宋公蔡侯衛侯陳子鄭伯許男曹伯莒子邾子頓子胡子滕子薛伯杞伯小邾子齊國夏于召陵侵楚 晉楚兵交止此。

【左】春三月。劉文公合諸侯于召陵。謀伐楚也。晉荀寅求貨於蔡侯。弗得。言於范獻子曰。國家方危。諸侯方貳。將以襲敵。不亦難乎。水潦方降。疾瘧方起。中山不服。棄盟取怨。無損於楚。而失中山。不如辭蔡侯。吾自方城以來。楚未可以得志。祗取勤焉。乃辭蔡侯。晉人假羽旄於鄭。鄭人與之。明日。或旆以會。晉於是乎失諸侯。

程子曰。楚恃其疆侵陵諸侯。晉上請於天子。大合諸侯以伐之。而不能明暴其罪。以行天討。無功而還。故書侵。

夏四月庚辰蔡公孫姓帥師滅沈以沈子嘉歸殺之 姓。公作歸姓音生後同。

【左】沈人不會于召陵。晉人使蔡伐之。夏。蔡滅沈。

五月公及諸侯盟于皐鼬 鼬。由又反。皐鼬。公作浩油。皐鼬。繁昌縣東南有城皐亭。

【左】將會。衛子行敬子。言於靈公曰。會同難。嘖有煩言。莫之治也。其使祝佗從。公曰。善。乃使子魚。子魚辭曰。臣展四體。以率舊職。猶懼不給。而煩刑書。若又共二。徼大罪也。且夫祝。社稷之常隸也。社稷不動。祝不出竟。官之制也。君以軍行。祓社釁鼓。祝奉以從。於是乎出竟。若嘉好之事。君行師從。卿行旅從。臣無事焉。公曰。行也。及皐鼬。將長蔡於衛。衛侯使祝佗私於萇宏曰。聞諸道路。不知信否。若聞蔡將先衛。信乎。萇宏曰。信。蔡叔。康叔之兄也。先衛。不亦可乎。子魚曰。以先王觀之。則尚德也。昔武王克商。成王定之。選建明德。以藩屏周。故周公相王室。以尹天下。於周爲睦。分魯公以大路。大旂。夏后氏之璜。封父之繁弱。殷民六族。條氏。徐氏。蕭氏。索氏。長勺氏。尾勺氏。使帥其宗氏。輯其分族。將其類醜。以法則周公。用即命于周。是使之職事於魯。以昭周公之明德。分之土田陪敦。祝宗卜史。備物典策。官司彝器。因商奄之民。命以伯禽。而封於少皞之虛。分康叔以大路少帛。綪茷旃旌。大呂。殷民七族。陶氏。施氏。繁氏。錡氏。樊氏。饑氏。終葵氏。封畛土略。自武父以南。及圃田之北竟。取於有閻之土。以共王職。取於相土之東都。以會王之東蒐。聃季授土。陶叔授民。命以康誥。而封於殷虛。皆啟以商政。疆以周索。分唐叔以大路。密須之鼓。闕鞏。沽洗。懷姓九宗。職官五正。命以唐誥。而封於夏虛。啟以夏政。疆以戎索。三者皆叔也。而有令德。故昭之以分物。不然。文武成康之伯猶多。而不獲是分也。唯不尚年也。管蔡啟商。惎間王室。王於是乎殺管叔。而蔡蔡叔。以車七乘。徒七十人。其子蔡仲。改行帥德。周公舉之。以爲己卿士。見諸王。而命之以蔡。其命書云。王曰。胡。無若爾考之違王命也。若之何其使蔡先衛也。武王之母弟八人。周公爲大宰。康叔爲司寇。聃季爲司空。五叔無官。豈尚年哉。曹。文之昭也。晉。武之穆也。曹爲伯甸。非尚年也。今將尚之。是反先王也。晉文公爲踐土之盟。衛成公不在。夷叔。其母弟也。猶先蔡。其載書云。王若曰。晉重。魯申。衛武。蔡甲午。鄭捷。齊潘。宋王臣。莒期。藏在周府。可覆視也。吾子欲復文武之畧。而不正其德。將如之何。萇宏說。告劉子。與范獻子謀之。乃長衛侯於盟。反自召陵。鄭子大叔未至而卒。晉趙簡子爲之臨。甚哀。曰。黃父之會。夫子語我九言。曰。無始亂。無怙富。無恃寵。無違同。無敖禮。無驕能。無復怒。無謀非德。無犯非義。 封父。古諸侯也。漢置封邱縣。少皞之虛。曲阜也。在魯城內。帝王世紀云。少皞邑於窮桑。以登帝位。徙於曲阜。今曲阜故城有少皞陵。有閻之土。衛所受朝宿之邑。殷虛。朝歌也。密須。國名。夏虛。大夏也。

穀 後而再會。公志於後會也。後志疑也。

劉氏敞曰。諸侯何以不序。不足序也。其不足序奈何。欲治楚而後不能也。晉於是與諸侯十有八國之衆。會于召陵。以侵楚。天子使大夫臨之。盛矣。晉荀寅求貨於蔡。蔡人弗與。既而辭諸侯。會于皐鼬。亦無事焉。晉失諸侯。吳入郢。自皐鼬之盟始也。 程子曰。公以不獲見於晉。故因會而求盟焉。則此盟。公意也。故書公及。

杞伯成卒于會

成。公作戊。

高氏閌曰。不言卒於師者。以不成乎伐楚也。

六月葬陳惠公

許遷于容城

王氏葆曰。許四遷。皆受楚令。經悉以自遷爲文。蓋違害就利而願遷也。然不能修德固圉。而遷徙無常。亦何益乎。聖人詳書。以爲後鑒。

秋七月公至自會

劉卷卒

卷音權。

公 劉卷者何。天子之大夫也。外大夫不卒。此何以卒。我主之也。

穀 此不卒。而卒者。賢之也。寰內諸侯也。非列土諸侯。此何以卒也。天王崩。爲諸侯主也。

案 召陵之盟。劉子與焉。故其卒也。來赴於魯。而魯史書之耳。公羊以爲我主之。穀梁以爲爲諸侯主。皆不可從。

葬杞悼公

楚人圍蔡

【左】秋楚爲沈故圍蔡

趙氏鵬飛曰諸侯侵楚不足以救蔡而適爲蔡招楚今蔡受圍而晉不救安事夫盟主哉故冬蔡求於吳以敗楚知晉之不足與也

晉士鞅衛孔圉帥師伐鮮虞 圉公作圄

葬劉文公

【公】外大夫不書葬此何以書錄我主也

李氏廉曰天子三公稱公嘗爲三公而有土爲畿內諸侯者亦曰公皆以其地配公字言之若祭公周公州公之類是也天子卿大夫有封爲畿內諸侯者皆曰子溫子劉子單子尹子之類是也然周末畿內諸侯卒皆謚公如成肅公單平公皆然春秋因劉文公之葬特書以志其僭耳生稱劉子卒稱劉卷葬稱劉文公皆聖人謹嚴之筆也而何氏注公羊乃以其稱公之故而謂劉子本外諸侯入爲天子大夫故上繫采邑下繫本爵其說無據不可從

冬十有一月庚午蔡侯以吳子及楚人戰于柏舉楚師敗績楚囊瓦出奔鄭 柏舉公作伯莒穀作伯舉吳始書子

書戰柏舉楚地

【左】伍員爲吳行人以謀楚楚之殺郤宛也伯氏之族出伯州犂之孫嚭爲吳大宰以謀楚楚自昭王即位無歲不有吳師蔡侯因之以其子乾與其大夫之子爲質於吳冬蔡侯吳子唐侯伐楚舍舟於淮汭自豫章與楚夾漢左司馬戌謂子常曰子沿漢而與之上下我悉方城外以毀其舟還塞大隧直轅冥阨子濟漢而伐之我自後擊之必大敗之既謀而行武城黑謂子常曰吳用木也我用革也不可久也不如速戰史皇謂子常楚人惡子而好司馬若司馬毀吳舟於淮塞城口而入是獨克吳也子必速戰不然不免乃濟漢而陳自小別至於大別三戰子常知不可欲奔史皇曰安求其事難而逃之將何所入子必死之初罪必盡說十一月庚午二師陳於柏舉闔廬之弟夫槩王晨請於闔廬曰楚瓦不仁其臣莫有死志先伐之其卒必奔而後大師繼之必克弗許夫槩王曰所謂臣義而行不待命者其此之謂也今日我死楚可入也以其屬五千先擊子常之卒子常之卒奔楚師亂吳師大敗之子常奔鄭史皇以其乘廣死 大隧直轅冥阨通鑑地理通釋曰義陽三關左傳大隧即黃峴直轅冥阨乃武陽平靖也

【公】吳何以稱子夷狄也而憂中國其憂中國奈何伍子胥父誅乎楚挾弓而去楚以干闔廬闔廬曰士之甚勇之甚將爲之興師而復讎于楚伍子胥復曰諸侯不爲匹夫興師且臣聞之事君猶事父也虧君之義復父之讎臣不爲也於是止蔡昭公朝乎楚有美裘焉囊瓦求

之昭公不與爲是拘昭公於南郢數年然後歸之於其歸焉用事乎河曰天下諸侯苟有能伐楚者寡人請爲之前列楚人聞之怒爲是興師使囊瓦將而伐蔡蔡請救于吳伍子胥復曰蔡非有罪也楚人爲無道君如有憂中國之心則若時可矣於是興師而救蔡曰事君猶事父也此其爲可以復讎奈何曰父不受誅子復讎可也父受誅子復讎推刃之道也復讎不除害朋友相衛而不相迿古之道也

【穀】吳其稱子何也以蔡侯之以之舉其貴者也蔡侯之以之則其舉貴者何也吳信中國而攘夷狄吳進矣其信中國而攘夷狄奈何子胥父誅于楚也挾弓持矢而干闔廬闔廬曰大之甚勇之甚爲是欲興師而伐楚子胥諫曰臣聞之君不爲匹夫興師且事君猶事父也虧君之義復父之讎臣弗爲也於是止蔡昭公朝於楚有美裘正是日囊瓦求之昭公不與爲是拘昭公於南郢數年然後得歸歸乃用事乎漢曰苟諸侯有欲伐楚者寡人請爲前列焉楚人聞之而怒爲是興師而伐蔡蔡請救於吳子胥曰蔡非有罪楚無道也君若有憂中國之心則若此時可矣爲是興師而伐楚何以不言救也救大也

胡傳曰荊楚暴橫盟主不能致其討天王不能達其命長惡不悛復興師而圍蔡王法所當討而不赦也晉主夏盟諸侯所仰若嘉穀之望雨也有請於晉如彼其難吳國天下莫彊焉非諸侯所能以也有請於吳如此其易故召陵之會大合諸侯而書侵楚柏舉之戰蔡用吳師特書曰以者深罪晉人保利棄義難於救蔡也然則何以不言救乎救大矣闔廬子胥宰嚭皆懷謀楚之心蔡人往請會逢其適非有救災恤鄰從簡書之實也囊瓦貪以敗國又不能死可賤甚矣故記其出奔特貶而稱人春秋之情見矣　王氏樵曰案楚馮陵諸夏陳蔡尤被其毒蓋嘗滅而夷之爲縣其於蔡也誘般而殺之虜隱太子於岡山逐朝吳出侯朱東國客死至吳又以囊瓦求美裘弗與拘於南郢數年而後歸之讎恥極矣故蔡侯吳發憤請師於晉晉不足與請師於吳吳子爲之興師大敗楚兵於柏舉囊瓦奔鄭於是蔡人累世之讎憾少伸矣春秋書蔡侯以吳子所以伸蔡也吳子親行君重於師故不得不書以吳子也胡氏乃謂吳進而稱子爲善其伐楚解蔡圍成伯討之功失經意矣

【案】柏舉之戰蔡用吳師敗楚聖人嘉之故書蔡侯以吳子胡傳本公穀謂稱子爲進吳非也王氏樵駁之甚明今故刪公穀而節存胡傳

庚辰吳入郢郢公穀作楚

【左】吳從楚師及淸發將擊之夫槩王曰困獸猶鬭況人乎若知不免而致死必敗我若使先濟者知免後者慕之蔑有鬭心矣半濟而後可擊也從之又敗之楚人爲食吳人及之奔食而從之敗諸雍澨五戰及郢己卯楚子取其妹季芈畀我以出涉雎鍼尹固與王同舟王使執燧象以奔吳師庚辰吳入郢以班處宮子山處令尹之宮夫槩王欲攻之懼而去之夫槩王入之左司馬戌及息而還敗吳師於雍澨傷初司馬臣闔廬故恥爲禽焉謂其臣曰誰能免吾首吳句卑曰臣賤可乎司馬曰我實失子可哉三戰皆傷曰吾不可用也已句卑布裳剄而裹之藏其身而以其首免楚子涉雎濟江入於雲中王寢盜攻之以戈擊王王孫由于以背受之中肩王奔鄖鍾建負季芈以從由于徐蘇而從鄖公辛之弟懷將弒王曰平王殺

吾父我殺其子不亦可乎辛曰君討臣誰敢讎之君命天也若死天命將誰讎詩曰柔亦不茹剛亦不吐不侮矜寡不畏彊禦唯仁者能之違彊陵弱非勇也乘人之約非仁也滅宗廢祀非孝也動無令名非知也必犯是余將殺女鬬辛與其弟巢以王奔隨吳人從之謂隨人曰周之子孫在漢川者楚實盡之天誘其衷致罰於楚而君又竄之周室何罪君若顧報周室施及寡人以獎天衷君之惠也漢陽之田君實有之楚子在公宮之北吳人在其南子期似王逃王而已爲王曰以我與之王必免隨人卜與之不吉乃辭吳曰以隨之辟小而密邇於楚楚實存之世有盟誓至於今未改若難而棄之何以事君執事之患不唯一人若鳩楚竟敢不聽命吳人乃退鑪金初宦於子期氏實與隨人要言王使見辭曰不敢以約爲利王割子期之心以與隨人盟初伍員與申包胥友其亡也謂申包胥曰我必復楚國申包胥曰勉之子能復之我必能興之及昭王在隨申包胥如秦乞師曰吳爲封豕長蛇以荐食上國虐始於楚寡君失守社稷越在草莽使下臣告急曰夷德無厭若鄰於君疆埸之患也逮吳之未定君其取分焉若楚之遂亡君之土也若以君靈撫之世以事君秦伯使辭焉曰寡人聞命矣子姑就館將圖而告對曰寡君越在草莽未獲所伏下臣何敢即安立依於庭牆而哭日夜不絕聲勺飲不入口七日秦哀公爲之賦無衣九頓首而坐秦師乃出清發水名雍澨在湖廣安陸府京山縣西南有三澨水春秋之雍澨其一也雎雎水出新城昌魏縣東南至枝江縣入江雲中雲夢澤中所謂江南之夢

公　吳何以不稱子反夷狄也其反夷狄奈何君舍於君室大夫舍於大夫室蓋妻楚王之母也

穀　曰入易無楚也易無楚者壞宗廟徙陳器撻平王之墓何以不言滅也欲存楚也其欲存楚奈何昭王之軍敗而逃父老送之曰寡人不肖亡先君之邑父老反矣何憂無君寡人且用此入海矣父老曰有君如此其賢也以衆不如吳以必死不如楚相與擊之一夜而三敗吳人復立何以謂之吳也狄之也何謂狄之也君居其君之寢而妻其君之妻大夫居其大夫之寢而妻其大夫之妻蓋有欲妻楚王之母者不正乘敗人之績而深爲利居人之國故反其狄道也

孔氏穎達曰入襄十三年傳例也上文戰稱吳子此言吳入楚不稱子猶成二年鄭伐許昭十二年晉伐鮮虞史畧文無義例公羊穀梁以爲吳於戰稱子爲其憂中國故進而稱爵及其入郢君舍於君室大夫舍於大夫室故貶而稱吳左氏無此義故杜異而顯之　趙氏匡曰案楚君尋反國國不絕祀故不言滅耳穀梁妄爲義說不足取也又云吳不稱子不正其乘人之敗而深爲利則凡諸入者悉是乘人敗何不總利之乎　劉氏敞曰穀梁曰何以不言滅欲存楚也非也楚實未滅當言入而已矣豈春秋固存之哉

丙申　敬王十五年

五年

晉定七年齊景四十三年衞靈三十年蔡昭十四年鄭獻九年曹靖公露元年陳懷公柳元年杞僖公過元年宋景十二年秦哀三十二年楚昭十一年吳闔盧十年

春王三月辛亥朔日有食之

三月公作正月

附錄左　五年春王人殺子朝於楚

夏歸粟于蔡

左 夏。歸粟于蔡。以周亟。矜無資。

公 孰歸之。諸侯歸之。曷為不言諸侯歸之。離至不可得而序。故言我也。

穀 諸侯無粟。諸侯相歸粟。正也。孰歸之。諸侯也。不言歸之者。專辭也。義邇也。

案 公穀以為諸侯歸粟。杜預注左氏以為魯歸粟。二說不同。孔氏穎達曰。諸侯或亦歸之。未嘗謂公穀之必無所據也。蓋晉以伯令行於同盟。而魯與諸侯皆奉命焉。經書魯事。而諸侯亦在其內也。三傳故可並存。

於越入吳

左 越入吳。吳在楚也。

公 於越者何。越者何。於越者。未能以其名通也。越者。能以其名通也。

孔氏穎達曰。公羊傳云。於越者何。越者何。於越者。未能以其名通也。越者。能以其名通也。其意言越與於越。立文不同。事有褒貶。左氏無此義。越言有此發聲。史官或正其名。或從其俗。越與於越。史異辭無義例。汪氏克寬曰。汲冢周書王會篇。有東越於越。或當時之所稱歟。

六月丙申季孫意如卒

左 六月。季平子行東野。還。未至。丙申。卒於房。陽虎將以璵璠斂。仲梁懷弗與。曰。改步改玉。陽虎欲逐之。告公山不狃。不狃曰。彼為君也。子何怨焉。既葬。桓子行東野。及費。子洩為費宰。逆勞於郊。桓子敬之。勞仲梁懷。仲梁懷弗敬。子洩怒。謂陽虎。子行之乎。

東野。季氏邑。蓋東野及房。皆近費之地。

秋七月壬子叔孫不敢卒

附錄左 申包胥以秦師至。秦子蒲。子虎。帥車五百乘以救楚。子蒲曰。吾未知吳道。使楚人先與吳人戰。而自稷會之。大敗夫槩王於沂。吳人獲薳射於柏舉。其子帥奔徒以從子西。敗吳師於軍祥。秋七月。子期。子蒲滅唐。九月。夫槩王歸。自立也。以與王戰而敗。奔楚。為堂谿氏。吳師敗楚師於雍澨。秦師又敗吳師。吳師居麇。子期將焚之。子西曰。父兄親暴骨焉。不能收。又焚之。不可。子期曰。國亡矣。死者若有知也。可以歆舊祀。豈憚焚之。焚之而又戰。吳師敗。又戰於公壻之谿。吳師大敗。吳子乃歸。囚闉輿罷。闉輿罷請先。遂逃歸。葉公諸梁之弟后臧從其母於吳。不待而歸。葉公終不正視。乙亥。陽虎囚季桓子。及公父文伯。而逐仲梁懷。冬十月丁亥。殺公何藐。己丑。盟桓子于稷門之內。庚寅。大詛。逐公父歜及秦遄。皆奔齊。楚子入於郢。初。鬬辛聞吳人之爭宮也。曰。吾聞之。不讓則不和。不和不可以遠征。吳爭於楚。必有亂。有亂則必歸。焉能定楚。王之奔隨也。將涉於成臼。藍尹亹涉其帑。不與王舟。及寧。王欲殺之。子西曰。子常唯思舊怨以敗。君何效焉。王曰。善。使復其所。吾以志前惡。王賞鬬辛。王孫由于。王孫圉。鍾建。鬬巢。申包胥。王孫賈。宋木。鬬懷。子西曰。請舍懷也。王曰。大德滅小怨。道也。申包胥曰。吾爲君也。非爲身也。君既定矣。又何求。且吾尤子旗。其又爲諸。遂逃賞。王將嫁季芊。季芊辭曰。所以爲女子。遠丈夫也。鍾建負我矣。以妻鍾建。以爲樂尹。王之在隨也。子西爲王輿服。以保路國於脾洩。聞王所在。而後從王。王使由于城麇復命。子西問高厚焉。弗知。子西曰。不能如辭。城不知高厚小大。何知。對曰。固辭不能。子使余也。人各有能有不能。王遇盜於雲中。余受其戈。其所猶在。袒而示之背。曰。此余所能也。脾洩之事。余亦弗能也。　稷。沂。軍祥。堂谿。麇。公壻之谿。俱楚地名。成臼。江夏竟陵縣有臼水。出聊屈山。西南入漢。脾洩近郢都。

冬晉士鞅帥師圍鮮虞

左 晉士鞅圍鮮虞。報觀虎之役也。

丁酉 敬王十六年 **六年** 晉定八年。齊景四十四年。衛靈三十一年。蔡昭十五年。鄭獻十年。曹靖二年。陳懷二年。杞僖二年。宋景十三年。秦哀三十三年。楚昭十二年。吳闔廬十一年。

春王正月癸亥鄭游速帥師滅許以許男斯歸 速。公作遬。後同。

左 六年。春。鄭滅許。因楚敗也。

二月公侵鄭

左 二月。公侵鄭。取匡。爲晉討鄭之伐胥靡也。往不假道於衞。及還。陽虎使季孟自南門入。出自東門。舍於豚澤。衞侯怒。使彌子瑕追之。公叔文子老矣。輦而如公。曰。尤人而效之。非禮也。昭公之難。君將以文之舒鼎。成之昭兆。定之鞶鑑。苟可以納之。擇用一焉。公子與二三臣之子。諸侯苟憂之。將以爲之質。此羣臣之所聞也。今將以小忿蒙舊德。無乃不可乎。大姒之子。唯周公康叔爲相睦也。而效小人以棄之。不亦誣乎。天將多陽虎之罪以斃之。君姑待之。若何。乃止。

公至自侵鄭

夏季孫斯仲孫何忌如晉

左 夏。季桓子如晉。獻鄭俘也。陽虎彊使孟懿子。往報夫人之幣。晉人兼享之。孟孫立於房外。謂范獻子曰。陽虎若不能居魯。而息肩於晉。所不以爲中軍司馬者。有如先君。獻子曰。寡君有官。將使其人。鞅何知焉。獻子謂簡子曰。魯人患陽虎矣。孟孫知其釁。以爲必適晉。故彊爲之請。以取入焉。

附錄左 四月。己丑。吳大子終纍。敗楚舟師。獲潘子臣。小惟子。及大夫七人。楚國大惕。懼亡。子期又以陵師。敗於繁揚。令尹子西喜曰。乃今可爲矣。於是乎遷郢於鄀。而改紀其政。以定楚國。周儋翩。率王子朝之徒。因鄭人將以作亂於周。鄭於是乎伐馮。滑。胥靡。負黍。狐人。闕外。六月。晉閻沒戍周。且城胥靡。　馮。胥靡。負黍。狐人。俱周邑。闕外。即伊闕外之邑也。

秋晉人執宋行人樂祁犂

【左】秋。八月。宋樂祁言於景公曰。諸侯唯我事晉。今使不往。晉其憾矣。樂祁告其宰陳寅。陳寅曰。必使子往。他日。公謂樂祁曰。唯寡人說子之言。子必往。陳寅曰。子立後而行。吾室亦不亡。唯君亦以我爲知難而行也。見溷而行。趙簡子逆。而飲之酒於綿上。獻楊楯六十於簡子。陳寅曰。昔吾主范氏。今子主趙氏。又有納焉。以楊楯賈禍。弗可爲也已。然子死晉國。子孫必得志於宋。范獻子言於晉侯曰。以君命越疆而使。未致使而私飲酒。不敬二君。不可不討也。乃執樂祁。

冬城中城

【穀】城中城者。三家張也。或曰。非外民也。

陸氏淳曰。穀梁曰。三家張。張爲日久。此時陽虎用事。三家始衰。何言張。又曰。非外民也。且入春秋。已過二百餘年矣。豈無缺壞重城乎。築何譏也。既非新作。何得譏外民哉。

季孫斯仲孫忌帥師圍鄆

【附錄左】陽虎又盟公及三桓於周社。盟國人於亳社。詛於五父之衢。　冬。十二月。天王處於姑蕕。辟儋翩之亂也。姑蕕。周地。

【公】此仲孫何忌也。曷爲謂之仲孫忌。譏二名。二名非禮也。

劉氏敞曰。公羊云。譏二名。其意以謂二名難諱也。古者蓋雖君之名。臣不諱矣。父之名。子不諱矣。及至於周。臣諱君名。子諱父名。然猶諱其死。不諱其生。諱其同。不諱其嫌。二名則不偏諱也。仲尼之母名徵在。言徵不言在。言在不言徵。自仲尼不偏諱二名。況其他乎。夫已不能諱二名。反譏人之二名。豈理也哉。

（戊戌）敬王十七年　**七年**　晉定九年。齊景四十五年。衛靈三十二年。蔡昭十六年。鄭獻十一年。曹靖二年。陳懷二年。杞僖三年。宋景十四年。秦哀三十四年。楚昭十三年。吳闔廬十二年。

春王正月

【附錄左】七年。春。二月。周儋翩入於儀栗。以叛。　齊人歸鄆。陽關。陽虎居之。以爲政。　儀栗。周邑。鄆。陽關。皆魯邑。

夏四月

【附錄左】夏。四月。單武公。劉桓公。敗尹氏於窮谷。

秋齊侯鄭伯盟于鹹　諸侯始復特盟。

【左】秋。齊侯鄭伯盟于鹹。徵會於衛。

齊人執衛行人北宮結以侵衛

【穀】以。重辭也。衛人重北宮結。

趙氏匡曰。穀梁曰。以重北宮結也。案例執行人皆書。何獨重結哉。

齊侯衞侯盟于沙 公作沙澤。沙陽。平元城縣東南有沙亭。

左 衞侯欲叛晉。諸大夫不可。使北宮結如齊。而私於齊侯曰。執結。以侵我。齊侯從之。乃盟於瑣。瑣。郎沙也。

大雩

齊國夏帥師伐我西鄙

左 齊國夏伐我。陽虎御季桓子。公斂處父。御孟懿子。將宵軍齊師。齊師聞之。墮伏而待之。處父曰。虎不圖禍。而必死。苫夷曰。虎陷二子於難。不待有司。余必殺女。虎懼乃還不敗。

九月大雩

冬十月

附錄左 冬。十一月。戊午。單子。劉子。逆王於慶氏。晉籍秦送王。己巳。王入於王城。館於公族黨氏。而後朝於莊宮。

〔己亥〕敬王十八年 **八年** 晉定十年。齊景四十六年。衞靈三十三年。蔡昭十七年。鄭獻十二年。曹靖四年。陳懷四年。杞僖四年。宋景十五年。秦哀三十五年。楚昭十四年。吳闔廬十三年。

春王正月公侵齊

左 八年。春。王正月。公侵齊。門於陽州。士皆坐列。曰。顏高之弓六鈞。皆取而傳觀之。陽州人出。顏高奪人弱弓。籍邱子鉏擊之。與一人俱斃。偃。且射子鉏。中頰。殪。顏息射人中眉。退曰。我無勇。吾志其目也。師退。冉猛偽傷足而先。其兄會乃呼曰。猛也殿。

公至自侵齊

附錄左 二月。己丑。單子伐穀城。劉子伐儀栗。辛卯。單子伐簡城。劉子伐盂。以定王室。趙鞅言於晉侯曰。諸侯唯宋事晉。好逆其使。猶懼不至。今又執之。是絕諸侯也。將歸樂祁。士鞅曰。三年止之。無故而歸之。宋必叛晉。獻子私謂子梁曰。寡君懼不得事宋君。是以止子。子姑使溷代子。子梁以告陳寅。陳寅曰。宋將叛晉。是棄溷也。不如待之。樂祁歸。卒於大行。士鞅曰。宋必叛。不如止其尸。以求成焉。乃止諸州。穀城。在河南縣西。簡城。周邑。周有簡師父。簡城。蓋其采地也。盂。周邑。州。晉地。

二月公侵齊

左 公侵齊。攻廩邱之郛。主人焚衝。或濡馬褐以救之。遂毀之。主人出。師奔。陽虎偽不見冉猛者。曰。猛在此。必敗。猛逐之。顧而無繼。偽顛。虎曰。盡客氣也。苫越生子。將待事而名之。陽州之役獲焉。名之曰陽州。

三月公至自侵齊

穀　公如。往時致月。危致也。往月致時。危往也。往月致月。惡之也。

劉氏敞曰。穀梁曰。公如。往時致月。危致也。往月致時。危往也。往月致月。惡之也。非也。公如往時致月。此則文公十三年冬。公如晉。十四年正月。公至自晉是也。是時公未至晉而衞侯會公於沓。至晉而得其君盟。盟而反。鄭伯又會公于棐。一出而三國附。最榮矣。何以危致也。夫往月致時。此則宣十七年六月同盟于斷道。秋公至自會是也。是時諸侯協心而同外楚。列國爲一。無有他變。何以危往也。夫往月致月。此則僖四年正月侵蔡。蔡潰。遂伐楚。八月公至自伐楚是也。是時齊桓主諸侯。穀梁以齊桓爲知所侵。又曰以伐楚致。大伐楚。何以惡之也。且穀梁欲言其危。當得其危之狀。欲言其惡。當指其惡之形。今謂之危。無狀也。謂之惡。無形也。非所以解經也。

曹伯露卒

夏齊國夏帥師伐我西鄙

左　夏。齊國夏。高張。伐我西鄙。

公會晉師于瓦瓦。衞地

左　晉士鞅。趙鞅。荀寅救我。公會晉師于瓦。范獻子執羔。趙簡子。中行文子。皆執鴈。魯於是始尚羔。

公至自瓦

秋七月戊辰陳侯柳卒

晉士鞅帥師侵鄭遂侵衞士。公作趙。

左　晉師將盟衞侯於鄟澤。趙簡子曰。羣臣誰敢盟衞君者。涉佗成何曰。我能盟之。衞人請執牛耳。成何曰。衞。吾溫原也。焉得視諸侯。將歃。涉佗挼衞侯之手。及捥。衞侯怒。王孫賈趨進曰。盟以信禮也。有如衞君。其敢不唯禮是事。而受此盟也。衞侯欲叛晉。而患諸大夫。王孫賈使次於郊。大夫問故。公以晉詬語之。且曰。寡人辱社稷。其改卜嗣。寡人從焉。大夫曰。是衞之禍。豈君之過也。公曰。又有患焉。謂寡人必以而子與大夫之子爲質。大夫曰。苟有益也。公子則往。羣臣之子。敢不皆負羈絏以從。將行。王孫賈曰。苟衞國有難。工商未嘗不爲患。使皆行而後可。公以告大夫。乃告將行之。行有日。公朝國人。使賈問焉。曰。若衞叛晉。晉五伐我。病何如矣。皆曰。五伐我。猶可以能戰。賈曰。然則如叛之病。而後質焉。何遲之有。乃叛晉。晉人請改盟弗許。秋。晉士鞅會成桓公侵鄭。圍蟲牢。報伊闕也。遂侵衞。鄟澤。衞地。

葬曹靖公

九月葬陳懷公

季孫斯仲孫何忌帥師侵衛

左　九月。師侵衛。晉故也。

冬衛侯鄭伯盟于曲濮

曲濮。衛地。蓋濮水曲折之處。猶言河曲。汾曲也。

從祀先公

左　季寤。公鉏極。公山不狃。皆不得志於季氏。叔孫輒無寵於叔孫氏。叔仲志不得志於魯。故五人因陽虎。陽虎欲去三桓。以季寤更季氏。以叔孫輒更叔孫氏。己更孟氏。冬。十月。順祀先公。而祈焉。辛卯。禘於僖公。

公　從祀者何。順祀也。文公逆祀。去者三人。定公順祀。叛者五人。

穀　貴復正也。

胡傳曰。蜀人馮山曰。昭公至是。始得從祀於大廟。其說是也。季氏逐君而制其死生之命。公薨乾侯。不得終於正寢。既薨。七月。又不得以時歸葬。既葬絕其兆域。又不得同於先君。而在墓道之南。至孔子爲司寇。然後溝而合諸墓。則其生雖久。未得從昭穆而祔祭。宜矣。及意如已卒。陽虎專季氏。將殺季孫斯而亂魯國。託於正以售其不正。始以昭公之主從祀大廟。蓋欲著季氏之罪。以取媚於國人。然其事雖順。其情則逆。春秋原情制法。故不書禘事與日。特曰從祀先公。於盜竊寶玉大弓之上。見事出陽虎。而不可詳也。其亦深切著明矣。

案　經書從祀。左氏及公穀謂正閔僖之位。胡傳獨以爲昭公至是始從祀於大廟。其說不同。汪氏克寬兩存其說。而頗致疑於胡傳。考前此經文。曰吉禘于莊公。曰禘于大廟。用致夫人。曰大事于大廟。躋僖公。皆直指其人書之。今但云從祀先公。而不言以何公從祀。則胡傳誠若可疑。然其說與當日事情相近。未可刪去。今姑並存四傳。以俟再考。至孫氏復以先公爲后稷。恐未可從。

盜竊寶玉大弓

左　壬辰。將享季氏於蒲圃而殺之。戒都車曰。癸巳至。成宰公斂處父告孟孫曰。季氏戒都車。何故。孟孫曰。吾弗聞。處父曰。然則亂也。必及於子。先備諸。與孟孫以壬辰爲期。陽虎前驅。林楚御桓子。虞人以鈹盾夾之。陽越殿。將如蒲圃。桓子咋謂林楚曰。而先皆季氏之良也。爾以是繼之。對曰。臣聞命後。陽虎爲政。魯國服焉。違之徵死。死無益於主。桓子曰。何後之有。而能以我適孟氏乎。對曰。不敢愛死。懼不免主。桓子曰。往也。孟氏選圉人之壯者三百人。以爲公期築室於門外。林楚怒馬。及衢而騁。陽越射之不中。築者闔門。有自門間射陽越。殺之。陽虎劫公與武叔以伐孟氏。公斂處父帥成人自上東門入，與陽氏戰於南門之內，弗勝。又戰於棘下，陽氏敗。陽虎說甲如公宮，取寶玉大弓以出，舍於五父之衢，寢而為食。其徒曰：追其將至。虎曰：魯人聞余出，喜於徵死，何暇追余。從者曰：嘻，速駕。公斂陽在。公斂陽請追之，孟孫弗許。陽欲殺桓子，孟孫懼而歸之。子言辨舍爵於季氏之廟而出。陽虎入於讙陽關以叛。棘下，魯城內地名。

附錄左 鄭駟歂嗣子大叔為政。

公 盜者孰謂？謂陽虎也。陽虎者曷為者也？季氏之宰也。季氏之宰，則微者也。惡乎得國寶而竊之？陽虎專季氏，季氏專魯國。陽虎拘季孫，孟氏與叔孫氏迭而食之。睋而鍥其板，曰：某月某日將殺我於蒲圃，力能救我，則於是。至乎日若時而出。臨南者，陽虎之出也，御之。於其乘焉，季孫謂臨南曰：以季氏之世世有子，子可以不免我死乎？臨南曰：有力不足，臣何敢不勉。陽越者，陽虎之從弟也，為右。諸陽之從者車數十乘，至於孟衢。臨南投策而墜之，陽越下取策。臨南駷馬，而由乎孟氏。陽虎從而射之，矢著於莊門。然而甲起於琴如。弑不成，却反舍於郊，皆說然息。或曰：弑千乘之主而不克，舍此可乎？陽虎曰：夫孺子得國而已，如丈夫何。睋而曰：彼哉彼哉！趣駕。既駕，公斂處父帥師而至，僅然後得免，自是走之晉。寶者何？璋判白，弓繡質，龜青純。

穀 寶玉者，封圭也。大弓者，武王之戎弓也。周公受賜，藏之魯。非其所以與人而與人，謂之亡。非其所取而取之，謂之盜。

孔氏穎達曰：傳言陽虎取寶玉大弓以出，是盜謂陽虎也。寶玉大弓，必是國之重寶，歷世掌之。故自劉歆以來，說左氏者皆以為夏后氏之璜、封父之繁弱，成王所以分魯公也。公羊傳曰：寶者何？璋判白，弓繡質，龜青純。彼不知魯有先王分器，繆為言耳。且所盜無龜，知其妄也。

〔庚子〕敬王十九年。

九年

晉定十一年。齊景四十七年。衛靈三十四年。蔡昭十八年。鄭獻十三年。曹伯陽元年。陳閔公越元年。杞僖五年。宋景十六年。秦哀三十六年。楚昭十五年。吳闔廬十四年。

春王正月

附錄左 九年。春。宋公使樂大心盟於晉，且逆樂祁之尸。辭，僞有疾。乃使向巢如晉盟，且逆子梁之尸。子明謂桐門右師出，曰：吾猶衰絰，而子擊鐘，何也？右師曰：喪不在此故也。既而告人曰：己衰絰而生子，余何故舍鐘？子明聞之，怒，言於公曰：右師將不利戴氏，不肯適晉，將作亂也。不然，無疾。乃逐桐門右師。 鄭駟歂殺鄧析，而用其竹刑。君子謂子然於是不忠。苟有可以加於國家者，棄其邪可也。靜女之三章，取彤管焉。竿旄何以告之，取其忠也。故用其道，不棄其人。詩云：蔽芾甘棠，勿翦勿伐，召伯所茇。思其人，猶愛其樹，況用其道而不恤其人乎？子然無以勸能矣。

夏四月戊申鄭伯蠆卒

蠆，敕邁反。公作蠆。

得寶玉大弓

[左]夏。陽虎歸寶玉大弓。書曰。得器用也。凡獲器用曰得。得用焉曰獲。六月。伐陽關。陽虎使焚萊門。師驚。犯之而出。奔齊。請師以伐魯。曰。三加。必取之。齊侯將許之。鮑文子諫曰。臣嘗爲隸於施氏矣。魯未可取也。上下猶和。衆庶猶睦。能事大國。而無天菑。若之何取之。陽虎欲勤齊師也。齊師罷。大臣必多死亡。已於是乎奮其詐謀。夫陽虎有寵於季氏。而將殺季孫。以不利魯國。而求容焉。親富不親仁。君焉用之。君富於季氏。而大於魯國。茲陽虎所欲傾覆也。魯免其疾。而君又收之。無乃害乎。齊侯執陽虎。將東之。陽虎願東。乃囚諸西鄙。盡借邑人之車。鍥其軸。麻約而歸之。載蔥靈。寢於其中而逃。追而得之。囚於齊。又以蔥靈逃。奔宋。遂奔晉。適趙氏。仲尼曰。趙氏其世有亂乎。

[公]何以書。國寶也。喪之書。得之書。

[穀]其不地何也。寶玉。大弓。在家則羞。不月羞也。惡得之。得之堤下。或曰。陽虎以解衆也。

趙氏匡曰。穀梁云。不地羞也。案緣未出境而得。故但以得爲名。且書竊猶不羞。書地有何羞乎。

六月。葬鄭獻公

秋。齊侯衛侯次于五氏　五氏。晉地。蓋晉大夫邯鄲午之私邑。

[左]秋。齊侯伐晉夷儀。敝無存之父將室之。辭。以與其弟。曰。此役也。不死。反必娶於高國。先登求自門出。死於霤下。東郭書讓登。犂彌從之。曰。子讓而左。我讓而右。使登者絕而後下。書左。彌先下。書與王猛息。猛曰。我先登。書斂甲。曰。曩者之難。今又難焉。猛笑曰。吾從子。如驂之靳。晉車千乘在中牟。衛侯將如五氏。卜過之。龜焦。衛侯曰。可也。衛車當其半。寡人當其半。敵矣。乃過中牟。中牟人欲伐之。衛褚師圃亡在中牟。曰。衛雖小。其君在焉。未可勝也。齊師克城而驕。其帥又賤。遇必敗之。不如從齊。乃伐齊師。敗之。齊侯致禚媚杏於衛。齊侯賞犂彌。犂彌辭曰。有先登者。臣從之。晳幘而衣貍製。公使視東郭書。曰。乃夫子也。吾貺子。公賞東郭書。辭曰。彼賓旅也。乃賞犂彌。齊師之在夷儀也。齊侯謂夷儀人曰。得敝無存者。以五家免。乃得其尸。公三襚之。與之犀軒與直蓋。而先歸之。坐引者。以師哭之。親推之三。　媚。齊西界。杏。齊西界。　中牟。滎陽有中牟縣。

秦伯卒。冬。葬秦哀公

[辛丑]敬王二十年

十年　晉定十二年。齊景四十八年。衛靈三十五年。蔡昭十九年。鄭聲公勝元年。曹陽二年。陳閔二年。杞僖六年。宋景十七年。秦惠公元年。楚昭十六年。吳闔廬十五年。

春。王三月。及齊平

[左]十年。春。及齊平。

夏公會齊侯于夾谷公至自夾谷夾公穀作頰。谷即祝其也。

左 夏公會齊侯于祝其實夾谷孔某相犂彌言于齊侯曰孔某知禮而無勇若使萊人以兵劫魯侯必得志焉齊侯從之孔某以公退曰士兵之兩君合好而裔夷之俘以兵亂之非齊君所以命諸侯也裔不謀夏夷不亂華俘不干盟兵不偪好于神爲不祥于德爲愆義于人爲失禮君必不然齊侯聞之遽辟之將盟齊人加于載書曰齊師出竟而不以甲車三百乘從我者有如此盟孔某使茲無還揖對曰而不反我汶陽之田吾以共命者亦如之齊侯將享公孔某謂梁邱據曰齊魯之故吾子何不聞焉事既成矣而又享之是勤執事也且犧象不出門嘉樂不野合享而既具是棄禮也若其不具用秕稗也用秕稗君辱棄禮名惡子盍圖之夫享所以昭德也不昭不如其已也乃不果享齊人來歸鄆讙龜陰之田

穀 離會不致何爲致也危之也危之則以地致何也爲危之也其危奈何曰頰谷之會孔子相焉兩君就壇兩相相揖齊人鼓譟而起欲以執魯君孔子歷階而上不盡一等而視歸乎齊侯曰兩君合好夷狄之民何爲來爲命司馬止之齊侯逡巡而謝曰寡人之過也退而屬其二三大夫曰夫人率其君與之行古人之道二三子獨率我而入夷狄之俗何爲罷會齊人使優施舞於魯君之幕下孔子曰笑君者罪當死使司馬行法焉首足異門而出齊人來歸鄆讙龜陰之田者蓋爲此也因是以見雖有文事必有武備孔子於頰谷之會見之矣

趙氏匡曰經不書盟傳何得云盟蓋左氏欲以歸汶陽之田歸功於夫子故謬爲此說殊不知要而得之非聖人之正也 劉氏敞曰穀梁曰離會不致危之也非也八年公會晉師于瓦亦致又何危乎且如穀梁所說頰谷之會聖人相之齊侯震懼歸地謝過齊則危矣魯何危乎又曰其以地致危之也亦非也兩國會盟致皆以地此常例爾何說危哉

案 齊魯世爲婚姻爲日久矣自定公即位之後日尋干戈侵伐不已孔子當國首以講信修睦爲事故有夾谷之會齊景方志在求伯亦欲親魯以爲之援遂懽然釋向來之憾而以鄆讙龜陰來歸淘聖德之所孚也左氏穀梁載萊兵劫魯侯優施舞幕下之事史記家語亦皆侈大其辭蓋欲歸功於孔子而附會之也夫聖人言語氣象自有以感人於周旋揖讓之間而鄙倍暴慢一時俱化必無兩君好會之地遽行誅戮之理左氏曰士兵之穀梁曰使司馬行法焉此武夫鬬力者之所爲而敢以誣聖人乎齊師出竟而要魯以三百乘從是齊以縣鄙視魯也卑魯實甚聖人必以禮拒之安肯請汶陽之田而勞吾民以奉鄰國況汶陽既歸則魯當其命何以終定公之世盟黃會牽屢書於冊而不聞魯爲齊役乎垂葭之役齊師出竟矣魯未嘗以三百乘從也朱子以此事爲附會而先儒亦多疑之故刪左氏及穀梁而胡傳亦不錄。

晉趙鞅帥師圍衛

左 晉趙鞅圍衛報夷儀也初衛侯伐邯鄲午於寒氏城其西北而守之宵熸及晉圍衛午以徒七十人門於衛西門殺人於門中曰請報寒氏之役涉佗曰夫子則勇矣然我往必不敢啟門亦以徒七十人旦門焉步左右皆至而立如植日中不啟門乃退反役晉人討衛之叛故曰由涉佗成何於是執涉佗以求成於衛衛人不許晉人遂殺涉佗成何奔燕君子曰此之謂棄禮必不鈞詩曰人而無禮胡不遄死涉佗亦遄矣哉邯鄲廣平縣也。寒氏即五氏。

齊人來歸鄆讙龜陰田　田上穀有之字。三邑。皆汶陽田。鄆讙龜陰田左穀見前。

公　齊人曷為來歸鄆讙龜陰田。孔子行乎季孫。三月不違。齊人為是來歸之。

叔孫州仇仲孫何忌帥師圍郈　郈。音后。又下遘反。

左　初。叔孫成子欲立武叔。公若藐固諫曰。不可。成子立之而卒。公南使賊射之。不能殺。公南為馬正。使公若為郈宰。武叔既定。使郈馬正侯犯殺公若。弗能。其圉人曰。吾以劍過朝。公若必曰。誰之劍也。吾稱子以告。必觀之。吾偽固而授之末。則可殺也。使如之。公若曰。爾欲吳王我乎。遂殺公若。侯犯以郈叛。武叔懿子圍郈。弗克。

秋叔孫州仇仲孫何忌帥師圍郈　郈。公作費。

左　秋。二子及齊師復圍郈。弗克。叔孫謂郈工師駟赤。曰。郈非唯叔孫氏之憂。社稷之患也。將若之何。對曰。臣之業。在揚水卒章之四言矣。叔孫稽首。駟赤謂侯犯曰。居齊魯之際。而無事。必不可矣。子盍求事於齊以臨民。不然。將叛。侯犯從之。齊使至。駟赤與郈人為之宣言於郈中。曰。侯犯將以郈易於齊。齊人將遷郈民。衆兇懼。駟赤謂侯犯曰。衆言異矣。子不如易於齊與其死也。猶是郈也。而得紓焉。何必此。齊人欲以此逼魯。必倍與子地。且盍多舍甲於子之門。以備不虞。侯犯曰。諾。乃多舍甲焉。侯犯請易於齊。齊有司觀郈。將至。駟赤使周走呼曰。齊師至矣。郈人大駭。介侯犯之門甲。以圍侯犯。駟赤將射之。侯犯止之。曰。謀免我。侯犯請行。許之。駟赤先如宿。侯犯殿。每出一門。郈人閉之。及郭門。止之。曰。子以叔孫氏之甲出。有司若誅之。羣臣懼死。駟赤曰。叔孫氏之甲有物。吾未敢以出。犯謂駟赤曰。子止而與之數。駟赤止。而納魯人。侯犯奔齊。齊人乃致郈。　宿。故宿國。隱元年及宋人盟于宿。卽此。

朱子曰。春秋之初。只是諸侯抗衡。後來諸侯纔不奈何。便被大夫專權。及大夫稍沒奈何。又被陪臣擅命。如唐之藩鎮。其初是節度抗衡。後來牙將孔目官虞候之屬。皆殺了節度。亦來握權。夫子說禮樂征伐自天子出一章。極分曉。

宋樂大心出奔曹

宋公子地出奔陳　地。公作池。後同。

左　宋公子地嬖蘧富獵。十一分其室。而以其五與之。公子地有白馬四。公嬖向魋。魋欲之。公取而朱其尾鬣以與之。地怒。使其徒抶魋而奪之。魋懼。將走。公閉門而泣之。目盡腫。母弟辰曰。子分室以與獵也。而獨卑魋。亦有頗焉。子為君禮。不過出竟。君必止子。公子地出奔陳。公弗止。

冬齊侯衛侯鄭游速會于安甫　安甫。公作鞌。安甫。地闕。

叔孫州仇如齊

左 武叔聘於齊。齊侯享之。曰。子叔孫。若使郈在君之他竟。寡人何知焉。屬與敝邑際。故敢助君憂之。對曰。非寡君之望也。所以事君。封疆社稷是以。敢以家隸勤君之執事。夫不令之臣。天下之所惡也。君豈以爲寡君賜。

杜氏預曰。謝致郈也。齊以致郈德叔孫。叔孫言義在討惡。非所以賜寡君。

宋公之弟辰暨仲佗石彄出奔陳

暨字下。公穀有宋字。彄苦侯反。

左 辰爲之請。弗聽。辰曰。是我迋吾兄也。吾以國人出。君誰與處。冬。母弟辰暨仲佗。石彄。出奔陳。

劉氏敞曰。杜云稱弟。示首惡也。案隱元年之例。段不弟。故不言弟。然則辰亦不弟者。不稱弟可也。反以見首惡稱弟。何哉。段不言弟。反非首惡乎。又曰。何休曰。辰言暨者。明仲佗石彄與俱出。非也。若如休所言。辰罪爲輕。何故反序上乎。又何爲明年入于蕭而書及乎。

〔壬寅〕敬王二十一年。

十有一年

晉定十三年。齊景四十九年。衛靈三十六年。蔡昭二十年。鄭聲二年。曹陽十三年。陳閔三年。杞僖七年。宋景十八年。秦惠二年。楚昭十七年。吳闔廬十六年。

春宋公之弟辰及仲佗石彄公子地自陳入于蕭以叛

蕭。宋邑。孔疏。蕭叔大心者。宋蕭邑大夫。平宋亂。立桓公。宋人以蕭邑封叔爲附庸。宣十二年。楚滅之。復爲宋邑。

穀 宋公之弟辰。未失其弟也。及仲佗。石彄。公子地。以尊及卑也。自陳。陳有奉焉爾。入于蕭以叛。入者。內弗受也。以者。不以也。叛。直叛也。

劉氏敞曰。穀梁云。辰未失其弟也。非也。公子不去國。而辰棄親出奔。挾黨爲亂。以謂未失其弟。何妄甚也。

案 自陳入蕭。辰之意。主於叛。而仲石與地。則從之者也。故經文書及。胡傳以不稱暨而稱及。爲無首從之別。失經旨矣。

夏四月

秋宋樂大心自曹入于蕭

左 春。宋公母弟辰。暨仲佗。石彄。公子地。入于蕭以叛。秋。樂大心從之。大爲宋患。寵向魋故也。

杜氏預曰。入蕭。從叛人。叛可知。故不書叛。

冬及鄭平叔還如鄭涖盟

還。音旋。公穀作。

左 冬。及鄭平。始叛晉也。

陳氏傅良曰。書輸平。以志諸侯之合。書及鄭平。以志諸侯之散。此春秋之所以始終也。

家氏鉉翁曰。自文公之霸。魯常事晉。中間雖即楚即齊。而不敢顯然與晉絕。去年及齊平。今又及鄭平。既背晉。不得不樹黨以自固焉耳。

癸卯 敬王二十二年 **十有二年** 晉定十四年。齊景五十年。衛靈三十七年。蔡昭二十一年。鄭聲三年。曹陽四年。陳閔四年。杞僖八年。宋景十九年。秦惠三年。楚昭十八年。吳闔廬十七年。

春薛伯定卒

夏葬薛襄公

叔孫州仇帥師墮郈 墮。許規反。後同。

穀 墮。猶取也。 孫氏覺曰。是時三桓之邑。皆爲城以自固。故其家臣因之以叛。於是墮毀之也。

衛公孟彄帥師伐曹 彄。苦侯反。

左 夏。衛公孟彄伐曹。克郊。還。滑羅殿。未出不退於列。其御曰。殿而在列。其爲無勇乎。羅曰。與其素厲。寧爲無勇。 郊。曹邑。

季孫斯仲孫何忌帥師墮費 費。音秘。下同。

左 仲由爲季氏宰。將墮三都。於是叔孫氏墮郈。季氏將墮費。公山不狃。叔孫輒。帥費人以襲魯。公與三子。入於季氏之宮。登武子之臺。費人攻之。弗克。入及公側。仲尼命申句須。樂頎。下伐之。費人北。國人追之。敗諸姑蔑。二子奔齊。遂墮費。 姑蔑魯地。隱元年盟于蔑即此。

公 曷爲帥師墮郈。帥師墮費。孔子行乎季孫。三月不違。曰。家不藏甲。邑無百雉之城。於是帥師墮郈。帥師墮費。雉者何。五板而堵。五堵而雉。百雉而城。

秋大雩

冬十月癸亥公會齊侯盟于黃 齊。公作晉。

張氏洽曰。黃。齊地。公羊作晉侯。誤。 季氏本曰。黃之盟。齊魯睦也。蓋因孔子用魯。政化大行。有所感焉。然忌而沮之之意。已間之矣。女樂之歸。其在此盟後歟。

十有一月丙寅朔日有食之

公至自黃

十有二月公圍成公至自圍成

左 將墮成。公斂處父謂孟孫。墮成。齊人必至於北門。且成。孟氏之保障也。無成是無孟氏也。子僞不知。我將不墮。冬十二月。公圍成。弗克

穀 非國言圍。圍成。大公也。何以致危之也。何危爾。邊乎齊也。

注 汪氏克寬曰。穀梁云圍成。大公也。夫屈千乘之尊。而親圍國中之一邑。其小弱甚矣。乃反以爲大之乎。又云何危爾。邊乎齊也。是時會夾谷。盟黃。齊魯交好。不足危也。其危之者。定公汨辱於倍臣。以得返爲幸爾。

甲辰 敬王二十三年。**十有三年** 晉定十五年。齊景五十一年。衛靈三十八年。蔡昭二十二年。鄭聲四年。曹陽五年。陳閔五年。杞僖九年。宋景二十年。秦惠四年。楚昭十九年。吳闔廬十八年。

春齊侯衛侯次于垂葭 穀無衛侯字。葭公作瑕。

左 十三年春。齊侯衛侯次于垂葭。實郹氏。使師伐晉。將濟河。諸大夫皆曰。不可。邴意茲曰。可。銳師伐河內。傳必數日。而後及絳。絳不三月。不能出河。則我既濟水矣。乃伐河內。齊侯皆斂諸大夫之軒。唯邴意茲乘軒。齊侯欲與衛侯乘。與之宴而駕乘廣。載甲焉。使告曰。晉師至矣。齊侯曰。比君之駕也。寡人請攝。乃介而與之乘。驅之。或告曰。無晉師。乃止。 郹氏。垂葭改名。郹氏。河內汲郡。

夏築蛇淵囿 蛇淵囿。水經注。蛇水又西逕鑄城西。左傳所謂蛇淵囿也。

李氏廉曰。此正與受女樂事相類。定公君臣。安知不自以爲齊人已服。彊都已墮。國家閒暇。可以般樂乎。此決非夫子爲政時。

大蒐于比蒲 比音毗。

趙氏與權曰。三家分軍私斂。蒐閱軍實。以自固也。非時非制。不足言也。

衛公孟彄帥師伐曹

高氏閌曰。衛比伐曹。曹不叛晉故也。靈公志在軍旅之事。而不知以禮爲國。故亟戰如此。

秋晉趙鞅入于晉陽以叛

左 晉趙鞅謂邯鄲午曰。歸我衛貢五百家。吾舍諸晉陽。午許諾。歸告其父兄。父兄皆曰。不可。衛是以爲邯鄲。而寘諸晉陽。絕衛之道也。不如侵齊而謀之。乃如之。而歸之于晉陽。趙孟怒。召午而囚諸晉陽。使其從者說劍而入。涉賓不可。乃使告邯鄲人曰。吾私有討於午也。二三子唯所欲立。遂殺午。趙稷涉賓以邯鄲叛。夏六月。上軍司馬籍秦圍邯鄲。邯鄲午。荀寅之甥也。荀寅。范吉射之姻也。而相與睦。故不與圍邯鄲。將作亂。董安于聞之。告趙孟曰。先備諸。趙孟曰。晉國有命。始禍者死。爲後可也。安于曰。與其害於民。寧我獨死。請以我說。趙孟不可。秋七月。范氏中行氏伐趙氏之宮。趙鞅奔晉陽。晉人圍之。

穀 以者。不以者也。叛。直叛也。

冬晉荀寅士吉射入于朝歌以叛 荀寅下。公有及字。朝如字。

左 范皋夷無寵於范吉射。而欲爲亂於范氏。梁嬰父嬖於知文子。文子欲以爲卿。韓簡子與中行文子相惡。魏襄子亦與范昭子相惡。故五子謀。將逐荀寅。而以梁嬰父代之。逐范吉射。而以范皐夷代之。荀躒言於晉侯曰。君命大臣。始禍者死。載書在河。今三臣始禍。而獨逐鞅。刑已不鈞矣。請皆逐之。冬。十一月。荀躒、韓不信、魏曼多奉公以伐范氏、中行氏。弗克。二子將伐公。齊高彊曰。三折肱知爲良醫。唯伐君爲不可。民弗與也。我以伐君在此矣。三家未睦。可盡克也。克之。君將誰與。若先伐君。是使睦也。弗聽。遂伐公。國人助公。二子敗。從而伐之。丁未。荀寅、士吉射奔朝歌。

晉趙鞅歸于晉

【左】韓魏以趙氏爲請。十二月。辛未。趙鞅入于絳。盟于公宮。

【公】此叛也。其言歸何。以地正國也。其以地正國奈何。晉趙鞅取晉陽之甲。以逐荀寅與士吉射。荀寅與士吉射者。曷爲者也。君側之惡人也。此逐君側之惡人。曷爲以叛言之。無君命也。

【穀】此叛也。其以歸言之。何也。貴其以地反也。貴其以地反。則是大利也。非大利也。許悔過也。許悔過則何以言叛也。以地正國也。以地正國則何以言叛。其入無君命也。

趙氏匡曰。公羊云。以地正國也。據禮。臣無專土藏兵之義。今乃欲以私邑之彊而正國朝。則是末大而本小也。是黜君而進臣也。豈其然乎。且實以拒范中行耳。而云正國。非也。又云與晉陽之甲。以逐君側之惡人也。無君命故書叛。若無君命。則是君與范中行同心也。君與之同心而輒興兵伐之。是逆亂也。而言歸以美之。是訓人爲逆也。又曰。穀梁云。貴以其地反也。豈有身歸而地不歸乎。此至鄙近矣。又云其人無君命。其人無君命。則是將如何得歸乎。假君不拒。苟其自來。其惡可知也。又何得書歸乎。

【梁】人臣之得罪。莫太於叛。春秋所必誅也。趙鞅專地以叛。結韓魏以脅其君。復入於晉。聖人書之。所以譏晉侯之失刑。而三卿分晉之禍。實始於此也。公穀不察。謂趙鞅以地正國。陸氏淳曰。非叛君也。孫氏復曰。此王法所赦也。劉氏敞曰。其忠義足恃也。謬妄相承。不可以訓。今並刪之。

薛弒其君比 比如字。

【附錄左】初。衛公叔文子朝。而請享靈公。退見史鰌而告之。史鰌曰。子必禍矣。子富而君貪。罪其及子乎。文子曰。然。吾不先告子。是吾罪也。君既許我矣。其若之何。史鰌曰。無害。子臣。可以免。富而能臣。必免於難。上下同之。戍也驕。其亡乎。富而不驕者鮮。吾唯子之見。驕而不亡者。未之有也。戍必與焉。及文子卒。衛侯始惡於公叔戍。以其富也。公叔戍又將去夫人之黨。夫人愬之。曰。戍將爲亂。

【己巳】**十有四年** 敬王二十四年。晉定十六年。齊景五十二年。衛靈三十九年。蔡昭二十三年。鄭聲五年。曹陽六年。陳閔六年。杞僖十年。宋景二十一年。秦惠五年。楚昭二十年。吳闔盧十九年。

春衛公叔戍來奔衛趙陽出奔宋 戍式樹反。衛趙陽。公穀俱作晉趙陽。

【左】十四年。春。衛侯逐公叔戍與其黨。故趙陽奔宋。戍來奔。

【附錄左】梁嬰父惡董安于。謂知文子曰。不殺安于。使終爲政於趙氏。趙氏必得晉國。盍以其先發難也。討於趙氏。文子使告於趙孟曰。范中行氏雖信為亂。安于則發之。是安于與謀亂也。晉國有命。始禍者死。二子既伏其罪矣。敢以告。趙孟患之。安于曰。我死。而晉國寧。趙氏定。將焉用生。人誰不死。吾死莫矣。乃縊而死。趙孟尸諸市。而告於知氏曰。主命戮罪人。安于既伏其罪矣。敢以告。知伯從趙孟盟。而後趙氏定。祀安于於廟。

二月辛巳楚公子結陳公孫佗人帥師滅頓以頓子牂歸 二月。公作三月。孫公作子。佗徒何反。牂子郎反。公作牄七良反。

【左】頓子牂欲事晉。背楚而絕陳好。二月。楚滅頓。

家氏鉉翁曰。楚至是始戢。諸侯無從楚者。而陳以盛德之後。猶比而從之。春秋書楚結陳佗人連兵滅頓。誅楚而罪陳也。

夏衛北宮結來奔

【左】夏。衛北宮結來奔。公叔戌之故也。

五月於越敗吳于檇李吳子光卒 檇音醉。公作醉。於越。越國也。帝少康之庶子。封於會稽。檇李。吳郡嘉興縣南醉李城。

【左】吳伐越。越子勾踐禦之。陳于檇李。勾踐患吳之整也。使死士再禽焉。不動。使罪人三行。屬劍於頸。而辭曰。二君有治。臣奸旗鼓。不敏於君之行前。不敢逃刑。敢歸死。遂自剄也。師屬之目。越子因而伐之。大敗之。靈姑浮以戈擊闔廬。闔廬傷將指。取其一屨。還。卒於陘。去檇李七里。夫差使人立於庭。苟出入。必謂己曰。夫差。而忘越王之殺而父乎。則對曰。唯。不敢忘。三年。乃報越。

公會齊侯衛侯于牽 牽。公作堅。又作擊。齊魯爲會止此。牽。魏郡黎陽縣東北有牽城。

【左】晉人圍朝歌。公會齊侯衛侯于脾上梁之間。謀救范中行氏。析成鮒。小王桃甲。率狄師以襲晉。戰於絳中。不克而還。士鮒奔周。小王桃甲入於朝歌。 脾上梁間。即牽。

公至自會

秋齊侯宋公會于洮

【左】秋。齊侯宋公會于洮。范氏故也。

【案】是時衛有公叔戌之難。宋有公子辰之難。齊景不能爲二國定亂。乃合謀以助晉之叛臣。衛宋不能自治其叛臣。而惟齊之從。皆非也。

天王使石尚來歸脤 脤市軫反。周魯之交止此。書天王止此。

【公】石尚者何。天子之士也。脤者何。俎實也。腥曰脤。熟曰燔。

【穀】脤者何也。俎實也。祭肉也。生曰脤。熟曰燔。其辭石尚。士也。何以知其士也。天子之大夫不名。石尚欲書春秋。諫曰。久矣周之不行禮於魯也。請行脤。貴復正也。

劉氏敞曰。穀梁曰。石尚欲晉春秋。諫曰。久矣。周之不行禮於魯也。請行脤。不知石尚欲書孔子之春秋乎。魯國之春秋乎。若孔子之春秋也。孔子是時。未作春秋。石尚安得書。如魯國之春秋也。王人至則書之矣。何足以爲榮邪。凡人之欲書春秋者。以有殊功異德。欲使後世見也。石尚何有而欲書乎。是殆不然。

衛世子蒯聵出奔宋　蒯。苦怪反。聵。五怪反。

左　衛侯爲夫人南子召宋朝。會于洮。大子蒯聵獻盂於齊。過宋野。野人歌之曰。旣定爾婁豬。盍歸吾艾豭。大子羞之。謂戲陽速曰。從我而朝少君。少君見我。我顧。乃殺之。速曰諾。乃朝夫人。夫人見大子。大子三顧。速不進。夫人見其色。啼而走。曰。蒯聵將殺余。公執其手以登臺。大子奔宋。盡逐其黨。故公孟彄出奔鄭。自鄭奔齊。大子告人曰。戲陽速禍余。戲陽速告人曰。大子則禍余。大子無道。使余殺其母。余不許。將戕於余。若殺夫人。將以余說。余是故許而弗爲。以紓余死。諺曰。民保於信。吾以信義也。

劉氏敞曰。左氏敘蒯聵事。曰蒯聵欲殺夫人。夫人啼而走。公執其手以登臺。大子出奔宋。子謂蒯聵雖不善謀。安有此事哉。且殺夫人。蒯聵獨得全乎。彼所羞者。以夫人名惡也。如殺其母。爲惡愈大。反不知可羞乎。蓋蒯聵聞野人之歌。其心慙焉。則以謂夫人。夫人惡其斥已淫。則啼而走。言大子殺余。以誣之。靈公惑於南子。所言必聽從。故外則召宋朝。內則逐公叔戌趙陽。彼不恥召宋朝。固亦不難逐蒯聵矣。此其眞也。不當如左氏所記。又蒯聵出。乃奔宋。宋南子家也。蒯聵負殺南子之名而走。又入其家。使眞有此事者。敢乎哉。此亦一證也。劉氏絢曰。蒯聵出奔。春秋不去其世子者。衛侯之罪也。南子之惡亦已甚矣。其欲去世子之意。亦已明矣。如哀姜亂魯。驪姬亂晉。若此比者。不鮮矣。而靈公聽南子之譖。謂蒯聵欲弒其母。不能爲辨明。以致其出奔。豈非靈公之罪乎。自古讒婦之誣其子者多矣。張氏洽曰。考二劉之言。足以知左氏所記。乃南子之讒言。而非當時之實錄也。

朱　朱子論語集注。固引胡氏說。載蒯聵欲殺母事。然二劉之論。似得當時事情。張氏洽。朱門高弟。亦有取焉。今故並存之。以俟再考。

衛公孟彄出奔鄭

高氏閌曰。比年志公孟帥師。此衛國用事之卿。靈公疑其爲蒯聵之黨而逐之。屢書大夫之奔。著靈公之無道也。

宋公之弟辰自蕭來奔

金氏賢曰。春秋三稱宋公之弟者。非愛辰也。非怨辰也。蓋累乎其兄之辭也。

大蒐于比蒲　比音毗。

書蒐止此。張氏洽曰。蒐而邾子來會。則公親蒐矣。而不書公。以軍政不屬公。而專於三家。則季叔孟孫氏之所爲也。

○**邾子來會公**

李氏廉曰。公及齊遇穀。而蕭叔朝公。大蒐于比蒲。而邾子來會公。皆非其所也。

城莒父及霄 莒父。魯邑。案莒係以父。魯人語音。如梁父。亢父。剛父。是也。霄。魯邑。

附錄左 冬。十二月。晉人敗范中行氏之師於潞。獲籍秦。高彊。又敗鄭師及范氏之師於百泉。百泉。衛地。一曰百門陂。亦曰百門泉。杜氏預曰。公叛晉助范氏。故懼而城二邑也。此年無冬。史闕文。

丙午 敬王二十五年。 **十有五年** 晉定十七年。齊景五十二年。衛靈四十年。蔡昭二十四年。鄭聲六年。曹陽七年。陳閔七年。杞僖十一年。宋景二十二年。秦惠六年。楚昭二十一年。吳夫差元年。

春王正月邾子來朝 邾朝止此。

左 十五年。春。邾隱公來朝。子貢觀焉。邾子執玉高。其容仰。公受玉卑。其容俯。子貢曰。以禮觀之。二君者。皆有死亡焉。夫禮。死生存亡之體也。將左右周旋。進退俯仰。於是乎取之。朝祀喪戎。於是乎觀之。今正月相朝而皆不度。心已亡矣。嘉事不體。何以能久。高仰。驕也。卑俯。替也。驕近亂。替近疾。君爲主。其先亡乎。

鼷鼠食郊牛牛死改卜牛

公 曷爲不言其所食。漫也。

穀 不敬莫大焉。

二月辛丑楚子滅胡以胡子豹歸

左 吳之入楚也。胡子盡俘楚邑之近胡者。楚既定。胡子豹又不事楚。曰。存亡有命。事楚何爲。多取費焉。二月。楚滅胡。

家氏鉉翁曰。召陵之會。頓胡之君皆在。曰以侵楚也。是後楚有吳患。不能報。去年滅頓。今年滅胡。所以報召陵之怨。葢吞噬小國以快其宿憾也。

夏五月辛亥郊

公 曷爲以夏五月郊。三卜之運也。

趙氏鵬飛曰。五月非郊之時。以改卜牛也。帝牛在滌三月。至是養牲始成。故五月而郊。

壬申公薨于高寢

左 夏。五月。壬申。公薨。仲尼曰。賜不幸言而中。是使賜多言者也。

穀 高寢。非正也。

李氏廉曰。定公在位十有五年。當其初立。受國於季孫意如。而不能正其罪。其異於桓宣者無幾矣。陽虎既奔之後。三桓亦微。孔子爲政。綱紀龘立。正當可以有爲之時。然竟不能使夫子得遂行其道。則魯何賴哉。李氏曰。會于夾谷。而致侵田之歸。行乎季孫。而有墮都之謀。雖僅能明禮義之敎。雉門兩觀之作。而僭禮未之改。寶玉大弓之竊。而分器莫之保惛於女樂。政歸彊家。此定公有聖人而不能用也。其言得之矣。至其末年。會牽會洮。城莒父。城霄。無非助亂勞民之舉。魯之益弱。宜哉。

鄭罕達帥師伐宋罕。公作軒。

左 鄭罕達。敗宋師於老丘。老丘。宋地。

杜氏預曰。宋公子地奔鄭。鄭人爲之伐宋。欲取地以處之。

王氏葆曰。鄭納宋叛人。已可罪矣。又伐大國以居叛人。此不待貶黜而罪惡見。

齊侯衞侯次于渠蒢渠蒢。公作蘧篨。渠蒢。宋地。

左 齊侯衞侯。次于蘧挐。謀救宋也。

邾子來奔喪奔喪。諸侯始

公 其言來奔喪何。奔喪。非禮也。

穀 喪急。故以奔言之。

秋七月壬申姒氏卒姒。穀作弋。

左 不稱夫人。不赴。且不祔也。

公 姒氏者何。哀公之母也。何以不稱夫人。哀未君也。

穀 妾辭也。哀公之母也。

劉氏敞曰。左氏云。不稱夫人不赴。且不祔也。非也。安有夫人卒。而不稱夫人者乎。凡夫人始卒。則史書之。書之固云夫人矣。不待赴祔而書其夫人也。此姒氏要爲哀公之母。定公之妾。哀公未成君。故亦未敢謂其母夫人耳。

八月庚辰朔日有食之

九月滕子來會葬

丁巳葬我君定公雨不克葬戊午日下昃乃克葬昃。穀作稷。

左 葬定公。雨。不克襄事。禮也。

穀 葬既有日。不爲雨止。禮也。雨。不克葬。喪不以制也。乃急辭也。不足乎日之辭也。

辛巳葬定姒

左 不稱小君。不成喪也。

公 定姒何以書葬。未踰年之君也。有子則廟。廟則書葬。

劉氏敞曰。左氏云。不稱小君。不成喪也。非也。若姒氏實夫人。固當書夫人姒氏薨。已而日葬定姒。不稱小君。明不成喪以責臣子可也。今日姒氏卒。此非夫人也。非夫人。而書葬定姒。宜矣。何足以見不成喪乎。欲責不成喪。而葬不稱夫人。是適足貶小君之尊。而不足見臣子之罪也。

冬城漆

左 書不時告也。

汪氏克寬曰。左氏云。書不時告。夫他國有事。或過時而告於魯。豈有魯國城邑過時而告於廟。可以掩其罪乎。此非人情也。

春秋卷之十六

哀公

楊氏士勛曰。公名蔣。定公之子。敬王二十六年卽位。十四年西狩獲麟。春秋終矣。二十七年薨。謚法。恭仁短折曰哀。

[丁未]敬王二十六年。**元年**　晉定十八年。齊景五十四年。衛靈四十一年。蔡昭二十五年。鄭聲七年。曹陽八年。陳閔八年。杞僖十二年。宋景二十三年。秦惠七年。楚昭二十一年。吳夫差二年。

春王正月公卽位

楚子陳侯隨侯許男圍蔡

左　春。楚子圍蔡。報柏舉也。里而栽。廣丈高倍。夫屯晝夜九日。如子西之素。蔡人男女以辨。使疆於江汝之間而還。蔡於是乎請遷於吳。

附錄左　吳王夫差敗越於夫椒。報檇李也。遂入越。越子以甲楯五千保於會稽。使大夫種因吳大宰嚭以行成。吳子將許之。伍員曰。不可。臣聞之。樹德莫如滋。去疾莫如盡。昔有過澆殺斟灌以伐斟鄩。滅夏后相。后緡方娠。逃出自竇。歸於有仍。生少康焉。爲仍牧正。惎澆能戒之。澆使椒求之。逃奔有虞。爲之庖正。以除其害。虞思於是妻之以二姚。而邑諸綸。有田一成。有衆一旅。能布其德。而兆其謀。以收夏衆。撫其官職。使女艾諜澆。使季杼誘豷。遂滅過戈。復禹之績。祀夏配天。不失舊物。今吳不如過。而越大於少康。或將豐之。不亦難乎。句踐能親而務施。施不失人。親不棄勞。與我同壤。而世爲仇讎。於是乎克而弗取。將又存之。違天而長寇讎。後雖悔之。不可食已。姬之衰也。日可俟也。介在蠻夷。而長寇讎。以是求伯。必不行矣。弗聽。退而告人曰。越十年生聚。而十年教訓。二十年之外。吳其爲沼乎。三月。越及吳平。吳入越。不書。吳不告慶。越不告敗也。夫椒。吳郡吳縣西南大湖中有椒山。會稽。在山陰縣南。揚州之鎮山也。虞。虞縣。

家氏鉉翁曰。入郢者。吳也。撻平王之墓者。亦吳也。楚不能報之於强吳。而摟二三小國以釋憾於蔡。謂之復讎。而讎卒不能復也。前年滅頓。去年滅胡。今又以兵加蔡。其志在於蠶食小國以爲利。春秋奚取哉。

鼷鼠食郊牛改卜牛夏四月辛巳郊　郊牛下穀有角字。

附錄左　夏四月。齊侯衛侯救邯鄲。圍五鹿。　吳之入楚也。使召陳懷公。懷公朝國人而問焉。曰。欲與楚者右。欲與吳者左。陳人從田。無田從黨。逢滑當公而進曰。臣聞國之興也以福。其亡也以禍。今吳未有福。楚未有禍。楚未可棄。吳未可從。而晉盟主也。若以晉辭吳。若何。公曰。國勝君亡。非禍而何。對曰。國之有是多矣。何必不復。小國猶復。况大國乎。臣聞國之興也。視民如傷。是其福也。其亡也。以民爲土芥。是其禍也。楚雖無德。亦不艾殺其民。吳日敝於兵。暴骨如莽。而未見德焉。天其或者正訓楚也。禍之適吳。其何日之有。陳侯從之。及夫差克越。乃修先君之怨。秋八月。吳侵陳。修舊怨也。

穀　此說之變而道之也。於變之中又有言焉。鼷鼠食郊牛角。改卜牛。志不敬也。郊牛日展斛用而知傷。展道盡矣。郊自正月至於三月。郊之時也。夏四月郊。不時也。五月郊。不時也。夏之始。可以承春。以秋之末。承春之始。蓋不可矣。九月用郊。用者。不宜用者也。郊三卜。禮也。四卜。非禮也。五卜。強也。卜免牲者。吉則免之。不吉則否。牛傷。不言傷之者。傷自牛作也。故其辭緩。全日牲。傷日牛。未牲日牛。其牛一也。其所以為牛者異。有變而不郊。故免牛也。已牛矣。其尙卜免之。何也。禮。與其亡也寧有。嘗置之上帝矣。故卜而後免之。不敢專也。卜之不吉。則如之何。不免。安置之。繫而待。六月上甲。始庀牲。然後左右之。子之所言者。牲之　也。而曰我一該郊之變而道之。何也。我以六月上甲始庀牲。十月上甲始繫牲。十一月。十二月。牲雖有變。不道也。待正月。然後言牲之變。此乃所以該郊。郊。享道也。貴其時。大其禮。其養牲雖小不備。可也。子不志三月卜郊。何也。郊自正月至於三月。郊之時也。我以十二月下辛卜正月上辛。如不從。則以正月下辛卜二月上辛。如不從。則以二月下辛卜三月上辛。如不從。則不郊矣。

李氏廉曰。春秋書郊止此。故穀梁於此備言之。其義有得有失。

秋。齊侯衛侯伐晉。

【左】齊侯衛侯會于乾侯。救范氏也。師及齊師。衛孔圉。鮮虞人伐晉。取棘蒲。　棘蒲。晉地。

【附錄】【左】吳師在陳。楚大夫皆懼。曰。闔廬惟能用其民。以敗我於柏舉。今聞其嗣又甚焉。將若之何。子西曰。二三子恤不相睦。無患吳矣。昔闔廬食不二味。居不重席。室不崇壇。器不彤鏤。宮室不觀。舟車不飾。衣服財用。擇不取費。在國。天有菑癘。親巡其孤寡。而共其乏困。在軍。熟食者分。而後敢食。其所嘗者。卒乘與焉。勤恤其民。而與之勞逸。是以民不罷勞。死知不曠。吾先大夫子常易之。所以敗我也。今聞夫差。次有臺榭陂池焉。宿有妃嬙嬪御焉。一日之行。所欲必成。玩好必從。珍異是聚。觀樂是務。視民如讎。而用之日新。夫先自敗也已。安能敗我。

許氏翰曰。晉爲霸主。而諸侯至於合從以伐之。春秋特書。以著列國之無霸也。楚得專封。王道盡矣。晉受衆伐。霸統亡矣。王道既盡。霸統復亡。春秋之變。至是而窮矣。

冬。仲孫何忌帥師伐邾。

【附錄】【左】冬。十一月。晉趙鞅伐朝歌。

【戊申】敬王二十七年。

二年

晉定十九年。齊景五十五年。衛靈四十二年。蔡昭二十六年。鄭聲八年。曹陽九年。陳閔九年。杞僖十三年。宋景二十四年。秦惠八年。楚昭二十二年。吳夫差三年。

春王二月。季孫斯叔孫州仇仲孫何忌帥師伐邾。取漷東田及沂西田。癸巳。叔孫州仇仲孫何忌及邾子盟于句繹。漷。火虢反。又音郭。書盟止此。句繹。邾地。

【左】春。伐邾。將伐絞。邾人愛其土。故賂以漷沂之田而受盟。　絞。邾邑。

【穀】取漷東田。漷東未盡也。及沂西田。沂西未盡也。三人伐而二人盟。何也。各盟其所得也。

【案】邾者。魯之附庸。最近且親。不待講好修睦。而自有一體之誼。此而疑貳。則天下之邦交。其何禮義忠信之有。故春秋書盟。始於蔑。而終於句繹。

夏四月丙子衛侯元卒

【左】初。衛侯遊於郊。子南僕。公曰。余無子。將立女。不對。他日又謂之。對曰。郢不足以辱社稷。君其改圖。君夫人在堂。三揖在下。君命祗辱。夏。衛靈公卒。夫人曰。命公子郢為大子。君命也。對曰。郢異於他子。且君沒於吾手。若有之。郢必聞之。且亡人之子輒在。乃立輒。

滕子來朝

滕朝止此。諸侯來朝亦止此。

晉趙鞅帥師納衛世子蒯聵于戚

【左】六月乙酉。晉趙鞅納衛大子于戚。宵迷。陽虎曰。右河而南。必至焉。使大子絻。八人衰絰。偽自衛逆者。告於門。哭而入。遂居之。

【公】戚者何。衛之邑也。曷為不言入于衛。父有子。子不得有父也。

【穀】納者。內弗受也。帥師而後納者。有伐也。何用弗受也。以輒不受也。以輒不受父之命。受之王父也。信父而辭王父。則是不尊王父也。其弗受。以尊王父也。

劉氏敞曰。公羊曰。曷為不書入於衛。何休曰。據弗克納言於邾婁。非也。彼以弗克納。故得言於邾婁耳。此但得入戚。未得入於衛。故不得言衛。亦其理自然。何以見父得有子乎。凡父得有子。子不得有父。其言則是也。其於說經則非也。李氏廉曰。程子曰。蒯聵得罪於父。不得復立。輒亦不得背父而不與其國。為輒計者。委於所可立。使不失君之社稷。而身從父。則義矣。公穀王父命之說。非是。此說得之。大抵蒯聵父子一段。胡氏圍戚下一條說極正。但君親無將。將而必誅。使蒯聵果有殺母之事。則罪在必誅。天地所不容。不論靈公有命無命。決無得國之理。亦何必曲折如此。

秋八月甲戌晉趙鞅帥師及鄭罕達帥師戰于鐵鄭師敗績

鐵。公作栗。又作秩。

【左】秋。八月。齊人輸范氏粟。鄭子姚。子般送之。士吉射逆之。趙鞅禦之。遇於戚。陽虎曰。吾車少。以兵車之旆。與罕駟兵車先陳。罕駟自後隨而從之。彼見吾貌。必有懼心。於是乎會之。必大敗之。從之。卜戰。龜焦。樂丁曰。詩曰。爰始爰謀。爰契我龜。謀協以故兆。詢可也。簡子誓曰。范氏。中行氏反易天明。斬艾百姓。欲擅晉國而滅其君。寡君恃鄭而保焉。今鄭為不道。棄君助臣。二三子順天明。從君命。經德義。除詬恥。在此行也。克敵者。上大夫受縣。下大夫受郡。士田十萬。庶人工商遂。人臣隸圉免。志父無罪。君實圖之。若其有罪。絞縊以戮。桐棺三寸。不設屬辟。素車樸馬。無入於兆。下卿之罰也。甲戌。將戰。郵無恤御簡子。衛大子為右。登鐵上。望見鄭師眾。大子懼。自投於車下。子良授大子綏而乘之。曰。婦人也。簡子巡列。曰。畢萬。匹夫也。七戰皆獲。有馬百乘。死於牖下。羣子勉之。死不在寇。繁羽御趙羅。宋勇為右。羅無勇。麇之。吏詰之。御對曰。痁作而伏。衛大子禱曰。曾孫蒯聵敢昭告皇祖文王。烈祖康叔。文祖襄公。鄭勝亂從。晉午在難。不能治亂。使鞅討之。蒯聵不敢自佚。備持矛焉。敢告無絕筋。無折骨。無面傷。以集大事。無作三祖羞。大命不敢請。佩玉不敢愛。鄭人擊簡子中肩。斃於車中。獲其蠭旗。大子救之以戈。鄭師北。獲溫大夫趙羅。大子復伐之。鄭師大敗。獲齊粟千車。趙孟喜曰。可矣。傅傁曰。雖克鄭。猶有知在。憂未艾也。初周人與范氏田。公孫尨稅焉。趙氏得而獻之。吏請殺之。趙孟曰。爲其主也。何罪。止而與之田。及鐵之戰。以徒五百人宵攻鄭師。取蠭旗於子姚之幕下。獻曰。請報主德。追鄭師。姚般公孫林殿而射。前列多死。趙孟曰。國無小。旣戰。簡子曰。吾伏弢嘔血。鼓音不衰。今日我上也。大子曰。吾救主於車。退敵於下。我右之上也。郵良曰。我兩靷將絕。吾能止之。我御之上也。駕而乘材。兩靷皆絕。

鐵上邱名。在戚城南。

冬十月葬衛靈公

十有一月蔡遷于州來蔡殺其大夫公子駟 書遷止此。

左 吳洩庸如蔡納聘。而稍納師。師畢入。衆知之。蔡侯告大夫。殺公子駟以說。哭而遷墓。冬。蔡遷于州來。

己酉 敬王二十八年 **三年** 晉定二十年。齊景五十六年。衛出公輒元年。蔡昭二十七年。鄭聲九年。曹陽十年。陳閔十年。杞僖十四年。宋景二十五年。秦惠九年。楚昭二十四年。吳夫差四年。

春齊國夏衛石曼姑帥師圍戚

左 三年。春。齊衛圍戚。求援於中山。

公 齊國夏曷爲與衛石曼姑帥師圍戚。伯討也。此其爲伯討奈何。曼姑受命乎靈公而立輒。以曼姑之義。爲固可以拒之也。輒者曷爲者也。蒯聵之子也。然則曷爲不立蒯聵而立輒。蒯聵爲無道。靈公逐蒯聵而立輒。然則輒之義可以立乎。曰可。其可奈何。不以父命辭王父命。以王父命辭父命。是父之行乎子也。不以家事辭王事。以王事辭家事。是上之行乎下也。

穀 此衛事也。其先國夏何也。子不圍父也。不繫戚於衛者。子不有父也。

案 公羊以輒爲可立。謂不以父命辭王父命。胡傳辨之。以爲輒未受靈公之命。二說皆非也。輒使受靈公之命。便可拒蒯聵而不容其入乎。胡氏又謂輒辭位避父。則衛之臣子當拒蒯聵而輔之。尤爲悖理。輔其子而拒其父。天下安有無父之國哉。輒辭位。而爲臣子者輔輒以正其位。可也。輒避父。而爲臣子者稱兵以拒其父。不可也。今故刪節胡傳。

夏四月甲午地震

五月辛卯桓宮僖宮災

左 夏。五月。辛卯。司鐸火。火踰公宮。桓僖災。救火者皆曰顧府。南宮敬叔至。命周人出御書。俟於宮。曰。庀女而不在。死。子服景伯至。命宰人出禮書。以待命。命不共。有常刑。校人乘馬。巾車脂轄。百官官備。府庫愼守。官人肅給。濟濡帷幕。鬱攸從之。蒙葺公屋。自大廟始。外內以悛。助所不給。有不用命。則有常刑。無赦。公父文伯至。命校人駕乘車。季桓子至。御公。立於象魏之外。命救火者。傷人則止。財可爲也。命藏象魏。曰。舊章不可亡也。富父槐至。曰。無備而官辦者。猶拾瀋也。於是乎去表之槀。道還公宮。孔子在陳。聞火。曰。其桓僖乎。

公 此皆毀廟也。其言災何。復立也。曷爲不言其復立。春秋見者不復見也。何以不言及。敵也。

何以書。記災也。

【穀】言及則祖有尊卑。由我言之則一也。季氏本日。二宮之災。公羊以爲復立。非也。若復立當如雉門兩觀。書新作矣。

季孫斯叔孫州仇帥師城啓陽 啓。公作開。啓陽。開陽縣。季氏本日。啓陽。故鄅國也。昭十八年。邾人襲鄅。鄅子從帑於邾。其地在邾東鄙。則近於費。魯既取鄅東沂西田。邾人不得不以啓陽讓魯矣。故城之。季孫以叔孫附己。故與同城。而地則季孫得之。

宋樂髡帥師伐曹

【附錄左】劉氏范氏。世爲婚姻。萇宏事劉文公。故周與范氏。趙鞅以爲討。六月。癸卯。周人殺萇宏。

高氏閌曰。曹本屬宋。既而叛之。李氏廉曰。此蓋曹公孫彊爲政之時也。

秋七月丙子季孫斯卒

【左】秋。季孫有疾。命正常曰。無死。南孺子之子。男也。則以告而立之。女也。則肥也可。季孫卒。康子即位。既葬。康子在朝。南氏生男。正常載以如朝。告曰。夫子有遺言。命其圉臣曰。南氏生男。則以告於君與大夫而立之。今生矣。男也。敢告。遂奔衛。康子請退。公使共劉視之。則或殺之矣。乃討之。召正常。正常不反。

李氏廉曰。朱子曰。康子奪嫡。即此。

蔡人放其大夫公孫獵于吳

冬十月癸卯秦伯卒

叔孫州仇仲孫何忌帥師圍邾

【附錄左】冬。十月。晉趙鞅圍朝歌。師於其南。荀寅伐其郛。使其徒自北門入。己犯師而出。癸丑。奔邯鄲。十一月。趙鞅殺士皐夷。惡范氏也。

【庚戌】敬王二十九年。**四年** 晉定二十一年。齊景五十七年。衛出二十二年。蔡昭二十八年。鄭聲十年。曹陽十一年。陳閔十一年。杞僖十五年。宋景二十六年。秦悼公元年。楚昭二十五年。吳夫差五年。

春王二月庚戌盜殺蔡侯申 二月。公作三月。殺。公穀作弑。

【左】四年。春。蔡昭侯將如吳。諸大夫恐其又遷也。承。公孫翩逐而射之。入於家人而卒。以兩矢門之。衆莫敢進。文之鍇後至。曰。如牆而進。多而殺二人。鍇執弓而先。翩射之。中肘。鍇遂殺之。故逐公孫辰。而殺公孫姓公孫盱。

【公】弑君賤者窮諸人。此其稱盜以弑何。賤乎賤者也。賤乎賤者孰謂。謂罪人也。

【穀】稱盜以弑君。不以上下道道也。內其君而外弑者。不以弑道道也。春秋有三盜。微殺大夫。

謂之盜非所取而取之謂之盜辟中國之正道以襲利謂之盜
孔氏穎達曰宣十七年蔡侯申卒是文侯也蔡世家云文侯申生景侯固固生靈侯般般生隱大子今昭侯申是隱大子之子杜世族譜亦然計昭侯是文侯元孫乃與高祖同名周人以諱事神二申必有誤者俱是經文未知孰是文曰公孫辰公孫姓公孫霍雖並是弑君之黨而非弑君之首首是公孫翩翩賤不稱盜不言弑其君者賤此盜也盜賤不得有其君故以盜爲文不得言弑其君 石氏介曰一國之君行有軍從居有衛兵而爲賊所殺蔡之無臣子甚矣 劉氏敞曰穀梁曰稱盜以弑君不以上下道道也非也盜即微者爾辟稱人故云盜也 趙氏鵬飛曰宣十七年書蔡侯申卒葬蔡文公自文至是纔五世不宜與五世祖同其名傳者誤也闔弑吳子書弑而此書殺闔盜均臣吳子蔡侯均君不宜彼書弑而此書殺亦字誤矣要之百千歲後更篆爲隸更隸爲楷不能無誤也因其誤而爲之說則鑿矣然蔡侯一國之君而盜得殺之蔡亦有臣子乎春秋書之以責臣子更弑爲殺非義也蔡侯申既誤則以弑爲殺其誤可知矣 家氏鉉翁曰弑蔡侯者公孫翩非賤者而書盜討之也弑其君以求說於楚是盜也首惡者不名亂黨衆不容悉書桀目之曰盜也

〖案〗杜氏預以稱盜爲賤孔氏穎達暢言之石氏介謂蔡無臣子家氏鉉翁謂亂黨衆不容悉書皆是也胡傳專責蔡侯而於弑君者有恕辭不可以訓故删之

蔡公孫辰出奔吳

季氏本曰蔡昭侯之弑辰爲正卿必蹤跡可疑者也故奔吳

葬秦惠公

宋人執小邾子

趙氏鵬飛曰小邾子固微爾微國必不敢犯宋宋執之非罪也書人以執其貶可知

夏蔡殺其大夫公孫姓公孫霍

晉人執戎蠻子赤歸于楚

蠻公作曼音蠻 書執止此

〖左〗夏楚人既克夷虎乃謀北方左司馬眅申公壽餘葉公諸梁致蔡於負函致方城之外於繒關曰吳將泝江入郢將奔命焉爲一昔之期襲梁及霍單浮餘圍蠻氏蠻氏潰蠻子赤奔晉陰地司馬起豐析與狄戎以臨上雒左師軍於菟和右師軍於倉野使謂陰地之命大夫士蔑曰晉楚有盟好惡同之若將不廢寡君之願也不然將通於少習以聽命士蔑請諸趙孟趙孟曰晉國未寧安能惡於楚必速與之士蔑乃致九州之戎將裂田以與蠻子而城之且將爲之卜蠻子聽卜遂執之與其五大夫以畀楚師於三戶司馬致邑立宗焉以誘其遺民而盡俘以歸 負函楚邑繒關楚地梁霍在河南梁縣西南故城梁南有霍陽山皆蠻子邑陰地河南山北自上雒以東至陸渾豐析俱楚邑名菟和菟和山在上洛東倉野在上洛

縣。少習。商縣武關也。三戶。丹水縣北有三戶亭。

【公】赤者何。戎曼子之名也。其言歸于楚何。子北宮子曰。辟伯晉而京師楚也。

城西郛

杜氏預曰。備晉也。

六月辛丑亳社災亳。步各切。公作蒲。

【公】蒲社者何。亡國之社也。社者封也。其言災何。亡國之社蓋揜之。揜其上而柴其下。蒲社災。何以書。記災也。

【穀】亳社者。亳之社也。亳。亡國也。亡國之社以為廟屏。戒也。其屋。亡國之社。不得達上也。

杜氏預曰。天火也。亳社。殷社。諸侯有之。所以戒亡國。

秋八月甲寅滕子結卒

冬十有二月葬蔡昭公

葬滕頃公

【附錄左】秋七月。齊陳乞弦施。衛甯跪。救范氏。庚午。圍五鹿。九月。趙鞅圍邯鄲。冬。十一月。邯鄲降。荀寅奔鮮虞。趙稷奔臨。十二月。弦施逆之。遂墮臨。國夏伐晉。取邢。任。欒。鄗。逆畤。陰人。盂。壺口。會鮮虞。納荀寅於柏人。臨。鄗。柏人。俱晉邑。欒。逆畤。壺口。俱晉地。

〔辛亥〕敬王三十年 **五年** 晉定二十二年。齊景五十八年。衛出三年。蔡成公朔元年。鄭聲十一年。曹陽十二年。陳閔十二年。杞僖十六年。宋景二十七年。秦悼二年。楚昭二十六年。吳夫差六年。

春城毗毗。頻夷反。公作比。又作芘。

杜氏預曰。備晉也。

夏齊侯伐宋

高氏閌曰。齊之伐宋。所以圖霸也。

晉趙鞅帥師伐衛

【左】春。晉圍柏人。荀寅士吉射奔齊。初。范氏之臣王生。惡張柳朔。言諸昭子。使為柏人。昭子曰。夫非而讎乎。對曰。私讎不及公。好不廢過。惡不去善。義之經也。臣敢違之。及范氏出。張柳朔謂其子。爾從主。勉之。我將止死。王生授我矣。吾不可以僭之。遂死於柏人。夏。趙鞅伐衛。范氏之故也。遂圍中牟。

秋九月癸酉齊侯杵臼卒杵。公作處。

【左】齊燕姬生子。不成而死。諸子。鬻姒之子荼嬖。諸大夫恐其爲大子也。言於公曰。君之齒長矣。未有大子。若之何。公曰。二三子閒於憂虞。則有疾疢。亦姑謀樂。何憂於無君。公疾。使國惠子。高昭子。立荼。寘羣公子於萊。秋。齊景公卒。冬。十月。公子嘉。公子駒。公子黔。奔衛。公子鉏。公子陽生。來奔。萊人歌之曰。景公死乎。不與埋。三軍之事乎。不與謀。師乎。師乎。何黨之乎。萊。齊東鄙邑。

冬叔還如齊還音旋。

【附錄左】鄭駟秦富而侈。嬖大夫也。而常陳卿之車服於其庭。鄭人惡而殺之。子思曰。詩曰。不解于位。民之攸塈。不守其位。而能久者鮮矣。商頌曰。不僭不濫。不敢怠皇。命以多福。

閏月葬齊景公

【公】閏不書。此何以書。喪以閏數也。喪曷爲以閏數。喪數畧也。

【穀】不正其閏也。

徐氏彥曰。鄭志趙商問曰。經曰。閏月不告朔。猶朝于廟。穀梁傳云。閏月附月之餘日。喪事不數。又哀五年閏月。葬齊景公。公羊傳云。閏月不書。此何以書。喪以閏數。喪數畧也。此二傳義。反於禮。斷之何。荅曰。居喪之禮。以月數者數閏。以年數者雖有閏。無與於數也。然則鄭氏之意。以爲彼云喪事不數者。謂期與三年也。此云喪以閏數者。謂大功以下也。若穀梁之意。以爲大功以下及葬。皆不數閏。陳氏岳曰。三年之喪二十五月。苟以閏數則二年之內。已有二十五月。安得謂之三年歟。苟以閏數而書。則諸書崩薨卒葬。皆宜書矣。奚獨斯也。孫氏復曰。閏月喪事不數。葬齊景公。非禮也。春秋二百四十二年。書閏者。惟文六年不告月。此年葬齊景公。爾。皆譏其變常也。且三年之喪。練祥各有其月。非禮可知。劉氏敞曰。葬之爲事。以月斷者也。以閏數。宜矣。何謂不正乎。趙氏鵬飛曰。喪以年計者。言期而不言閏。以月計者。閏亦月也。安得不計。王氏樵曰。案成六年。穀梁傳云。閏月者。附月之餘日也。天子不以告朔。而喪事不數也。穀梁之意。以爲大功以下及葬。皆不數閏。與公羊不同。公羊謂九月五月三月之喪。既以月斷。則得數閏。是以葬亦數閏。以天子七月。諸侯五月。大夫三月。士踰月。葬亦數月故也。如穀梁之說。是此葬齊景公。自九月併理閏月爲五月而葬。失喪事不數之義。春秋譏之。故曰不正其閏也。

【案】數閏不數閏之說。公穀二傳不同。主公羊者。劉氏敞。趙氏鵬飛也。主穀梁者。陳氏岳。孫氏復也。徐氏彥。王氏樵。兩用之。今並存以俟考。

〔壬子〕敬王三十一年。**六年**晉定二十三年。齊安孺子荼元年。衛出四年。蔡成二年。鄭聲十二年。曹陽十三年。陳閔十三年。杞僖十七年。宋景二十八年。秦悼三年。楚昭二十七年。吳夫差七年。

春城邾瑕瑕。公作葭。書城止此。邾瑕。任城亢父縣北有邾婁城。

晉趙鞅帥師伐鮮虞

左 春。晉伐鮮虞。治范氏之亂也。

吳伐陳

左 吳伐陳。復修舊怨也。楚子曰。吾先君與陳有盟。不可以不救。乃救陳。師於城父。

夏齊國夏及高張來奔

左 齊陳乞偽事高國者。每朝必驂乘焉。所從必言諸大夫。曰。彼皆偃蹇。將棄子之命。皆曰。高國得君。必偪我。盍去諸。固將謀子。子早圖之。圖之。莫如盡滅之。需事之下也。及朝。則曰。彼虎狼也。見我在子之側。殺我無日矣。請就之位。又謂諸大夫曰。二子者禍矣。恃得君而欲謀二三子。曰。國之多難。貴寵之由。盡去之。而後君定。既成謀矣。盍及其未作也。先諸。作而後悔。亦無及也。大夫從之。夏。六月。戊辰。陳乞鮑牧及諸大夫以甲入於公宮。昭子聞之。與惠子乘如公。戰於莊。敗。國人追之。國夏奔莒。遂及高張晏圉弦施來奔。

叔還會吳于柤

秋七月庚寅楚子軫卒

左 秋。七月。楚子在城父。將救陳。卜戰。不吉。卜退。不吉。王曰。然則死也。再敗楚師。不如死。棄盟逃讎。亦不如死。死一也。其死讎乎。命公子申為王。不可。則命公子結。亦不可。則命公子啟。五辭而後許。將戰。王有疾。庚寅。昭王攻大冥。卒於城父。子閭退曰。君王舍其子而讓羣臣。敢忘君乎。從君之命。順也。立君之子。亦順也。二順不可失也。與子西子期謀。潛師閉塗。逆越女之子章。立之而後還。是歲也。有雲如衆赤鳥。夾日以飛。三日。楚子使問諸周大史。周大史曰。其當王身乎。若禜之。可移於令尹司馬。王曰。除腹心之疾。而寘諸股肱。何益。不穀不有大過。天其夭諸。有罪受罰。又焉移之。遂弗禜。初。昭王有疾。卜曰。河為祟。王弗祭。大夫請祭諸郊。王曰。三代命祀。祭不越望。江漢睢漳。楚之望也。禍福之至。不是過也。不穀雖不德。河非所獲罪也。遂弗祭。孔子曰。楚昭王知大道矣。其不失國也。宜哉。夏書曰。惟彼陶唐。帥彼天常。有此冀方。今失其行。亂其紀綱。乃滅而亡。又曰。允出茲在茲。由己率常可矣。 大冥陳地。

附錄左 八月。齊邴意茲來奔。

齊陽生入于齊齊陳乞弒其君荼

荼音徒又丈加反公作舍。

左 陳僖子使召公子陽生。陽生駕而見南郭且于。曰。嘗獻馬於季孫。不入於上乘。故又獻此。請與子乘之。出萊門而告之故。闞止知之。先待諸外。公子曰。事未可知。反與壬也處。戒之。遂行。逮夜至於齊。國人知之。僖子使子士之母養之。與饋者皆入。冬。十月。丁卯。立之。將盟。鮑子醉而往。其臣差車鮑點曰。此誰之命也。陳子曰。受命於鮑子。遂誣鮑子曰。子之命也。鮑子曰。女忘君之為孺子牛而折其齒乎。而背之也。悼公稽首曰。吾子奉義而行者也。若我可。不必亡一大夫。若我不可。不必亡一公子。義則進。否則退。敢不唯子是從。廢興無以亂。則所願也。鮑子曰。誰非君之子。乃受盟。使胡姬以安孺子如賴。去鬻姒。殺王甲。拘江說。囚王豹于句竇之邱。公使朱毛告於陳子。曰。微子。則不及此。然君異於器。不可以二。器二不匱。君二多難。敢布諸大夫。僖子不對而泣。曰。君舉不信群臣乎。以齊國之困。困又有憂。少君不可以訪。是以求長君。庶亦能容群臣乎。不然。夫孺子何罪。毛復命。公悔之。毛曰。君大訪於陳子。而圖其小可也。使毛遷孺子於駘。不至。殺諸野幕之下。葬諸殳冒淳。○駘。齊邑。殳冒淳。地名。

【公】弒而立者。不以當國之辭言之。此其以當國之辭言之何。為諼也。此其為諼奈何。景公謂陳乞曰。吾欲立舍。何如。陳乞曰。所樂乎為君者。欲立之則立之。不欲立則不立。君如欲立之。則臣請立之。陽生謂陳乞曰。吾聞子蓋將不欲立我也。陳乞曰。夫千乘之主。將廢正而立不正。必殺正者。吾不立子者。所以生子者也。走矣。與之玉節而走之。景公死而舍立。陳乞使人迎陽生于諸其家。除景公之喪。諸大夫皆在朝。陳乞曰。常之母。有魚菽之祭。願諸大夫之化我也。諸大夫皆曰。諾。於是皆之陳乞之家坐。陳乞曰。吾有所為甲。請以示焉。諸大夫皆曰。諾。於是使力士舉巨囊而至於中霤。諸大夫見之。皆色然而駭。開之則闖然公子陽生也。陳乞曰。此君也已。諸大夫不得已。皆逡巡北面再拜稽首而君之爾。自是往弒舍。

【穀】陽生入而弒其君。以陳乞主之。何也。不以陽生君荼也。其不以陽生君荼何也。陽生正。荼不正。不正則其日君何也。荼雖不正。已受命矣。入者。內弗受也。荼不正。何用弗受。以其受命。可以言弗受也。陽生其以國氏何也。取國于荼也。

杜氏預曰。弒荼者。朱毛與陽生。而書陳乞。所以明乞立陽生。而荼見弒。則禍由乞始也。楚比劫立。陳乞流涕。子家憚老。皆疑於免罪。故春秋明而書之。以為弒主。劉氏敞曰。公羊曰。弒而立者。不以當國之辭言之。此其以當國之辭言之何。為諼也。非也。如公羊之說。陽生本正。與商人相似。弒而代立。與商人相似。陽生諼而弒之。商人亦諼而弒之。所以諼之雖殊。所以為諼則同。今何故陽生商人乖異若此哉。公羊本欲引商人以求與之合。而事之同文別。反更大繆。乃知例苟不通者。雖曲說愈偽也。何休以為不舉陽生弒者。諼成於乞。然則是公子比之類也。公子比棄疾。宜效死勿聽。故坐弒君。陽生亦宜效死勿聽者也。亦當坐弒君。公子比首惡。陽生不蒙首惡。何哉。又曰。穀梁曰。陽生正。荼不正。然而荼受命。以陽生不受命。如此。陽生得罪於先君。荼乃其君也。弒先君所命。是則弒其君矣。又何云不以陽生君荼乎。假令先君廢陽生為非義。自可聽天子伯主治之耳。今至躬弒其君。春秋猶詭其罪。以與陳乞何哉。且令陳乞無預陽生之事。春秋又將強委一卿以弒君之罪乎。要之陳乞主陽生而弒荼。可知也。

冬。仲孫何忌帥師伐邾。

高氏閌曰。魯人必欲滅邾而後已。自公即位以來。四用兵於邾。積明年入邾之亂。

宋向巢帥師伐曹。

高氏閌曰。樂髡伐之。猶未服。且為入曹起也。

〔癸丑〕敬王三十二年

七年

晉定二十四年。齊悼公陽生元年。衞出五年。蔡成三年。鄭聲十三年。曹陽十四年。陳閔十四年。杞僖十八年。宋景二十九年。秦悼四年。楚惠王章元年。吳夫差八年。

春宋皇瑗帥師侵鄭

瑗于眷反。

【左】七年。春。宋師侵鄭。鄭叛晉故也。

李氏廉曰。宋之叛晉久矣。豈復爲晉討鄭乎。左氏非。

晉魏曼多帥師侵衞

曼音萬。

【左】晉師侵衞。衞不服也。

夏公會吳于鄫

鄫。穀作繒。

【左】夏。公會吳于鄫。吳來徵百牢。子服景伯對曰。先王未之有也。吳人曰。宋百牢我。魯不可以後宋。且魯牢晉大夫。過十。吳王百牢。不亦可乎。景伯曰。晉范鞅貪而棄禮。以大國懼敝邑。故敝邑十一牢之。君若以禮命於諸侯。則有數矣。若亦棄禮。則有淫者矣。周之王也。制禮上物。不過十二。以爲天之大數也。今棄周禮。而曰必百牢。亦唯執事。吳人弗聽。景伯曰。吳將亡矣。棄天而背本。不與。必棄疾於我。乃與之。大宰嚭召季康子。康子使子貢辭。大宰嚭曰。國君道長。而大夫不出門。此何禮也。對曰。豈以爲禮。畏大國也。大國不以禮命於諸侯。苟不以禮。豈可量也。寡君旣共命焉。其老豈敢棄其國。大伯端委。以治周禮。仲雍嗣之。斷髮文身。臝以爲飾。豈禮也哉。有由然也。反自鄫。以吳爲無能爲也。

秋公伐邾八月已酉入邾以邾子益來

【左】季康子欲伐邾。乃饗大夫以謀之。子服景伯曰。小所以事大。信也。大所以保小。仁也。背大國。不信。伐小國。不仁。民保於城。城保於德。失二德者。危將焉保。孟孫曰。二三子以爲何如。惡賢而逆之。對曰。禹合諸侯於塗山。執玉帛者萬國。今其存者。無數十焉。唯大不字小。小不事大也。知必危。何故不言。魯德如邾。而以衆加之。可乎。不樂而出。秋。伐邾。及范門。猶聞鐘聲。大夫諫。不聽。茅成子請告於吳。不許。曰。魯擊柝聞於邾。吳二千里。不三月不至。何及於我。且國內豈不足。成子以茅叛。師遂入邾。處其公宮。衆師晝掠。邾衆保於繹。師宵掠。以邾子益來。獻於亳社。囚諸負瑕。負瑕故有繹。邾茅夷鴻以束帛乘韋自請救於吳。曰。魯弱晉而遠吳。馮恃其衆。而背君之盟。辟君之執事。以陵我小國。邾非敢自愛也。懼君威之不立。君威之不立。小國之憂也。若夏盟於鄫衍。秋而背之。成求而不違。四方諸侯。其何以事君。且魯賦八百乘。君之貳也。邾賦六百乘。君之私也。以私奉貳。唯君圖之。吳子從之。

范門。邾郭門也。茅。高平西南有茅鄉亭。繹。邾山也。負瑕。魯邑。

【公】入不言伐。此其言伐何。內辭也。使若他人然。邾婁子益何以名。絕。曷爲絕之。獲也。曷爲不言其獲。內大惡諱也。

【穀】以者。不以者也。益之名。惡也。春秋有臨天下之言焉。有臨一國之言焉。有臨一家之言焉。其言來者。有外魯之辭焉。
趙氏匡曰。穀梁曰。其言來者。外魯之辭。予謂來者。至內之辭也。何外之有。如紀伯姬來。豈是外魯乎。陳氏岳曰。交陣而獲其君。則曰獲。入國滅國而以其君歸。則曰以。書於諸侯。則曰歸於魯。則曰來。劉氏敞曰。伐國而克。此衆人之所禱祠而求。玉帛而賀者也。而君子譏之。諱之。不敢多其功。不敢享其名。非惡功名也。功不可訓。而名不可傳也。其事好還。是以明年而吳伐我。魯之存者。幸而已矣。且吳之強。不能以是行於楚。魯之弱。顧能以是行於邾乎。孔子曰。人之生也直。罔之生也幸而免。此之謂也。公羊云。內辭也。使若他人然。非也。邾魯相近。故初秋伐之。八月又之。此自兩事。理當並書。無取於內辭也。入邾婁使若他人。猶可諉。以邾婁子益來。又可云他人乎。又曰。曷爲不言其獲。內大惡諱也。亦非也。諸侯擅入人之國。爲大惡可矣。戰而獲人。獲者則大惡矣。獲之者。豈可同其科哉。又此自入而以歸。不得以獲解也。穀梁曰。其言來者。外魯之辭。非也。春秋褒善貶惡。直書入邾。又言以邾子益來。於君親之過。而無所隱。義已足矣。豈以一失之故。遂外其君乎。且令春秋不外其君。則當曰以邾子益歸乎。夫歸可施於人。不可施於我。來可施於我。不可施於人。詳於此之意者。可以知春秋之文矣。

宋人圍曹。冬。鄭駟弘帥師救曹

【左】宋人圍曹。鄭桓子思曰。宋人有曹。鄭之患也。不可以不救。冬。鄭師救曹。侵宋。初。曹人或夢衆君子立於社宮。而謀亡曹。曹叔振鐸請待公孫彊。許之。旦而求之曹。無之。戒其子曰。我死。爾聞公孫彊爲政。必去之。及曹伯陽即位。好田弋。曹鄙人公孫彊好弋。獲白鴈獻之。且言田弋之說。說之。因訪政事。大說之。有寵。使爲司城以聽政。夢者之子乃行。彊言霸說於曹伯。曹伯從之。乃背晉而奸宋。宋人伐之。晉人不救。築五邑於其郊。曰黍邱。揖邱。大城。鍾。邘。　黍邱。梁國下邑縣西南有黍邱亭。揖邱。當在今曹縣界。大城。當在今曹州界。鍾。當在今定陶縣界。邘。當在今定陶縣界。

（甲寅）敬王三十三年 **八年** 晉定二十五年。齊悼二年。衛出六年。蔡成四年。鄭聲十四年。曹陽十五年。陳閔十五年。杞僖十九年。宋景三十一年。秦悼五年。楚惠二年。吳夫差九年。

春王正月。宋公入曹。以曹伯陽歸

【左】八年春。宋公伐曹。將還。褚師子肥殿。曹人詬之。不行。師待之。公聞之。怒。命反之。遂滅曹。執曹伯及司城彊以歸。殺之。

【公】曹伯陽何以名。絕。曷爲絕之。滅也。曷爲不言其滅。諱同姓之滅也。何諱乎同姓之滅。力能救之而不救也。

劉氏敞曰。公羊曰。不言其滅。諱同姓之滅也。非也。當此時。魯人自救不暇。豈有不救同姓之滅。春秋遂責之乎。且責魯不救。而諱曹之滅。縱失宋公之惡。苟責無罪之魯。甚無理也。

【纂】虞不書滅者。晉存其祀。而不以滅告也。宋之入曹。或亦當然。孟子時。猶有曹交。爲曹君之弟。則戰國之世。曹尚未亡。蓋滅而復存。如陳蔡許之類。

吳伐我

書伐我止此。

【左】吳爲邾故。將伐魯。問於叔孫輒。叔孫輒對曰。魯有名而無情。伐之必得志焉。退而告公山不狃。公山不狃曰。非禮也。君子違。不適讎國。未臣而有伐之。奔命焉。死之可也。所託也則隱。且夫人之行也。不以所惡廢鄉。今子以小惡而欲覆宗國。不亦難乎。若使子率。子必辭。王將使我。子張病之。王問於子洩。對曰。魯雖無與立。必有與斃。諸侯將救之。未可以得志焉。晉與齊楚輔之。是四讎也。夫魯齊晉之脣。脣亡齒寒。君所知也。不救何爲。三月。吳伐我。子洩率。故道險。從武城。初。武城人或有因於吳竟田焉。拘鄫人之漚菅者。曰。何故使吾水滋。及吳師至。拘者道之以伐武城。克之。王犯嘗爲之宰。澹臺子羽之父好焉。國人懼。懿子謂景伯。若之何。對曰。吳師來。斯與之戰。何患焉。且召之而至。又何求焉。吳師克東陽而進。舍於五梧。明日。舍於蠶室。公賓庚公甲叔子與戰於夷。獲叔子與析朱鉏。獻於王。王曰。此同車。必使能。國未可望也。明日。舍於庚宗。遂次於泗上。微虎欲宵攻王舍。私屬徒七百人。三踊於幕庭。卒三百人。有若與焉。及稷門之內。或謂季孫曰。不足以害吳。而多殺國士。不如已也。乃止之。吳子聞之。一夕三遷。吳人行成。將盟。景伯曰。楚人圍宋。易子而食。析骸而爨。猶無城下之盟。我未及虧。而有城下之盟。是棄國也。吳輕而遠。不能久。將歸矣。請少待之。弗從。景伯負載。造於萊門。乃請釋子服何於吳。吳人許之。以王子姑曹當之。而後止。吳人盟而還。東陽。魯邑。呂氏春秋夏孔甲遊於東陽。即此也。五梧。魯邑。今費縣西有五梧城。蠶室。魯邑。或曰。今滕縣東三十里有蠶母山是也。案。春秋滕不屬魯。亦應在費縣西北境。

夏齊人取讙及闡

闡。尺善反。公作僤。後同。闡在東平剛縣北。

【左】齊悼公之來也。季康子以其妹妻之。即位而逆之。季魴侯通焉。女言其情。弗敢與也。齊侯怒。夏五月。齊鮑牧帥師伐我。取讙及闡。

【附錄】【左】或譖胡姬於齊侯曰。安孺子之黨也。六月。齊侯殺胡姬。

【公】外取邑不書。此何以書。所以賂齊也。曷爲賂齊。爲以邾婁子益來也。

【穀】惡內也。

程子曰。內失邑不書。君辱當諱也。不能保其土地民人。是不君也。已與之。彼以非義而受。則書取。此與濟西田是也。魯入邾而以其君來。致齊怒。吳伐。故賂齊以說之。家氏鉉翁曰。公穀以齊爲邾故取讙闡。左氏則以季姬未歸故。齊人來討。觀齊之兵端。當從二傳。非以女故。蓋齊取二邑。要魯以存邾爾。

【案】齊取讙闡。公穀謂齊爲邾故。與左氏不同。程子及家氏鉉翁。皆主公穀。於情事甚合。然春秋事據左氏。苟無大謬。則存以俟考。今故並錄三傳。

歸邾子益于邾

【左】齊侯使如吳請師。將以伐我。乃歸邾子。邾子又無道。吳子使大宰子餘討之。囚諸樓臺。栫之以棘。使諸大夫奉大子革以爲政。

【穀】益之名。失國也。

秋七月

附錄左 秋。及齊平。九月。臧賓如如齊涖盟。齊閭邱明來涖盟。且逆季姬以歸。嬖。鮑牧又謂羣公子曰。使女有馬千乘乎。公子愬之。公謂鮑子。或譖子。子姑居於潞以察之。若有之。則分室以行。若無之。則反子之所。出門。使以三分之一行。半道。使以二乘。及潞。麇之以入。遂殺之。

潞。齊邑。

冬十有二月癸亥杞伯過卒 過音戈。

齊人歸讙及闡

左 冬。十二月。齊人歸讙及闡。季姬嬖故也。

案 宣公賂齊。感齊之德。非齊脅之也。故其歸言我。此則取歸並不言我。不諱之中。猶有諱焉。

乙卯 敬王三十四年 **九年** 晉定二十六年。齊悼三年。衛出七年。蔡成五年。鄭聲十五年。陳閔十六年。杞閔公維元年。宋景三十一年。秦悼六年。楚惠三年。吳夫差十年。

春

附錄左 九年。春。齊侯使公孟綽。辭師於吳。吳子曰。昔歲寡人聞命。今又革之。不知所從。將進受命於君。

王二月葬杞僖公

宋皇瑗帥師取鄭師于雍丘 雍。於勇反。又於用反。

雍邱。雍邱縣。屬陳留郡。

左 鄭武子賸之嬖許瑕求邑。無以與之。請外取。許之。故圍宋雍邱。宋皇瑗圍鄭師。每日遷舍。壘合。鄭師哭。子姚救之。大敗。二月。甲戌。宋取鄭師于雍邱。使有能者無死。以郟張與鄭羅歸。

公 其言取之何。易也。其易奈何。詐之也。

穀 取。易辭也。以師而易取。鄭病矣。

夏楚人伐陳

左 夏。楚人伐陳。陳即吳故也。

秋宋公伐鄭

附錄左 秋。吳城邗。溝通江淮。晉趙鞅卜救鄭。遇水適火。占諸史趙。史墨。史龜。史龜曰。是謂沈陽。可以興兵。利以伐姜。不利子商。伐齊則可。敵宋不吉。史墨曰。盈。水名也。子。水位也。名位敵。不可干也。炎帝為火師。姜姓其後也。水勝火。伐姜則可。史趙曰。是謂如川之滿。不可游也。鄭方有罪。不可救也。救鄭則不吉。不知其他。陽虎以周易筮之。遇泰之需。曰。宋方吉。不可與也。微子啟。帝乙之元子也。宋鄭。甥舅也。祉。祿也。若帝乙之元子。歸妹而有吉祿。我安得吉焉。

乃止。

邗。杜注。水名。築城穿溝。東北通射陽湖。西北至宋口入淮。通糧道也。

冬十月

附錄左 冬。吳子使來儆師伐齊。

丙辰 敬王二十五年 **十年** 晉定二十七年。齊悼四年。衛出八年。蔡成六年。鄭聲十六年。陳閔十七年。杞閔二年。宋景三十二年。秦悼七年。楚惠四年。吳夫差十一年。

春王二月邾子益來奔

左 十年。春。邾隱公來奔。齊甥也。故遂奔齊。

公會吳伐齊三月戊戌齊侯陽生卒

左 公會吳子。邾子。郯子。伐齊南鄙。師於鄎。齊人弒悼公。赴於師。吳子三日哭於軍門之外。徐承帥舟師。將自海入齊。齊人敗之。吳師乃還。鄎。齊地。

孔氏穎達曰。傳稱齊人弒悼公。赴於師。則陽生被弒矣。而經書卒。是以疾死赴也。襄七年。鄭伯髡頑卒于鄵。傳稱子駟使賊夜弒僖公。而以瘧疾赴於諸侯。知此亦以疾死赴。故不書弒也。

纂 陽生之死。傳書弒而經書卒。杜氏預。謂以疾赴。孔氏穎達。引鄭伯髡頑爲證。於情事相合。吳氏澂。鄭氏玉。王氏樵。皆疑之。謂齊爲大國。何至弒君以說乎。亦是一說。

夏宋人伐鄭

許氏翰曰。既取其師。伐而又伐。惡其修怨不已也。

晉趙鞅帥師侵齊

左 夏。趙鞅帥師伐齊。大夫請卜之。趙孟曰。吾卜於此起兵。事不再令。卜不襲吉。行也。於是乎取犂及轅。毀高唐之郭。侵及賴而還。犂。一名隰。濟南有隰陰縣。轅。祝阿縣西有轅城。

李氏廉曰。傳書伐。而經書侵者。乘吳之亂。伐齊之喪。無名甚矣。

五月公至自伐齊

李氏廉曰。哀公編書公會吳者五。獨此役與黃池書至。蓋聖人擇其危甚者。而書之也。

葬齊悼公

衛公孟彄自齊歸于衛

李氏廉曰。彄。蒯聵之黨。今歸于衛。必從輒而棄蒯聵。故十五年。蒯聵入國。彄復奔齊。

薛伯夷卒秋葬薛惠公

夷。公作寅。

附錄左 秋。吳子使來復儆師。

冬楚公子結帥師伐陳吳救陳 書救止此。

左 冬。楚子期伐陳。吳延州來季子救陳。謂子期曰。二君不務德。而力爭諸侯。民何罪焉。我請退。以爲子名。務德而安民。乃還。

纂 吳不救陳以叛楚。則楚陳無釁。何用救哉。陳之禍。吳爲之也。救。庸足多乎。此當與楚救鄭同。蓋志在於爭諸侯。非扶危恤患之義也。延陵季子。亦自言之矣。胡傳謂吳以號舉。爲深著楚罪。殊失經旨。朱子所謂以義理爲穿鑿者也。

丁巳 敬王三十六年 **十有一年** 晉定二十八年。齊簡公壬元年。衞出九年。蔡成七年。鄭聲十七年。陳閔十八年。杞閔三年。宋景三十三年。秦悼八年。楚惠五年。吳夫差十二年。

春齊國書帥師伐我

左 十一年。春。齊爲鄎故。國書高無丕。帥師伐我。及清。季孫謂其宰冉求曰。齊師在清。必魯故也。若之何。求曰。一子守。二子從公禦諸竟。季孫曰。不能。求曰。居封疆之間。季孫告二子。二子不可。求曰。若不可。則君無出。一子帥師背城而戰。不屬者。非魯人也。魯之羣室。衆於齊之兵車。一室敵車。優矣。子何患焉。二子之不欲戰也。宜。政在季氏。當子之身。齊人伐魯而不能戰。子之恥也。大不列於諸侯矣。季孫使從於朝。俟於黨氏之溝。武叔呼而問戰焉。對曰。君子有遠慮。小人何知。懿子强問之。對曰。小人慮材而言。量力而共者也。武叔曰。是謂我不成丈夫也。退而蒐乘。孟孺子洩帥右師。顏羽御。邴洩爲右。冉求帥左師。管周父御。樊遲爲右。季孫曰。須也弱。有子曰。就用命焉。季氏之甲七千。冉有以武城人三百爲己徒卒。老幼守宮。次於雩門之外。五日。右師從之。公叔務人見保者而泣曰。事充政重。上不能謀。士不能死。何以治民。吾既言之矣。敢不勉乎。師及齊師戰於郊。齊師自稷曲。師不踰溝。樊遲曰。非不能也。不信子也。請三刻而踰之。如之。衆從之。師入齊軍。右師奔。齊人從之。陳瓘陳莊涉泗。孟之側後入以爲殿。抽矢策其馬曰。馬不進也。林不狃之伍曰。走乎。不狃曰。誰不如。曰。然則止乎。不狃曰。惡賢。徐步而死。師獲甲首八十。齊人不能師。宵諜曰。齊人遁。冉有請從之三。季孫弗許。孟孺子語人曰。我不如顏羽。而賢於邴洩。子羽銳敏。我不欲戰而能默。洩曰。驅之。公爲與其嬖僮汪錡乘。皆死。皆殯。孔子曰。能執干戈以衞社稷。可無殤也。冉有用矛於齊師。故能入其軍。孔子曰。義也。清。齊地。稷曲。郊地名。

家氏鉉翁曰。伐我云者。我自有以致寇。垂後王臨難省躬之戒。所以譏哀公也。

夏陳轅頗出奔鄭 轅。公作袁。頗。破多反。

左 夏。陳轅頗出奔鄭。初。轅頗爲司徒。賦封田以嫁公女。有餘。以爲己大器。國人逐之。故出。道渴。其族轅咺進稻醴。梁糗。腶脯焉。喜曰。何其給也。對曰。器成而具。曰。何不吾諫。對曰。懼先行。

五月公會吳伐齊甲戌齊國書帥師及吳戰于艾陵齊師敗績獲齊國書 書戰書獲止此。齊魯文兵亦止此。

左 爲郊戰故。公會吳子伐齊。五月。克博。壬申。至於嬴。中軍從王。胥門巢將上軍。王子姑曹將下軍。展如將右軍。齊國書將中軍。高無丕將上軍。宗樓將下軍。陳僖子謂其弟書。爾死。我必得志。宗子陽與閭邱明相厲也。桑掩胥御國子。公孫夏曰。二子必死。將戰。公孫夏命其徒歌虞殯。陳子行命其徒具含玉。公孫揮命其徒曰。人尋約。吳髮短。東郭書曰。三戰必死。於此三矣。使問弦多以琴。曰。吾不復見子矣。陳書曰。此行也。吾聞鼓而已。不聞金矣。甲戌。戰于艾陵。展如敗高子。國子敗胥門巢。王卒助之。大敗齊師。獲國書。公孫夏。閭邱明。陳書。東郭書。革車八百乘。甲首三千。以獻於公。將戰。吳子呼叔孫曰。而事何也。對曰。從司馬。王賜之甲劍鈹。曰。奉爾君事。敬無廢命。叔孫未能對。衛賜進曰。州仇奉甲。從君而拜。公使大史固歸國子之元。寘之新篋。褽之以元纁。加組帶焉。寘書於其上。曰。天若不識不衷。何以使下國。 博嬴。齊邑。

附錄左 吳將伐齊。越子率其衆以朝焉。王及列士皆有饋賂。吳人皆喜。惟子胥懼。曰。是豢吳也夫。諫曰。越在我。心腹之疾也。壤地同而有欲於我。夫其柔服。求濟其欲也。不如早從事焉。得志於齊。猶獲石田也。無所用之。越不為沼。吳其泯矣。使醫除疾。而曰。必遺類焉者。未之有也。盤庚之誥曰。其有顛越不共。則劓殄無遺育。無俾易種于茲邑。是商所以興也。今君易之。將以求大。不亦難乎。弗聽。使於齊。屬其子於鮑氏。為王孫氏。反役。王聞之。使賜之屬鏤以死。將死。曰。樹吾墓檟。檟可材也。吳其亡乎。三年。其始弱矣。盈必毀。天之道也。

高氏閌曰。戰不書公者。沒公也。乃所以深貶公也。且書及吳。我師戰于艾陵。不可也。書及公吳戰于艾陵。不可也。先言公會吳伐齊。繼書及吳戰。則公與貶可知矣。書獲國書。與宋華元同。然華元生獲。而國書死獲。故公使大史固歸國子之元也。

秋七月辛酉。滕子虞母卒

附錄左 秋。季孫命修守備。曰。小勝大。禍也。齊至無日矣。

冬十有一月。葬滕隱公

衛世叔齊出奔宋

左 冬。衛大叔疾出奔宋。初。疾娶於宋子朝。其娣嬖。子朝出。孔文子使疾出其妻。而妻之。疾使侍人誘其初妻之娣。寘於犁。而為之一宮。如二妻。文子怒。欲攻之。仲尼止之。遂奪其妻。或淫於外州。外州人奪之軒以獻。恥是二者。故出。衛人立遺。使室孔姞。疾臣向魋納美珠焉。與之城鉏。宋公求珠。魋不與。由是得罪。及桓氏出。城鉏人攻大叔疾。衛莊公復之。使處巢。死焉。殯於鄖。葬於少禘。初。晉悼公子憖亡在衛。使其女僕而田。大叔懿子止而飲之酒。遂聘之。生悼子。悼子即位。故夏戊為大夫。悼子亡。衛人翦夏戊。孔文子之將攻大叔也。訪於仲尼。仲尼曰。胡簋之事。則嘗學之矣。甲兵之事。未之聞也。退。命駕而行。曰。鳥則擇木。木豈能擇鳥。文子遽止之。曰。圉豈敢度其私。訪衛國之難也。將止。魯人以幣召之。乃歸。 犁。外州。俱衛邑名。城鉏。宋邑名。巢。鄖。少禘。俱衛地。

附錄左 季孫欲以田賦。使冉有訪諸仲尼。仲尼曰。某不識也。三發。卒曰。子為國老。待子而行。若之何子之不言也。仲尼不對。而私於冉有曰。君子之行也。度於禮。施取其厚。事舉其中。斂從其薄。如是則以邱亦足矣。若不度於禮。而貪冒無厭。則雖以田賦。將又不足。且子季孫若欲行而法。則周公之典在。若欲苟而行。又何訪焉。弗聽。

戊午 敬王三十七年

十有二年

晉定二十九年。齊簡二年。衛出十年。蔡成八年。鄭聲十八年。陳閔十九年。杞閔四年。宋景三十四年。秦悼九年。楚惠六年。吳夫差十三年。

春用田賦

左 十二年。春。王正月。用田賦。

公 何以書。譏。何譏爾。譏始用田賦也。

穀 古者公田什一。用田賦。非正也。

胡傳曰。哀公問於有若曰。年饑用不足。如之何。有若對曰。盍徹乎。曰。二。吾猶不足。如之何其徹也。曰。百姓足。君孰與不足。百姓不足。君孰與足。古者公田什一。助而不稅。魯自宣公初稅其畝。後世遂以爲常。而不復矣。至是二猶不足。故又以田賦也。夫先王制土。籍田以力。而砥其遠邇。賦里以入。而量其有無。今用田賦。軍旅之征。非矣。田以出粟爲主而足食。賦以出軍爲主而足兵。周制宅不毛者有里布。無職事者征夫家。漆林之稅。二十而五。則弛力薄征。當以農民爲急。而增賦竭作。不使末業者。獨幸而免也。今二猶不足而用田賦。是重困農民而削其本。何以爲國。書曰。用田賦。用者。不宜用也。近世議弛商賈之征。達於時政者。欲先省國用。首寬農民。後及商賈。知春秋譏田賦之意矣。　王氏樵曰。今案賦之本義。專爲出軍。計兵而出兵車。賦之常法。今計田而出。故曰田賦。蓋計口而出。則曰口賦。蓋春秋諸侯。盟會禮繁。兵戎事廣。不能復守先王之籍。故魯用不足。則初稅畝。益兵。則作邱甲。至哀公遠事强吳。事克敵重。二猶不足。復用田賦。蓋託以軍用。加斂於田。計田而出貨財也。其數之多寡。則不可考。大約稅畝多乎什一。田賦又多乎稅畝矣。稅畝。私田始有征也。田賦。私田又加征也。

夏五月甲辰孟子卒

左 夏。五月。昭夫人孟子卒。昭公娶於吳。故不書姓。死不赴。故不稱夫人。不反哭。故不言葬小君。孔子與弔。適季氏。季氏不絻。放絰而拜。

公 孟子者何。昭公之夫人也。其稱孟子何。諱娶同姓。蓋吳女也。

穀 孟子者何也。昭公夫人也。其不言夫人。何也。諱娶同姓也。

公會吳于橐皋

橐章夜反。又音托。橐皋在淮南逡遒縣東南。

左 公會吳于橐皋。吳子使大宰嚭請尋盟。公不欲。使子貢對曰。盟。所以周信也。故心以制之。玉帛以奉之。言以結之。明神以要之。寡君以爲苟有盟焉。弗可改也已。若猶可改。日盟何益。今吾子曰必尋盟。若可尋也。亦可寒也。乃不尋盟。

秋公會衛侯宋皇瑗于鄖

鄖音云。公作運。鄖。發陽也。

左 吳徵會於衛。初。衛人殺吳行人且姚而懼。謀於行人子羽。子羽曰。吳方無道。無乃辱吾君。不如止也。子木曰。吳方無道。國無道。必棄疾於人。吳雖無道。猶足以患衛。往也。長木之斃。無不摽也。國狗之瘈。無不噬也。而況大國乎。秋。衛侯會吳于鄖。公及衛侯宋皇瑗盟。而卒辭吳盟。吳人藩衞侯之舍。子服景伯謂子貢曰。夫諸侯之會。事既畢矣。侯伯致禮。地主歸餼。以相辭也。今吳不行禮於衞。而藩其君舍以難之。子盍見大宰。乃請束錦以行。語及衞故。大宰嚭曰。寡君願事衞君。衞君之來也緩。寡君懼。故將止之。子貢曰。衞君之來。必謀於其衆。其衆或欲或否。是以緩來。其欲來者。子之黨也。其不欲來者。子之讐也。若執衞君。是墮黨而崇讐也。夫墮子者得其志矣。且合諸侯而執衞君。誰敢不懼。墮黨崇讐。而懼諸侯。或者難以霸乎。大宰嚭說。乃舍衞侯。衞侯歸效夷言。子之尚幼。曰。君必不免。其死於夷乎。執焉。而又說其言。從之固矣。

宋向巢帥師伐鄭

【左】宋鄭之間。有隙地焉。曰彌作。頃邱。玉暢。嵒。戈。錫。子產與宋人爲成。曰。勿有是。及宋平元之族。自蕭奔鄭。鄭人爲之城嵒。戈。錫。九月。宋向巢伐鄭。取錫。殺元公之孫。遂圍嵒。十二月。鄭罕達救嵒。丙申。圍宋師。　玉暢。杞縣東北三十里有玉帳。或云古玉暢。彌作。頃邱。嵒。戈。錫。皆地名。

冬十有二月螽

【左】冬。十二月。螽。季孫問諸仲尼。仲尼曰。某聞之。火伏而後蟄者畢。今火猶西流。司歷過也。

【公】何以書。記異也。何異爾。不時也。

孫氏復曰。周之十二月。夏之十月也。爲異之甚。　呂氏大圭曰。左氏以爲失閏之故。然明年九月螽。又十二月螽。恐不專爲失閏。　家氏鉉翁曰。十二月螽。氣燠也。宣十五年。冬。蝝生。與此記同。左氏所錄。疑非聖人之言也。　王氏樵曰。案明年九月螽。蟲災亟作而不時。直以失政爾。非關閏也。

【案】左氏載孔子之言。杜氏預以爲失閏。然二年之間。三以螽告。其災甚矣。故先儒多駁之者。今並存其說。

[己未] 敬王三十八年

十有三年 晉定三十年。齊簡三年。衞出十一年。蔡成九年。鄭聲十九年。陳閔二十年。杞閔五年。宋景三十五年。秦悼十年。楚惠七年。吳夫差十四年。

春鄭罕達帥師取宋師于嵒

【左】十三年。春。宋向魋救其師。鄭子賸使徇曰。得桓魋者有賞。魋也逃歸。遂取宋師于嵒。獲成讙。郜延。以六邑爲虛。

【公】其言取之何。易也。其易奈何。詐反也。

【穀】取。易辭也。以師而易取。宋病矣。

夏許男成卒 成。公作戌。

公會晉侯及吳子于黃池 書會止此。　黃池。陳留封邱縣南有黃亭。近濟水。

【左】夏。公會單平公。晉定公。吳夫差。于黃池。

【公】吳何以稱子。吳主會也。吳主會則曷爲先言晉侯。不與夷狄之主中國也。其言及吳子何。

會兩伯之辭也。不與夷狄之主中國，則曷爲以會兩伯之辭言之？重吳也。曷爲重吳？吳在是則天下諸侯莫敢不至也。

【穀】黃池之會，吳子進乎哉！遂子矣。吳，夷狄之國也，祝髮文身，欲因魯之禮，因晉之權，而請冠端而襲。其籍于成周，以尊天王。吳進矣。吳，東方之大國也。累累致小國以會諸侯，以合乎中國。吳能爲之，則不臣乎？吳進矣。王，尊稱也；子，卑稱也。辭尊稱而居卑稱，以會乎諸侯，以尊天王。吳王夫差曰：好冠來。孔子曰：大矣哉！夫差未能言冠而欲冠也。

陸氏淳曰：趙子曰：據左氏有單平公而不書於經者，緣吳晉敵禮而會，如今賓主對舉酒。自然單子無坐位，故不書。且經文有及字，是兩伯之義分明也。公羊乃云吳爲會主，與經不同，不足取也。故留其兩伯之辭而已。公羊又曰：吳在是，則天下諸侯莫敢不至。趙云：黃池會地，故魯獨會之耳。若更有諸侯，不當不序。穀梁曰：黃池之會，吳子進矣。趙子曰：此爲吳同爲會主，故不人。傳不達此理，遂妄爲議耳。劉氏敞曰：公羊曰：吳主會也。案吳主會必非晉所願也。春秋宜曰公會晉侯暨吳子于黃池，則與公羊例合矣。今乃曰及吳子，此其晉魯汲汲我欲之者邪？又曰：吳在是則天下諸侯莫敢不至也。何休以謂云爾者欲爲魯侯殺恥，故不書諸侯也。吾謂春秋審欲爲魯侯殺恥者，書諸侯乃宜矣。無爲乃沒之也。

【案】黃池之會，左傳稱乃先晉人，吳語稱吳公先歃，晉侯亞之。二說者，諸儒互有所主。夫宋之盟，晉國方強，而卒先楚人，則謂晉定之不能先吳，似也。吳方在會，而邊遽猝以越亂告。吳王駭懼，刎其告者七人，則謂吳子內惕而不敢復爭，春秋所書次第，乃其事實，亦似也。趙氏匡又謂吳晉敵禮而會，如今賓主對舉酒，故晉史郎云晉爲先，而吳語郎云吳先歃，各自護其主，亦似有理。姑並存之。

楚公子申帥師伐陳。於越入吳。

【左】六月丙子，越子伐吳，爲二隧。疇無餘、謳陽自南方，先及郊。吳大子友、王子地、王孫彌庸、壽於姚自泓上觀之。彌庸見姑蔑之旗，曰：吾父之旗也。不可以見讎而弗殺也。大子曰：戰而不克，將亡國，請待之。彌庸不可，屬徒五千，王子地助之。乙酉，戰，彌庸獲疇無餘，地獲謳陽。越子至，王子地守。丙戌，復戰，大敗吳師，獲大子友、王孫彌庸、壽於姚。丁亥，入吳。吳人告敗於王。王惡其聞也，自剄七人於幕下。

【附錄左】秋七月辛丑，盟，吳晉爭先。吳人曰：於周室，我爲長。晉人曰：於姬姓，我爲伯。趙鞅呼司馬寅曰：日旰矣，大事未成，二臣之罪也。建鼓整列，二臣死之，長幼必可知也。對曰：請姑視之。反，曰：肉食者無墨，今吳王有墨，國勝乎？大子死乎？且夷德輕，不忍久，請少待之。乃先晉人。吳人將以公見晉侯，子服景伯對使者曰：王合諸侯，則伯帥侯牧以見於王；伯合諸侯，則侯帥子男以見於伯。自王以下，朝聘玉帛不同。故敝邑之職貢於吳，有豐於晉，無不及焉，以爲伯也。今諸侯會，而君將以寡君見晉君，則晉成爲伯矣，敝邑將改職貢。魯賦於吳八百乘，若爲子男，則將半邾以屬於吳，而如邾以事晉。且執事以伯召諸侯，而以侯終之，何利之有焉？吳人乃止。既而悔之，將囚景伯。景伯曰：何也立後於魯矣。將以二乘與六人從，遲速唯命。遂囚以還。及戶牖。謂大宰曰。魯將以十月上辛。有事於上帝先王。季辛而畢。何世有職焉。自襄以來。未之改也。若不會。祝宗將曰。吳實然。且謂魯不共。而執其賤者七人。何損焉。大宰嚭言於王曰。無損於魯。而祇爲名。不如歸之。乃歸景伯。吳申叔儀乞糧於公孫有山氏。曰。佩玉縈兮。余無所繫之。旨酒一盛兮。余與褐之父睨之。對曰。粱則無矣。麤則有之。若登首山以呼曰。庚癸乎。則諾。王欲伐宋。殺其丈夫而囚其婦人。大宰嚭曰。可勝也。而弗能居也。乃歸。 戶牖。陳留外黃縣西北東昏城是。

秋公至自會

晉魏曼多帥師侵衞 魏下公無曼字。霸國侵伐止此。

公 此晉魏曼多也。曷爲謂之晉魏多。譏二名。二名。非禮也。

家氏鉉翁曰。此霸國侵伐之終事也。晉之盛。威行天下。今其衰也。趙鞅。魏曼多數修怨於衞。衞卒不服。豈力不足哉。鞅曼多。志不在求諸侯。志於怙權自私而已。

葬許元公

九月螽

冬十有一月有星孛于東方

公 孛者何。彗星也。其言于東方何。見於旦也。何以書。記異也。

盜殺陳夏區夫 區。烏侯反。公作彄。苦侯反。

十有二月螽

附錄 左 吳及越平。

庚申 敬王三十九年 **十有四年** 晉定三十一年。齊簡四年。衞出十二年。蔡成十年。鄭聲二十年。陳閔二十一年。杞閔六年。宋景三十六年。秦悼十一年。楚惠八年。吳夫差十五年。

春西狩獲麟

左 十四年。春。西狩於大野。叔孫氏之車子鉏商獲麟。以爲不祥。以賜虞人。仲尼觀之。曰。麟也。然後取之。 大野。在高平鉅野縣東北大澤是也。

公 何以書。記異也。何異爾。非中國之獸也。然則孰狩之。薪采者也。薪采者。則微者也。曷爲以狩言之。大之也。曷爲大之。爲獲麟大之也。曷爲爲獲麟大之。麟者。仁獸也。有王者則至。無王者則不至。有以告者曰。有麕而角者。孔子曰。孰爲來哉。孰爲來哉。反袂拭面。涕沾袍。顏淵死。子曰。噫。天喪予。子路死。子曰。噫。天祝予。西狩獲麟。孔子曰。吾道窮矣。春秋何以始乎隱。祖之所逮聞也。所見異辭。所聞異辭。所傳聞異辭。何以終乎。哀十四年。曰。備矣。君子曷爲爲春秋。撥亂世。反諸正。莫近諸春秋，則未知其爲是與。其諸君子樂道堯舜之道與。末不亦樂乎堯舜之知君子也。制春秋之義以俟後聖，以君子之爲亦有樂乎此也。

【穀】引取之也。狩地不地，不狩也。非狩而曰狩，大獲麟，故大其適也。其不言來，不外麟於中國也。其不言有，不使麟不恒於中國也。

趙氏匡曰：公羊、穀梁二傳以經不言狩人之名，故有薪采引取之說，不知舉獸獲之義，是以爾也。劉氏敞曰：公羊曰：春秋何以始乎隱？祖之所逮聞也。聖人作經，爲天子法，不苟記祖所逮而已。且如所言，祖者謂曾祖乎？高祖乎？如謂曾祖，孔子曾祖防叔，則孔父三世之孫。如謂高祖，孔子高祖祁父，亦孔父二世之孫。孔父死於桓二年，其孫不得見隱審矣。計防叔祁父之時，應在閔僖之間，春秋則當起於閔僖，不宜始隱公也。又曰：穀梁曰：不言其來，不外麟也。不言有，不使麟不恒有也。皆非也。謂之獲麟矣，則不得言其來，不得言其有，記事之理也。何說乎？即以言其來爲外之，季子來歸亦外之耶？即以言其有爲使不恒有，大有年，亦使不恒有耶？故守一而廢百，謂之章句之儒，去道遠矣。朱子曰：春秋獲麟，某不敢指定是書成感麟，亦不敢指定是感麟作，大槩出非其時，被人殺了，是不祥。

【案】吾夫子以道不行，而有乘桴之歎；鳳不至，圖不出，而有已矣之嗟。蓋天下之莫宗，久已知之。其欲復事於屬辭比事，以垂世立教者，非一日矣。春秋一書，豈必感麟而後作乎？若夫文成致麟，修母致子，應孔子而來之說，尤爲不經。胡傳乃謂簫韶九奏，鳳儀於庭；魯史成經，麟出於野，不亦謬乎？古昔盛時，治化翔洽，休徵畢至，爰有麟鳳，以昭太平之祥。今見狀於虞人，似亦不足以爲瑞也。善乎朱子之言曰：某不敢指定是書成感麟，亦不敢指定是感麟作。此眞通儒卓識，可以一洗紛紛穿鑿之論矣。至於絕筆獲麟，杜氏預謂感麟而作，固所以爲終也。鄭氏樵謂終於獲麟，聖人初無意也。歐陽氏修謂孔子得魯史記，自隱公至於獲麟，遂刪修之，義在春秋，不在起止，諸家所見不同，皆非篤論也。麟獲於哀公十四年春，秋終於是年之九月，越二年而孔子卒。夫國史編年之體，案年書事，至於年終乃止，則哀公十四年之事，魯史自當備錄，必不僅書獲麟而遽止也。史家記錄時事，必闕其近數年，以俟異日之採緝。若謂孔子作春秋，亦闕其近數年，則當至十四年冬而止，或至十三年冬而即止，何爲忽止於十四年春乎？是當仍以朱子爲斷矣。朱子曰：大槩出非其時，被人所殺，是不祥。蓋麟爲仁獸，聖王之嘉瑞也。今出非其時，而虞人狀之，聖心能無傷乎？然則感其不祥而遂絕筆焉，聖人亦非無所寓意也。今故遵朱子爲定論，而凡謂感麟而作，與夫文成致麟者，皆不錄。

附錄經傳

【案】聖經絕筆獲麟，弟子欲記孔子之卒，採魯史以續之，至十六年四月而止。左氏則終於悼公之四年。大全於獲麟以後，經傳皆刪而不錄。今考韓趙魏共滅知伯，左傳以是終，通鑑以此始，故仍附錄於後。

小邾射以句繹來奔

【左】小邾射以句繹來奔。曰：使季路要我，吾無盟矣。使子路，子路辭。季康子使冉有謂之曰：千乘之國，不信其盟，而信子之言，子何辱焉？對曰：魯有事於小邾，不敢問故，死其城下可也。彼不臣而齊其言。是義之也。由弗能。

杜氏預曰。自此以下至十六年。皆魯史記之文。弟子欲存孔子卒。故并錄以續孔子所修之經。邱明亦隨而傳之。終於哀公。以卒前事。其異事則皆略而不傳。

夏四月齊陳恆執其君寘于舒州 舒州。史記田常執簡公於徐州。崔駰曰。即春秋舒州也。

左 齊簡公之在魯也。闞止有寵焉。及即位。使為政。陳成子憚之。驟顧諸朝。諸御鞅言於公曰。陳闞不可竝也。君其擇焉。弗聽。子我夕。陳逆殺人。逢之。遂執以入。陳氏方睦。使疾。而遺之潘沐。備酒肉焉。饗守囚者。醉而殺之。而逃。子我盟諸陳於陳宗。初。陳豹欲為子我臣。使公孫言己。已有喪而止。既而言之。曰。有陳豹者。長而上僂。望視。事君子必得志。欲為子臣。吾憚其為人也。故緩以告。子我曰。何害。是其在我也。使為臣。他日與之言政。說。遂有寵。謂之曰。我盡逐陳氏而立女若何。對曰。我遠於陳氏矣。且其違者不過數人。何盡逐焉。遂告陳氏。子行曰。彼得君。弗先。必禍子。子行舍於公宮。夏五月壬申。成子兄弟四乘如公。子我在幄。出逆之。遂入。閉門。侍人禦之。子行殺侍人。公與婦人飲酒於檀臺。成子遷諸寢。公執戈。將擊之。大史子餘曰。非不利也。將除害也。成子出舍於庫。聞公猶怒。將出。曰。何所無君。子行抽劍曰。需。事之賊也。誰非陳宗。所不殺子者。有如陳宗。乃止。子我歸。屬徒攻闈與大門。皆不勝。乃出。陳氏追之。失道於弇中。適豐邱。豐邱人執之以告。殺諸郭關。成子將殺大陸子方。陳逆請而免之。以公命取車於道。及耏。衆知而東之。出雍門。陳豹與之車。弗受。曰。逆為余請。豹與余車。余有私焉。事子我而有私於其讐。何以見魯衛之士。東郭賈奔衛。庚辰。陳恆執公于舒州。公曰。吾早從鞅之言。不及此。

豐邱。陳氏邑。

庚戌叔還卒

五月庚申朔日有食之

陳宗豎出奔楚

宋向魋入于曹以叛 曹。哀八年。宋滅曹以為邑。

左 宋桓魋之寵。害於公。公使夫人驟請享焉。而將討之。未及。魋先謀公。請以鞌易薄。公曰。不可。薄。宗邑也。乃益鞌七邑。而請享公焉。以日中為期。家備盡往。公知之。告皇野曰。余長魋也。今將禍余。請即救。司馬子仲曰。有臣不順。神之所惡也。而況人乎。敢不承命。不得左師不可。請以君命召之。左師每食擊鐘。聞鐘聲。公曰。夫子將食。既食。又奏。公曰。可矣。以乘車往。曰。迹人來告曰。逢澤有介麇焉。公曰。雖魋未來。得左師。吾與之田。若何。君憚告子。野曰。嘗私焉。君欲速。故以乘車逆子。與之乘。至。公告之故。拜不能起。司馬曰。君與之言。公曰。所難子者。上有天。下有先君。對曰。魋之不共。宋之禍也。敢不唯命是聽。司馬請瑞焉。以命其徒攻桓氏。其父兄故臣曰。不可。其新臣曰。從吾君之命。遂攻之。子頎騁而告桓司馬。司馬欲入。子車止之。曰。不能事君。而又伐國。民不與也。祗取死焉。向魋遂入于曹以叛。

逢澤。地理志云。在滎陽開封縣東北。

莒子狂卒

六月宋向魋自曹出奔衛宋向巢來奔

左六月使左師巢伐之欲質大夫以入焉不能亦入于曹取質魋曰不可既不能事君又得罪於民將若之何乃舍之民遂叛之向魋奔衛向巢來奔宋公使止之曰寡人與子有言矣不可以絕向氏之祀辭曰臣之罪大盡滅桓氏可也若以先臣之故而使有後君之惠也若臣則不可以入矣司馬牛致其邑與珪焉而適齊向魋出於衛地公文氏攻之求夏后氏之璜焉與之他玉而奔齊陳成子使爲次卿司馬牛又致其邑焉而適吳吳人惡之而反趙簡子召之陳成子亦召之卒於魯郭門之外阬氏葬諸邱輿 邱輿泰山南城縣西北有輿城

齊人弒其君壬于舒州

左甲午齊陳恒弒其君壬于舒州孔某三日齊而請伐齊三公曰魯爲齊弱久矣子之伐之將若之何對曰陳恒弒其君民之不與者半以魯之衆加齊之半可克也公曰子告季孫孔子辭退而告人曰吾以從大夫之後也故不敢不言

秋晉趙鞅帥師伐衛

八月辛丑仲孫何忌卒

左初孟孺子洩將圉馬於成成宰公孫宿不受曰孟孫爲成之病不圉馬焉孺子怒襲成從者不得入乃反成有司使孺子鞭之秋八月辛丑孟懿子卒成人奔喪弗內袒免哭於衢聽共弗許懼不歸

冬陳宗豎自楚復入于陳陳人殺之

陳轅買出奔楚

有星孛

饑

十有五年春王正月成叛

左十五年春成叛於齊武伯伐成不克遂城輸○夏楚子西子期伐吳及桐汭陳侯使公孫貞子弔焉及良而卒將以尸入吳子使大宰嚭勞且辭曰以水潦之不時無乃廩然隕大夫之尸以重寡君之憂寡君敢辭上介芋尹蓋對曰寡君聞楚爲不道薦伐吳國滅厥民人寡君使蓋備使弔君之下吏無祿使人逢天之慼大命隕隊絕世於良廢日共積一日遷次今

君命逆使人曰無以尸造於門是我寡君之命委於草莽也且臣聞之曰事死如生禮也於是乎有朝聘而終以尸將事之禮又有朝聘而遭喪之禮若不以尸將命是遭喪而還也無乃不可乎以禮防民猶或踰之今大夫曰死而棄之是棄禮也其何以為諸侯主先民有言曰無穢虐士備使奉尸將命苟我寡君之命達於君所雖隕於深淵則天命也非君與涉人之過也吳人內之秋齊陳瓘如楚過衛仲由見之曰天或者以陳氏為斧斤既斲喪公室而他人有之不可知也其使終饗之亦不可知也若善魯以待時不亦可乎何必惡焉子玉曰然吾受命矣子使告我弟

桐汭宣城廣德縣西南有桐水出白石山西北入丹陽湖良吳地。

夏五月齊高無平出奔北燕

鄭伯伐宋

秋八月大雩

晉趙鞅帥師伐衛

冬晉侯伐鄭

及齊平

左冬及齊平子服景伯如齊子贛為介見公孫成曰人皆臣人而有背人之心況齊人雖為子役其有不貳乎子周公之孫也多饗大利猶思不義利不可得而喪宗國將焉用之成曰善哉吾不早聞命陳成子館客曰寡君使恒告曰寡人願事君如事衛君景伯揖子贛而進之對曰寡君之願也昔晉人伐衛齊為衛故伐晉冠氏喪車五百因與衛地自濟以西禚媚杏以南書社五百吳人加敝邑以亂齊因其病取讙與闡寡君是以寒心若得視衛君之事君也則固所願也成子病之乃歸成公孫宿以其兵甲入於嬴　衛孔圉取大子蒯聵之姊生悝孔氏之豎渾良夫長而美孔文子卒通於內大子在戚孔姬使之焉大子與之言曰苟使我入獲國服冕乘軒三死無與與之盟為請於伯姬閏月良夫與大子入舍於孔氏之外圃昏二人蒙衣而乘寺人羅御如孔氏孔氏之老欒寧問之稱姻妾以告遂入適伯姬氏既食孔伯姬杖戈而先大子與五人介輿豭從之迫孔悝於廁強盟之遂劫以登臺欒寧將飲酒炙未熟聞亂使告季子召獲駕乘車行爵食炙奉衛侯輒來奔季子將入遇子羔將出曰門已閉矣季子曰吾姑至焉子羔曰弗及不踐其難季子曰食焉不辟其難子羔遂出子路入及門公孫敢門焉曰無入為也季子曰是公孫也求利焉而逃其難由不然利其祿必救其患有使者出乃入曰大子焉用孔悝雖殺之必或繼之且曰大子無勇若燔臺半必舍孔叔大子聞之懼下石乞盂黶敵子路以戈擊之斷纓子路曰君子死冠不免結纓而死孔子聞衛亂曰柴也其來由也死矣孔悝立莊公莊公害故政欲盡去之先謂司徒瞞成曰寡人

離病於外久矣子請亦嘗之歸告褚師比欲與之伐公不果冠氏陽平館陶縣

衛公孟彄出奔齊

十有六年春王正月己卯衛世子蒯聵自戚入于衛衛侯輒來奔

二月衛子還成出奔宋

左 十六年春瞞成褚師比出奔宋衛侯使鄢武子告於周曰蒯聵得罪於君父君母逋竄於晉晉以王室之故不棄兄弟寘諸河上天誘其衷獲嗣守封焉使下臣肸敢告執事王使單平公對曰肸以嘉命來告余一人往謂叔父余嘉乃成世復爾祿次敬之哉方天之休弗敬弗休悔其可追

夏四月己丑孔丘卒

左 公誄之曰旻天不弔不憖遺一老俾屏余一人以在位煢煢余在疚嗚呼哀哉尼父無自律子贛曰君其不没於魯乎夫子之言曰禮失則昏名失則愆失志爲昏失所爲愆生不能用死而誄之非禮也稱一人非名也君兩失之

杜氏預曰仲尼既告老去位猶書卒者魯之君臣宗其聖德殊而異之魯襄二十二年生至今七十三也四月十八日乙丑無己丑己丑五月十二日日月必有誤 陸氏德明曰孔子作春秋終於獲麟之一句公羊穀梁經是也弟子欲記聖師之卒故採魯史記以續夫子之經而終於此邱明因隨而作傳終於哀公從此以下無復經矣

六月衛侯飲孔悝酒於平陽重酬之大夫皆有納焉醉而送之夜半而遣之載伯姬於平陽而行及西門使貳車反祏於西圃子伯季子初爲孔氏臣新登於公請追之遇載祏者殺而乘其車許公爲反祏遇之曰與不仁人爭明無不勝必使先射射三發皆遠許爲射之殪或以其車從得祏於橐中孔悝出奔宋 楚大子建之遇讒也自城父奔宋又辟華氏之亂於鄭鄭人甚善之又適晉與晉人謀襲鄭乃求復焉鄭人復之如初晉人使諜於子木請行而期焉子木暴虐於其私邑邑人訴之鄭人省之得晉諜焉遂殺子木其子曰勝在吳子西欲召之葉公曰吾聞勝也詐而亂無乃害乎子西曰吾聞勝也信而勇不爲不利舍諸邊竟使衛藩焉葉公曰周仁之謂信率義之謂勇吾聞勝也好復言而求死士殆有私乎復言非信也期死非勇也子必悔之弗從召之使處吳竟爲白公請伐鄭子西曰楚未節也不然吾不忘也他日又請許之未起師晉人伐鄭楚救之與之盟勝怒曰鄭人在此讎不遠矣勝自厲劍子期之子平見之曰王孫何自厲也曰勝以直聞不告女庸爲直乎將以殺爾父平以告子西子西曰勝如卵余翼而長之楚國第我死令尹司馬非勝而誰勝聞之曰令尹之狂也得死乃非我子西不悛勝謂石乞曰王與二卿士皆五百人當之則可矣乞曰不可得也曰市南有熊宜僚者若得之可以當五百人矣乃從白公而見之與之言說告之故辭承之以劍不動勝曰不爲利諂不爲威惕不洩人言以求媚者去之吳人伐愼白公敗之請以戰備獻許之遂作亂秋七月殺子西子期于朝而劫惠王子西以袂掩面而死子期曰昔者

吾以力事君不可以弗終抉豫章以殺人而後死石乞曰焚庫弒王不然不濟白公曰不可弒王不祥焚庫無聚將何以守矣乞曰有楚國而治其民以敬事神可以得祥且有聚矣何患弗從葉公在蔡方城之外皆曰可以入矣子高曰吾聞之以險徼幸者其求無饜偏重必離聞其殺齊管修也而後入白公欲以子閭爲王子閭不可遂劫以兵子閭曰王孫若安靖楚國匡正王室而後庇焉啟之願也敢不聽從若將專利以傾王室不顧楚國有死不能遂殺之而以王如高府石乞尹門圉公陽穴宮負王以如昭夫人之宮葉公亦至及北門或遇之曰君胡不胄國人望君如望慈父母焉盜賊之矢若傷君是絕民望也若之何不胄乃胄而進又遇一人曰君胡胄國人望君如望歲焉日日以幾若見君面是得艾也民知不死其亦夫有奮心猶將旌君以徇於國而又掩面以絕民望不亦甚乎乃免胄而進遇箴尹固帥其屬將與白公子高曰微二子者楚不國矣棄德從賊其可保乎乃從葉公使與國人以攻白公白公奔山而縊其徒微之生拘石乞而問白公之死焉對曰余知其死所而長者使余勿言曰不言將烹乞曰此事克則爲卿不克則烹固其所也何害乃烹石乞王孫燕奔頯黃氏沈諸梁兼二事國寧乃使寧爲令尹使寬爲司馬而老於葉

衛侯占夢嬖人求酒於大叔僖子不得與卜人比而告公曰君有大臣在西南隅弗去懼害乃逐大叔遺遺奔晉衛侯謂渾良夫曰吾繼先君而不得其器若之何良夫代執火者而言曰疾與亡君皆君之子也召之而擇材焉可也若不材器可得也豎告大子大子使五人輿猳從己劫公而強盟之且請殺良夫公曰其盟免三死曰請三之後有罪殺之公曰諾哉

平陽東郡燕縣東北有平陽亭白楚邑頯黃吳地

十七年春衛侯爲虎幄於藉圃成求令名者而與之始食焉大子請使良夫良夫乘衷甸兩牡紫衣狐裘至袒裘不釋劍而食大子使牽以退數之以三罪而殺之

三月越子伐吳吳子禦之笠澤夾水而陳越子爲左右句卒使夜或左或右鼓譟而進吳師分以禦之越子以三軍潛涉當吳中軍而鼓之吳師大亂遂敗之

晉趙鞅使告於衛曰君之在晉也志父爲主請君若大子來以免志父不然寡君其曰志父之爲也衛侯辭以難大子又使椓之夏六月趙鞅圍衛齊國觀陳瓘救衛得晉人之致師者子玉使服而見之曰國子實執齊柄而命瓘曰無辟晉師豈敢廢命子又何辱簡子曰我卜伐衛未卜與齊戰乃還

楚白公之亂陳人恃其聚而侵楚楚既寧將取陳麥楚子問帥於大師子穀與葉公諸梁子穀曰右領差車與左史老皆相令尹司馬以伐陳其可使也子高曰率賤民慢之懼不用命焉子穀曰觀丁父鄀俘也武王以爲軍率是以克州蓼服隨唐大啟羣蠻彭仲爽申俘也文王以爲令尹實縣申息朝陳蔡封畛於汝唯其任也何賤之有子高曰天命不諂令尹有憾於陳天若亡之其必令尹之子是與君盍舍焉臣懼右領與左史有二俘之賤而無其令德也王卜之武城尹吉使帥師取陳麥陳人御之敗遂圍陳秋七月己卯楚公孫朝帥師滅陳

王與葉公枚卜子良以爲令尹沈尹朱曰吉過於其志葉公曰王子而相國過將何爲他日改卜子國而使爲令尹

衛侯夢於北宮見人登昆吾之觀被髮北面而譟曰登此昆吾之虛緜緜生之瓜余爲渾良夫叫天無辜公親筮之胥彌赦占之曰不害與之邑寘之而逃奔宋衛侯貞卜其繇曰如魚竀尾衡流而方羊裔焉大國滅之將亡闔門塞竇乃自後踰

冬十月晉復伐衛入其郛將入城簡子曰止叔向有言曰怙亂滅國者無後衛人出莊公而與晉平晉立襄公之

孫般師而還。十一月，衛侯自鄄入，般師出。初，公登城以望，見戎州，問之，以告。公曰：我姬姓也，何戎之有焉？翦之。公使匠久。公欲逐石圃，未及而難作。辛巳，石圃因匠氏攻公，公閉門而請，弗許。踰於北方而隊，折股。戎州人攻之，大子疾、公子青踰從公，戎州人殺之。公入於戎州己氏。初，公自城上見己氏之妻髮美，使髡之，以為呂姜髢。既入焉，而示之璧，曰：活我，吾與女璧。己氏曰：殺女，璧其焉往？遂殺之而取其璧。衛人復公孫般師而立之。十二月，齊人伐衛，衛人請平。立公子起，執般師以歸，舍諸潞。　公會齊侯盟於蒙，孟武伯相。齊侯稽首，公拜。齊人怒，武伯曰：非天子，寡君無所稽首。武伯問於高柴曰：諸侯盟，誰執牛耳？季羔曰：鄫衍之役，吳公子姑曹；發陽之役，衛石魋。武伯曰：然則彘也。　宋皇瑗之子麇有友曰田丙，而奪其兄酁般邑以與之。酁般慍而行，告桓司馬之臣子儀克。子儀克適宋，告夫人曰：麇將納桓氏。公問諸子仲。初，子仲將以杞姒之子非我為子。麇曰：必立伯也，是良材。子仲怒，弗從，故對曰：右師則老矣，不識麇也。公執之。皇瑗奔晉，召之。　笠澤，案禹貢震澤底定，即笠澤也。昆吾之觀，衛有觀在於昆吾氏之虛。戎州，戎邑。潞，齊邑。蒙在東莞蒙陰縣西，故蒙陰城也。

十八年，春，宋殺皇瑗。公聞其情，復皇氏之族，使皇緩為右師。　巴人伐楚，圍鄾。初，右司馬子國之卜也，觀瞻曰：如志。故命之。及巴師至，將卜帥。王曰：寧如志，何卜焉？使帥師而行。請承，王曰：寢尹、工尹，勤先君者也。三月，楚公孫寧、吳由于、薳固敗巴師於鄾，故封子國於析。君子曰：惠王知志。夏書曰：官占唯能蔽志，昆命於元龜。其是之謂乎！志曰：聖人不煩卜筮。惠王其有焉。　夏，衛石圃逐其君起，起奔齊。衛侯輒自齊復歸，逐石圃，而復石魋與大叔遺。　鄾，楚邑。

十九年，春，越人侵楚，以誤吳也。　夏，楚公子慶、公孫寬追越師，至冥，不及，乃還。　秋，楚沈諸梁伐東夷，三夷男女及楚師盟於敖。　冬，叔青如京師，敬王崩故也。　冥，越地。

二十年，春，齊人來徵會。夏，會於廩丘，為鄭故，謀伐晉。鄭人辭諸侯。秋，師還。　吳公子慶忌驟諫吳子曰：不改，必亡。弗聽。出居於艾，遂適楚。聞越將伐吳，冬，請歸平越，遂歸。欲除不忠者以說於越。吳人殺之。　十一月，越圍吳。趙孟降於喪食。楚隆曰：三年之喪，親暱之極也。主又降之，無乃有故乎？趙孟曰：黃池之役，先主與吳王有質，曰：好惡同之。今越圍吳，嗣子不廢舊業而敵之，非晉之所能及也，吾是以為降。楚隆曰：若使吳王知之，若何？趙孟曰：可乎？隆曰：請嘗之。乃往。先造於越軍，曰：吳犯間上國多矣，聞君親討焉，諸夏之人莫不欣喜，唯恐君志之不從，請入視之。許之。告於吳王曰：寡君之老無恤使陪臣隆敢展謝其不共。黃池之役，君之先臣志父得承齊盟，曰：好惡同之。今君在難，無恤不敢憚勞，非晉國之所能及也，使陪臣敢展布之。王拜稽首曰：寡人不佞，不能事越，以為大夫憂，拜命之辱。與之一簞珠，使問趙孟，曰：句踐將生憂寡人，寡人死之不得矣。王曰：溺人必笑，吾將有問也。史黯何以得為君子？對曰：黯也進不見惡，退無謗言。王曰：宜哉。　艾，吳邑。豫章有艾縣。

二十一年，夏，五月，越人始來。　秋，八月，公及齊侯、邾子盟於顧。齊人責稽首，因歌之曰：魯人之皋，數年不覺，使我高蹈。唯其儒書，以為二國憂。是行也，公先至於陽穀。齊閭丘息曰：君辱舉玉趾，以在寡君之軍，群臣將傳遽以告寡君。比其復也，君無乃勤？為僕人之未次，請除館於舟道。辭曰：敢勤僕人。　顧，齊地。商頌韋顧既伐，即此顧。陽穀、舟道，齊地。

二十二年，夏，四月，邾隱公自齊奔越，曰：吳為無道，執父立子。越人歸之，大子革奔越。　冬，十一月丁卯，越滅吳。請使吳王居甬東，辭曰：孤老矣，焉能事君？乃縊。越人以歸。甬東，越城。

二十三年春宋景曹卒季康子使冉有弔且送葬曰敝邑有社稷之事使肥與有職競焉是以不得助執紼使求從輿人曰以肥之得備彌甥也有不腆先人之產馬使求薦諸夫人之宰其可以稱旌繁乎

夏六月晉荀瑤伐齊高無平帥師御之知伯視齊師馬駭遂驅之曰齊人知余旗其謂余畏而反也及壘而還將戰長武子請卜知伯曰君告於天子而卜之以守龜於宗祧吉矣吾又何卜焉且齊人取我英邱君命瑤非敢耀武也治英邱也以辭伐罪足矣何必卜壬辰戰於犂邱齊師敗績知伯親禽顏庚

秋八月叔青如越始使越也越諸鞅來聘報叔青也

英邱晉地犂邱隰也

二十四年夏四月晉侯將伐齊使來乞師曰昔臧文仲以楚師伐齊取穀宣叔以晉師伐齊取汶陽寡君欲徼福於周公願乞靈於臧氏臧石帥師會之取廩邱軍吏令繕將進萊章曰君卑政暴往歲克敵今又勝都天奉多矣又焉能進是躗言也役將班矣晉師乃還餼臧石牛大史謝之曰以寡君之在行牢禮不度敢展謝之

邾子又無道越人執之以歸而立公子何何亦無道

公子荊之母嬖將以為夫人使宗人釁夏獻其禮對曰無之公怒曰女為宗司立夫人國之大禮也何故無之對曰周公及武公娶於薛孝惠娶於商自桓以下娶於齊此禮也則有若以妾為夫人則固無其禮也公卒立之而以荊為大子國人始惡之

閏月公如越得大子適郢將妻公而多與之地公孫有山使告於季孫

季孫懼使因大宰嚭而納賂焉乃止

二十五年夏五月庚辰衛侯出奔宋衛侯為靈臺於藉圃與諸大夫飲酒焉褚師聲子韈而登席公怒辭曰臣有疾異於人若見之君將㱙之是以不敢公愈怒大夫辭之不可褚師出公戟其手曰必斷而足聞之褚師與司寇亥乘曰今日幸而後亡公之入也奪南氏邑而奪司寇亥政公使侍人納公文懿子之車於池初衛人翦夏丁氏以其帑賜彭封彌子彌子飲公酒納夏戊之女嬖以為夫人其弟期大叔疾之從孫甥也少畜於公以為司徒夫人寵衰期得罪公使三匠久公使優狡盟拳彌而甚近信之故褚師比公孫彌牟公文要司寇亥司徒期因三匠與拳彌以作亂皆執利兵無者執斤使拳彌入於公宮而自大子疾之宮譟以攻公鄄子士請禦之彌援其手曰子則勇矣將若君何不見先君乎君何所不逞欲且君嘗在外矣豈必不反當今不可眾怒難犯休而易間也乃出將適蒲彌曰晉無信不可將適鄄彌曰齊晉爭我不可將適泠彌曰魯不足與請適城鉏以鉤越越有君乃適城鉏彌曰衛盜不可知也請速自我始乃載寶以歸公為支離之卒因祝史揮以侵衛衛人病之懿子知之見子之請逐揮文子曰無罪懿子曰彼好專利而妄夫見君之入也將先道焉若逐之必出於南門而適君所夫越新得諸侯將必請師焉揮在朝使吏遣諸其室揮出信弗內五日乃館諸外里遂有寵使如越請師

六月公至自越季康子孟武伯逆於五梧郭重僕見二子曰惡言多矣君請盡之公宴於五梧武伯為祝惡郭重曰何肥也季孫曰請飲彘也以魯國之密邇仇讎臣是以不獲從君克免於大行又謂重也肥公曰是食言多矣能無肥乎飲酒不樂公與大夫始有惡

蒲近晉邑鄄齊晉界上邑泠近魯邑城鉏近宋邑

二十六年夏五月叔孫舒帥師會越皋如后庸宋樂茷納衛侯文子欲納之懿子曰君愎而虐少待之必毒於民乃睦於子矣師侵外州大獲出禦之大敗掘褚師定子之墓焚之於平莊之上文子使王孫齊私於皋如曰子將大滅衛乎抑納君而已乎皋如曰寡君之命無

他納衛君而已文子致眾而問焉曰君以蠻夷伐國國幾亡矣請納之眾曰勿納曰彌牟亡而有益請自北門出眾曰勿出重賂越人申開守陴而納公公不敢入師還立悼公南氏相之以城鉏與越人公曰期則為此令苟有怨於夫人者報之司徒期聘於越公攻而奪之幣期告王王命取之期以眾取之公怒殺期之甥之為大子者遂卒於越

宋景公無子取公孫周之子得與啟畜諸公宮未有立焉於是皇緩為右師皇非我為大司馬皇懷為司徒靈不緩為左師樂茷為司城樂朱鉏為大司寇六卿三族降聽政因大尹以達大尹常不告而以其欲稱君命以令國人惡之司城欲去大尹左師曰縱之使盈其罪重而無基能無敝乎冬十月公遊於空澤辛巳卒於連中大尹興空澤之士千甲奉公自空桐入如沃宮使召六子曰聞下有師君請六子畫六子至以甲劫之曰君有疾病請二三子盟乃盟於少寢之庭曰無為公室不利大尹立啟奉喪殯於大宮三日而後國人知之司城茷使宣言於國曰大尹或蠱其君而專其利令君無疾而死死又匿之是無他矣大尹之罪也得夢啟北首而寢於盧門之外己為鳥而集於其上咮加於南門尾加於桐門曰余夢美必立大尹謀曰我不在盟無乃逐我復盟之乎使祝為載書六子在唐盂將盟之祝襄以載書告皇非我皇非我因子潞門尹得左師謀曰民與我逐之乎皆歸授甲使徇於國曰大尹或蠱其君以陵虐公室與我者救君者也眾曰與之大尹徇曰戴氏皇氏將不利公室與我者無憂不富眾曰無別戴氏皇氏欲伐公樂得曰不可彼以陵公有罪我伐公則甚焉使國人施於大尹大尹奉啟以奔楚乃立得司城為上卿盟曰三族共政無相害也

衛出公自城鉏使以弓問子贛且曰吾其入乎子贛稽首受弓對曰臣不識也私於使者曰昔成公孫於陳甯武子孫莊子為宛濮之盟而君入獻公孫於齊子鮮子展為夷儀之盟而君入今君再在孫矣內不聞獻之親外不聞成之卿則賜不識所由入也詩曰無競惟人四方其順之若得其人四方以為主而國於何有

二十七年春越子使后庸來聘且言邾田封於駘上二月盟於平陽三子皆從康子病之言及子贛曰若在此吾不及此夫武伯曰然何不召曰固將召之文子曰他日請念夏四月己亥季康子卒公弔焉降禮

晉荀瑤帥師伐鄭次於桐丘鄭駟宏請救於齊齊師將興陳成子屬孤子三日朝設乘車兩馬繫五邑焉召顏涿聚之子晉曰隰之役而父死焉以國之多難未女恤也今君命女以是邑也服車而朝毋廢前勞乃救鄭及留舒違穀七里穀人不知及濮雨不涉子思曰大國在敝邑之宇下是以告急今師不行恐無及也成子衣製杖戈立於阪上馬不出者助之鞭之知伯聞之乃還曰我卜伐鄭不卜敵齊使謂成子曰大夫陳子陳之自出陳之不祀鄭之罪也故寡君使瑤察陳衷焉謂大夫其恤陳乎若利本之顛瑤何有焉成子怒曰多陵人者皆不在知伯其能久乎中行文子告成子曰有自晉師告寅者將為輕車千乘以厭齊師之門則可盡也成子曰寡君命恒曰無及寡無畏眾雖過千乘敢辟之乎將以子之命告寡君文子曰吾乃今知所以亡君子之謀也始衷終皆舉之而後入焉今我三不知而入之不亦難乎公患三桓之侈也欲以諸侯去之三桓亦患公之妄也故君臣多間公游於陵阪遇孟武伯於孟氏之衢曰請有問於子余及死乎對曰臣無由知之三問卒辭不對公欲以越伐魯而去三桓秋八月甲戌公如公孫有陘氏因孫於邾乃遂如越國人施公孫有山氏

悼之四年晉荀瑤帥師圍鄭未至鄭駟宏曰知伯愎而好勝早

下之。則可行也。乃先保南里以待之。知伯入南里。門於桔柣之門。鄭人俘酅魁壘。賂之以知政。閉其口而死。將門。知伯謂趙孟入之。對曰。主在此。知伯曰。惡而無勇。何以爲子。對曰。以能忍恥。庶無害趙宗乎。知伯不悛。趙襄子由是惎知伯。遂喪之。知伯貪而愎。故韓魏反而喪之。平陽。西平陽。留舒。齊地。杜氏預曰。史記晉懿公之四年。魯悼公之十四年。知伯帥韓魏圍趙襄子於晉陽。韓魏反與趙氏謀。殺知伯於晉陽之下。在春秋後二十七年。

春秋卷之十六

國家圖書館出版品預行編目資料

春秋三傳 / 孔子著；（晉）杜預，（漢）何休，（戰國魯人）穀梁子注釋. -- 初版. -- 新北市：華夏出版有限公司, 2024.04
冊；　公分. --（傳世經典；006-008）
ISBN 978-626-7296-96-7（上冊；平裝） --
ISBN 978-626-7296-97-4（中冊；平裝） --
ISBN 978-626-7296-98-1（下冊；平裝）
1.CST：春秋三傳 2.CST：注釋

621.7　　112016093

傳世經典 008
春秋三傳（下）

著　作　孔子
注　釋　（晉）杜預、（漢）何休、（戰國魯人）穀梁子
出　版　華夏出版有限公司
220 新北市板橋區縣民大道 3 段 93 巷 30 弄 25 號 1 樓
電話：02-32343788　傳真：02-22234544
E-mail：pftwsdom@ms7.hinet.net
印　刷　百通科技股份有限公司
電話：02-86926066 傳真：02-86926016
總經銷　貿騰發賣股份有限公司
新北市 235 中和區立德街 136 號 6 樓
電話：02-82275988　傳真：02-82275989
網址：www.namode.com
版　次　2024 年 4 月初版一刷
特　價　新台幣 230 元（缺頁或破損的書，請寄回更換）

ISBN-13：978-626-7296-98-1

尊重智慧財產權・未經同意請勿翻印（Printed in Taiwan）